当代世界经济与政治学术前沿丛书
ACADEMIC FRONTIERS OF CONTEMPORARY WORLD ECONOMICS AND POLITICS

国际分工视野下贸易壁垒的新兴古典经济学阐释

葛和平 △ 著

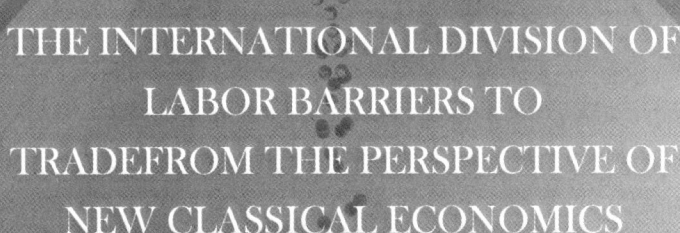

THE INTERNATIONAL DIVISION OF
LABOR BARRIERS TO
TRADEFROM THE PERSPECTIVE OF
NEW CLASSICAL ECONOMICS

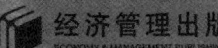

经济管理出版社
ECONOMY & MANAGEMENT PUBLISHING HOUSE

图书在版编目（CIP）数据

国际分工视野下贸易壁垒的新兴古典经济学阐释/ 葛和平著. —北京：经济管理出版社，2019.2
ISBN 978-7-5096-6422-3

Ⅰ.①国… Ⅱ.①葛… Ⅲ.①国际贸易—贸易壁垒—研究 Ⅳ.①F742

中国版本图书馆 CIP 数据核字（2019）第 035915 号

组稿编辑：王光艳
责任编辑：杨雅琳
责任印制：黄章平
责任校对：王淑卿

出版发行：经济管理出版社
（北京市海淀区北蜂窝 8 号中雅大厦 A 座 11 层　100038）
网　　　址：www.E-mp.com.cn
电　　　话：（010）51915602
印　　　刷：北京玺诚印务有限公司
经　　　销：新华书店
开　　　本：720mm×1000mm/16
印　　　张：13.25
字　　　数：238 千字
版　　　次：2019 年 4 月第 1 版　2019 年 4 月第 1 次印刷
书　　　号：ISBN 978-7-5096-6422-3
定　　　价：58.00 元

·版权所有　翻印必究·

凡购本社图书，如有印装错误，由本社读者服务部负责调换。
联系地址：北京阜外月坛北小街 2 号
电话：（010）68022974　　邮编：100836

前　言

国际贸易在人类历史上出现剩余产品和剩余产品跨国界交换时就已经发生。国际贸易的发展史，是参与贸易的国家，由自给自足到部分分工，再到完全分工的演进过程。

杨小凯独创了超边际分析方法，提出了新兴古典经济学，对传统的国际贸易理论进行了全新的阐释，对国际贸易新兴理论的形成与发展做出了令人羡慕的巨大贡献。杨小凯是澳大利亚 Monash 大学教授，是澳大利亚社会科学院仅有的两位华裔院士之一。马歇尔、萨缪尔森等经济学家称他是当世最好的经济学家之一。1986 年诺贝尔奖得主布坎南曾赞赏杨小凯的研究是当时全世界最重要的经济学研究。可惜的是，杨小凯的学术生涯仅仅 20 年，但是在经济学上取得了巨大成就，被誉为"离诺贝尔奖最近的华人"。经济学界普遍认为，杨小凯对经济学的研究不仅使他成为华人经济学家中的佼佼者，也使他获得了世界级的成就和同行的推崇。

杨小凯曾对举世赞同的中国经济增长有一种保留和怀疑。这种保留和怀疑是来自他对社会、对经济长期发展面临问题的深入研究，也来自他的新兴古典经济学的理论逻辑。他还认为，中国的后发劣势，起码可以让一部分人清醒：只有经济改革和发展，以宪政共和作为保障，才可能使中国跻身于世界强国之林。

当前世界各国的贸易战乱象，其内部逻辑早已被杨小凯精准预言。

葛和平

2019 年 1 月

目 录

第一章　分工思想发展与新兴古典贸易理论 …………………… 1
　　一、分工思想回顾 ………………………………………………… 1
　　二、新兴古典贸易理论是贸易理论的新发展 …………………… 6
　　三、新兴古典分工专业化模式的演变 …………………………… 7

第二章　基于比较优势的新兴古典贸易模型 ………………… 10
　　一、引入比较优势的新兴古典贸易模型 ……………………… 11
　　二、国内贸易情形下产品相对价格的决定 …………………… 12
　　三、李嘉图模型与新兴古典贸易模型的内在联系 …………… 14
　　四、外生比较利益对社会择业人数的影响 …………………… 16
　　五、基于外生比较利益的国际贸易 …………………………… 16

第三章　基于国际分工、贸易壁垒和汇率的国际贸易模型 …… 20
　　一、"斯密—杨格—杨小凯"分工专业化思想 ………………… 20
　　二、新兴古典经济学贸易理论评述 …………………………… 22
　　三、考虑国际分工、贸易壁垒及汇率的贸易模型 …………… 25
　　四、市场准入制度对产品的相对价格和真实收入的影响 …… 36
　　五、新兴古典经济学思想对我国改革开放的启示 …………… 40

第四章　产品内分工、国际生产分割与服务业聚合 ………… 43
　　一、服务外包的文献回顾及述评 ……………………………… 44

二、模型框架与假说推演 …… 46
三、模型拓展：商品贸易和服务贸易 …… 51
四、中美服务外包的实证检验 …… 57

第五章 跨国公司对华直接投资的新兴古典经济学诠释 …… 61

一、对外直接投资的文献概览及述评 …… 61
二、考虑比较优势的贸易模型构建 …… 63
三、跨国公司R&D投资国际化界定与动因 …… 69
四、跨国公司R&D投资促进我国技术进步的实证检验 …… 93
五、加快中国技术进步的政策建议 …… 100

第六章 我国对外贸易与经济增长的相关性研究 …… 103

一、系统动力学等文献回顾及述评 …… 104
二、系统动力学模型构建及分析 …… 107
三、对外贸易与我国经济发展的相关性分析 …… 113
四、解决外贸供需不平衡的可行措施 …… 117

第七章 人民币升值对我国的正面效应研究 …… 119

一、人民币升值的利弊分析 …… 119
二、货币汇率的文献回顾及述评 …… 123
三、出口商—进口商模型构建 …… 124
四、出口商—进口商模型的进一步探讨 …… 129

第八章 垂直专业化、核心技术创新与自主品牌创建 …… 133

一、我国产业集群的基本现状 …… 133
二、产业集群的文献回顾及述评 …… 135
三、本土企业参与国际代工的障碍分析 …… 138

四、本土企业参与国际代工的突破路径 …………………… 150
　　五、全球价值链下本土企业拥有竞争优势的研究结论 …… 155

第九章　装备制造业影响我国经济发展的结构分解研究 ……… 158
　　一、我国装备制造业基本现状 ………………………………… 158
　　二、装备制造业的文献回顾及述评 …………………………… 159
　　三、投入产出模型的结构分解分析 …………………………… 162

第十章　产业科技竞争力的形成机理、指标构建及实证检验 …………………………………………………………… 168
　　一、科技竞争力的文献回顾及述评 …………………………… 170
　　二、科技竞争力的形成机理分析 ……………………………… 172
　　三、科技竞争力的评价指标体系构建 ………………………… 173
　　四、我国高新技术产业科技竞争力的实证检验 ……………… 176

第十一章　新兴古典贸易分工理论发展述评 …………………… 182
　　一、分工专业化思想梳理 ……………………………………… 182
　　二、新兴古典解释贸易产生的新思路 ………………………… 184
　　三、新兴古典分析框架的演变 ………………………………… 186
　　四、新兴古典贸易理论的缺陷 ………………………………… 187

参考文献 ……………………………………………………………… 188

后　记 ………………………………………………………………… 202

第一章
分工思想发展与新兴古典贸易理论

国际贸易分工理论的发展经历古典阶段、新古典阶段、新贸易理论阶段和新兴古典阶段四个阶段，每个阶段无不体现了分工思想。新兴古典贸易理论是对传统贸易理论的继承和发展，将贸易理论推进到更高的发展阶段。

一、分工思想回顾

公元前380年柏拉图阐述了分工对增进社会福利的意义；17世纪末威廉·配第认识到分工对生产力的促进作用；18世纪中后期亚当·斯密第一次把分工作为研究经济增长和社会发展的出发点；19世纪中叶马克思对斯密分工思想进行了批判继承，认为分工是社会劳动的一种形式。后来随着杨格、杨小凯、贝克尔、墨菲、罗默等的努力，分工理论有了很大的发展。

（一）斯密的观点

斯密在《国民财富的性质和原因的研究》中指出，"分工是国民财富增进的源泉"，并以做扣针为例详细阐述了劳动分工对提高劳动生产率和增进国民财富的巨大作用。斯密说："劳动生产力上最大的增进，以及运用劳动时所表现的更大的熟练、技巧和判断力，似乎都是分工的结果。"可见，一国国民财富积累的根本原因是劳动生产率的提高，而劳动生产率的提高是采取分工生产方式的结果。

斯密的分工思想的基本逻辑为：（人类生产活动）分工专业化→人力资本→技术创新→报酬递增→运输条件改善→市场范围扩大→分工深化→技术进步→报

酬递增，这个因果累积的过程体现了"分工既是经济进步的原因又是其结果"的报酬递增机制。斯密将分工分为三种形式：一是企业内分工；二是企业间分工，即企业间生产的专业化；三是产业分工或社会分工。亚当·斯密对分工提高生产率进行了精辟解释：一是分工有利于增进劳动者熟练程度，势必增加他所能完成的工作量。二是分工使劳动者节省了由一种工作转到另一种工作损失的时间，从而受益。三是分工的结果往往导致许多机械的发明，从而简化和节省劳动。

在斯密的理论体系中，市场需求被默认是外生的，市场范围的扩张只能停留在交易费用外生的水平上。斯密定理仅从市场需求方面，静态地分析了分工演进机制，却没有将市场供给与市场需求两方结合起来研究分工演进机制。而在市场供给方面，降低交易费用可以刺激供给，有利于增加物质资本与人力资本。因而，斯密定理的根本缺陷在于不能揭示分工演进的机制。

(二) 马克思的观点

马克思在《德意志意识形态》中揭示了"生产力发展→分工发展→生产关系→所有制形式"的内在机理，把分工过程总结为："自然经济的内部分工→简单商品经济的社会分工→资本主义分工→未来分工发展"的历史形态和历史趋势。既研究分工的本质，揭示分工产生的客观因素，又研究分工的历史作用，尤其是把生产力和生产关系结合起来研究分工的历史作用。马克思分工理论主要研究企业内部的分工和生产的社会分工问题。

1. 分工能够提高劳动生产力是因为分工组织能够产生"集体力"

马克思在《资本论》中指出：在16世纪中叶到18世纪末，以分工为基础的协作，在工场手工业时期占据统治地位。分工会导致生产效率的提高以及协作可以带来规模经济效益。在分工条件下，分工使劳动者固定从事某一环节的劳动，这有助于提高劳动者的劳动技能和熟练程度，从而提高了劳动效率；每个工人始终从事某一环节的劳动，他花在这一环节上的时间，比循序地进行整个环节劳动的工人要少；分工使生产过程具有很强的连续性、计划性、规划性；协作所带来的规模经济效益，即协作劳动不仅提高了个人生产力，而且创造了一种集体力。

2. 社会分工

马克思在《1844年经济学哲学手稿》中指出，旧分工理论不从生产活动出发来说明社会分工，忽视了社会分工的社会性、历史性，并把社会分工永恒化。

第一章
分工思想发展与新兴古典贸易理论

马克思在其分工理论体系中,把社会分工看作是社会的整体结构,从历史纵向和每个时代的横向相结合,对社会分工进行系统解释。社会分工促进了生产力的发展和财富的积累,社会分工是人的活动作为真正人类活动或作为人类存在物的人的活动的异化的、外化的设定。马克思从生产劳动出发来理解社会分工的本质,社会分工要通过对分工的研究来揭示生产活动的秘密,从中找到社会历史发展的奥秘,为马克思、恩格斯创立唯物史观找到了正确的方向。

(1)社会分工是以生产资料分散在许多互不依赖的商品生产者中间为前提,而工场手工业分工则是以生产资料积累在一个资本家手中为前提。企业内部分工与社会内部分工之间是相辅相成、不可分割的。工场手工业的分工要求社会内部的分工已经达到一定的发展程度。反之,工场手工业分工又会发生反作用,发展并增加社会分工。

(2)社会分工是社会劳动的存在形式,社会劳动是社会分工的本质内容。在《反杜林论》中恩格斯描述了社会分工的本质,认为"到目前为止的一切生产的基本形式是分工"。早在《1844年经济学哲学手稿》中马克思就认识到"分工提高劳动的生产力,增加社会的财富,促使社会精美完善,同时却使工人陷于贫困直到变成机器"。马克思揭露了资本主义私有制度下"分工的本质",并提出消灭分工的思想。消灭资本主义制度下的那种造成人的固定化、片面化,畸形化的不合理的分工。而不是要消灭一切的分工和取消各种职业,依靠集体的力量,重新调整分工,重新确立人与人之间的关系,以实现人的自由全面发展。

(三)杨格的观点

杨格(1928)在《报酬递增与经济进步》一文中重新诠释了斯密关于劳动分工与市场规模的思想,强调专业化经济和劳动分工是经济进步的最重要源泉,深刻解释了报酬递增与经济进步的关系,增加了市场需求层面上的分工演进机制的分析,将斯密定理动态化,从而形成了浑然一体动态化的分工演进机制。

杨格的分工理论主要体现在:报酬递增是分工的结果;分工和市场规模互为限制;分工可利用迂回生产方式。在杨格看来,规模报酬不仅产生于企业内部,而且更产生于社会内部,产生于企业与企业间的分工与专业化及其协作上。规模扩大是伴随科技变革、生产方式改进等更具效率的结构升级扩张。杨格深刻揭示了劳动分工、迂回生产、产业间分工、市场规模扩大和技术进步间的相互关系,阐明了市场规模和技术进步都是内生的而不是给定的外在约束,从而超越了亚当·斯密关于分工受市场范围限制的思想。

杨格认为，递增报酬的实现不是规模经济，而是产业的不断分工和专业化的结果，即有赖于劳动分工的演进。不但市场大小决定分工的程度，而且市场大小由分工程度所制约，需求和供给是分工的两个侧面。他关于"市场规模→分工深化→市场规模扩大"的思想，是一个循环累积、互为因果的演进过程。分工与市场范围互为限制，劳动分工和专业化会提高生产率，是在于劳动分工通过"迂回生产方法"实现了规模收益；反之，规模收益递增→生产的单位成本下降→给定的家庭货币工资实际购买力上升→市场规模扩大→分工深化→市场规模再扩大，这是一个互动的过程，杨格称之为经济进步。这是因为：①劳动分工取决于市场规模。只有当市场对某种物品的需求足够大时，生产这种产品的中间环节才可能被分离出来。②市场规模又取决于劳动分工。一是劳动分工使原材料生产者和最终产品消费者之间被插入越来越多的专业化企业，随着产业间劳动分工的扩大，一个企业内部经济分解成专业化程度更高的各个企业的内部经济和外部经济。这种分解是对工业最终产品市场的增长所创造的新形势的调整，因此，产业间的分工是报酬递增的媒介。而且，迂回生产的潜在经济分别由专业化的企业通过经营而取得，这些专业化企业构成了分工网络。此时，在市场上交换的产品包括了众多的中间产品和最终产品，从而市场规模不断扩大。二是劳动分工依赖于市场范围，而市场的大小由购买力决定，而购买力由生产率决定；但生产率又依赖于分工水平，迂回生产使分工不断深化，最终使劳动生产率提高，人均收入提高，市场规模扩大。市场规模引致分工深化，分工深化又引致市场规模的扩大，演进是累积的并以累进的方式自我繁殖。总之，杨格的分工理论第一次论证了市场规模与迂回生产、产业间分工的相互作用、自我演进的机制。

杨格还补充了"交易费用外生分工，分工内生市场规模"的机制，从而提出由分工到分工的累积循环的机制。分工是基于人们交换能力的专业化分工，交换能力是市场交换范围的制约因素，而交换范围又是分工深化的限制因素。分工专业化产生于交易效率的提高，并反过来提高经济体系的总效用，但同时分工的出现是以交易费用的相伴而生为代价。前者是由静态市场规模推动的分工，后者则是由组织创新推动的分工；前者从市场需求角度出发，而后者从市场供给角度出发。综合两者可以较为合理地解释由分工到分工的自我演进机制，而这一机制中的契合点是交易费用。交易费用是分工和专业化的关键因素，分工的深化会导致交易及其费用几何级数的增加。

20世纪二三十年代杨格为分工思想的完善树立了典范。他认为，产业的不

第一章
分工思想发展与新兴古典贸易理论

断分工和专业化是报酬递增实现过程中的一个基本组成部分，劳动分工取决于市场规模，同时，市场规模又取决于劳动分工。现代形式的劳动分工总是表现为迂回生产，即在原材料和最终产品之间插入越来越多的中间环节，如复杂的现代生产工具、中间产品、知识或技术的专业化。事实上，杨格的思想与斯密的理论是一脉相承的，其与马克思的劳动分工理论也有相似性。

（四）其他学者的观点

20世纪80年代，以杨小凯、罗森、贝克尔、博兰德和黄有光等为代表的经济学家从生产者和消费者完全统一、生产中存在专业化经济、消费者偏好多样化和存在交易费用四个基本假设出发，用非线性的"超边际分析方法"，发展了以斯密、杨格为代表的分工思想，从专业化水平和程度入手，导出需求和供给，使需求和供给的分析包括了资源分配问题和经济组织问题。新兴古典企业理论认为，企业只是组织分工的一种形式，每个企业只专注于自己最具优势的生产环节，将资源禀赋的潜力发挥到极致，形成了"生产率提高→较高专业化水平→经验积累→技能改进→生产率再提高"的良性循环。

分工专业化使人们能够生产的剩余产品日益增加，这是人们选择分工专业化带来的收益。交易费用的存在，使人们在交易中必然付出代价。人们必须在分工专业化和交易费用两者之间做出选择，寻找一个理想的均衡点。当分工专业化所带来的收益超过支付交易费用所产生的损失时，人们会选择分工专业化经济，并通过市场进行交易，以满足人们多样化的需求。反之，当分工专业化所带来的收益低于支付交易费用所产生的损失时，人们会选择自给自足经济，即自己生产多种自己所需的产品并满足自己的消费，这时将不存在交易。

经济学是解决两难冲突（trade off）的科学（杨小凯、黄有光，1993；杨小凯，1998；Yang，2001），因为任何经济决策都是在约束条件中寻求最优，最优的决策事实上都是折中的结果。现实生活中的最优状态（选择）一般总是中间状态，而不像传统经济学理论所主张的如"完全竞争"的理想状态。杨小凯和威尔斯（1990）的模型表明，竞争程度的增加与分工经济不可两全。分工程度很高时，每个专业化生产领域的竞争程度就会受到影响，不可能一方面要求每个专业生产领域从事生产的人都很多，达到完全竞争状态；另一方面整个社会又具有同样很多的专业领域数量。因此，如果对交易费用进行深入的研究，就会发现，现实经济状态是既有一定程度的竞争又有一定程度垄断存在的中间状态。

分工是一种制度性与经济组织结构性安排，牵涉个人之间、组织之间的关系与协调。个人的生产决策就是选择个人的专业化水平，在一定程度上，分工的演进将会产生技术进步、生产率提高、个人及组织间依存度上升以及经济组织的结构性转变等现象。杨小凯还提出了使用商品化程度或贸易依存度来量化分工的实证分析，这种实证分析研究对象是商品化程度较低而且企业的产业份额较低的经济体。杨小凯和博兰德（1991）认为，经济增长的微观基础在于分工的演进，而分工的动态演进是由经济中的边干边学引起的。边干边学的存在使个人的生产经验不断积累，生产的收益不断增加，从而导致经济的专业化水平不断加深和经济的内生增长。博兰德提出了交易成本与分工演进相结合的模式，借助动态均衡研究由自给自足经济向劳动分工经济演进的过程，分工深化增加协调分工的交易成本。虽然分工产生递增收益，但受到交易成本的限制，分工深化需要提高交易机制的效益，从而又把制度与劳动分工连起来。贝克尔与墨菲（1992）提出了分析劳动分工、协调成本以及知识之间关系的一个框架。他们认为，知识与专业化分工之间是相互促进的，正是两者之间存在的正反馈机制导致了经济的内生增长。在他们看来：其一，分工能够获得专业化经济效果，那些从事专门化生产的工人，可以获得比非专门化工人多的报酬。其二，分工不仅受市场容量的限制，更受到协调分工的成本以及社会知识水平的限制。而在现代经济中，分工和专门化更经常地决定于协调工人的成本和一定数量的知识。其三，分工深化导致报酬递增，但同时也增加了经济的协调成本。当分工水平既定时，社会存在一个最优的分工水平。当社会知识存量不断内生增加时，知识积累降低了协调成本，导致分工的进一步演进。

二、新兴古典贸易理论是贸易理论的新发展

新贸易理论的国内贸易和国际贸易不是一个统一的理论体系。克鲁格曼等的新贸易理论通过解释产品种类的变化来解释贸易和生产率，却不能解释专业化水平的变化；不能解释在没有政府干预时，为何一千年前只有国内贸易就够了，而如今国际贸易量却越来越大？包括新贸易理论在内的传统贸易理论认为，国际贸易之所以产生是因为，国与国之间存在外生的比较利益。新古典贸易理论把国内贸易与国际贸易分割开来，却难以阐明国内贸易何以发展到国际贸易，以及发达

第一章
分工思想发展与新兴古典贸易理论

国家之间贸易量远远高于发达国家同发展中国家间贸易量的原因。由于国内贸易是基于消费者与生产者的分离，消费者不能生产，他们不从生产者那里购买就不能消费，就会被饿死，所以即使没有比较利益和规模经济，国内贸易也会存在。而国际贸易就不同，由于各国既是生产者也是消费者，不进行贸易一国仍能生存，所以如果不存在比较利益和规模经济，国际间的贸易就不会发生。按照新贸易理论，人们一开始应该选择的是国际贸易，而不是实际作为开始的国内贸易。

新兴古典贸易理论使贸易理论的核心重新回到分工引起的规模报酬递增，是一种内生动态优势模型，是贸易理论和贸易政策统一的模型，是国内贸易和国际贸易统一的模型，能够整合各种贸易理论，是贸易理论的新发展。新兴古典经济学从每个个体既是消费者又是生产者的现实出发，分析个体决策过程及其结果。所以，国内贸易和国际贸易的基础相同。因此，新兴古典经济学的贸易理论能够将国内贸易和国际贸易统一到一个理论框架里。基于个体是消费者—生产者的新框架，适合国家层次上对单个国家的分析，新兴古典经济学将对个体之间分工和贸易的分析用于解释国际分工和国际贸易，用分工经济和交易费用的两难冲突及其折中解决的个体专业化决策思路重新考察国际贸易理论，用分工演进模型解释贸易理论的基本问题，新兴古典经济学派构建了贸易产生的内生化新体系。

杨小凯等的模型在不同程度上解决了一国国内贸易如何发展到国际贸易的问题，对国际贸易新兴理论的形成与发展做出了很大的贡献（梁小民，2003）。按照新兴古典贸易的理论，国际贸易是国内贸易发展的结果，其市场容量取决于交易效率高低。国际贸易之所以在国内贸易之后发展起来，是因为同国内贸易相比，国际贸易存在额外的交易费用。新兴古典经济学将传统贸易理论的基本思想纳入新兴古典贸易理论的框架之下，这在一定程度上将现有的贸易理论整合成统一的框架。

三、新兴古典分工专业化模式的演变

新兴古典经济学构建一系列模型来分析现实生活中的各种经济问题，如交易费用模型可以解释贸易的出现等现象。用图1-1描述新兴古典经济学的分析框架。在图1-1中，假定一个经济系统中有4个消费—生产者，每个人必须消费4种产品，而且可以选择生产1种、2种、3种或4种产品，没有市场存在，整个经济分成四个互不往来的部分,经济没有一体化,没有商业化,生产集中程度低,每个人的专业化水平低。图1-1中表示了自给自足状态,即国内贸易中每个人的生产力都很低,但他完全没有交易及其产生的交易费用。由于所有人的生产、消费结构相同,经济结构的多样化程度很低。图1-2中表示了局部国际贸易状态,每个人生产的产品种类数从4种减至3种,即专业水平上升,因此生产力上升,市场也从无到有,每个人的交易次数从0次增至2次,交易费用也从无到有。经济分为两个互不往来的部分,与自给自足相比,市场一体化程度上升。产品1或产品2的生产者人数也从自给自足时的4个减至2个,所以生产集中度上升,同时也出现两类生产贸易结构不同的专业,因而与自给自足时相比,结构多样化程度上升。人与人之间的依赖性、每个人的贸易依存度、社会的商业化程度及市场个数都增加。图1-3则是一种完全国际贸易状态,每个人的专业化程度、社会结构的多样化程度、经济一体化程度、生产集中程度、交易次数及总交易费用、每个人的生产率等都比局部国际贸易时进一步增加。

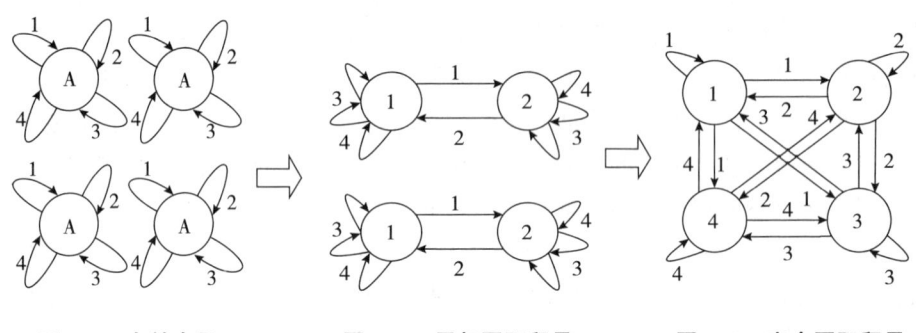

图1-1　自给自足　　　图1-2　局部国际贸易　　　图1-3　完全国际贸易

按照新兴古典贸易理论,经济体系从自给自足状态演进到局部国际贸易状态乃至完全国际贸易状态,是因为在这类框架中有分工好处与分工产生的交易费用的两难冲突,故分工水平取决于交易效率高低。交易效率越高,折中这种两难冲突的空间就越大,分工水平也就越高。在一个静态模型里,当交易效率外生改进时,经济体系就会从自给自足向完全国际贸易演进。在一个动态均衡模型里,即使交易条件没有外生地得到改进,分工演进也会自发产生。在这个过程中,市场是由于个人选择专业模式和水平的自利决策而内生地出现。随着分工的演进,社会的商业化和市场化程度也会随之发生演进。

随着交易效率提高,贸易范围不断扩大,互相独立的国内市场逐渐变少,最

第一章
分工思想发展与新兴古典贸易理论

后变成一个统一的国际市场。由此可见，市场能够有效率地决定贸易品种类和贸易范围，即由于专业化经济程度的提高以及交易效率的提高而导致的交易范围扩大，从而使贸易从国内扩大到国外。显然，分工专业化是推动国内贸易乃至国际贸易的基本原因。

以杨小凯为代表的学者在前人研究的基础上，运用超边际分析方法对传统的国际贸易理论进行了全新的阐释，对国际贸易理论的发展做出了很大贡献，构建了新兴古典经济学的完整体系。值得探讨的是，新兴古典贸易理论还存在若干缺陷：其一，新兴古典框架通常作了一些不合理的假设条件，得出的结论与现实相差甚远，在一定程度上限制了新兴古典贸易模型的理论价值和现实意义。新兴古典贸易模型复杂，数学推倒过程特别繁难。因此，要求具有一定数学基础的学生才能够研习。其二，目前的各种统计资料无法满足分工演进的许多数据口径，当然就不能运用新兴古典贸易理论对未来做出准确的预测，难以采用历史数据来验证新兴古典贸易理论的正确性，同时由于分工演进是一个极其缓慢的过程，所以新兴古典贸易理论在解释长期的贸易现象上可能具有比较优势，但在解释现实的贸易问题上却缺乏足够的解释力。其三，新兴古典贸易模式具有不确定性。新兴古典贸易理论只能解释个体应该贸易那些分工经济较大、交易条件较好的产品，但是具体到哪个人或哪个国家买卖哪种商品是无法确定的。"交易费用的大小决定了是否分工及分工水平的高低，但是不能决定如何分工，不能确定哪一国家生产何种产品的分工方式，交易效率的高低无法确定某个国家出口何种产品、进口何种产品的贸易结构"。但是，新兴古典贸易理论毕竟是传统贸易理论的更深层次的扩展，开辟了一条研究贸易理论的蹊径，其理论意义要大于实践意义。

第二章
基于比较优势的新兴古典贸易模型

自从斯密在其《国富论》中提出了斯密定理以来,国际贸易理论得到了长足的发展,各个时期的经济学家依照他们对现实经济的理解,从各个层面和各个视角提出了各种国际贸易模型,主要的模型有李嘉图的比较利益模型、赫克歇尔—俄林模型、特定要素的贸易模型、产品生命周期贸易模型、不完全竞争的贸易模型(克鲁格曼,1998)、人力资本理论、技术贸易理论、收入偏好相似理论、产业内贸易模型、非贸易品对贸易的影响(刘厚俊,2003),等等。在杨小凯的新兴古典经济学中,提出了一个新兴古典经济学的国际贸易理论,当时杨小凯敏锐地指出,李嘉图模型是新兴古典模型与新古典模型之间的一条分界线。对李嘉图模型而言,我们既可以采用新古典主义消费者与厂商分离的框架,也可以采用新兴古典经济学中两者不分离的框架。杨小凯一直坚信:新兴古典经济学比新古典经济学有着更强的解释力,可以更方便地说明现实世界中存在的经济问题,包括现实国际贸易中发生的各种经济现象,新兴古典贸易理论至少开辟了一条新的研究贸易理论的途径。方晋(2004)通过实证验证了新兴古典经济学贸易理论的正确性。国彦兵(2005)实证检验证明,新兴古典贸易理论对于指导实践具有很强的现实意义。杨小凯(1998)在经济学原理一书中应用新兴古典经济学的思想方法,对李嘉图的外生比较利益模型进行分析,并得出了十分有说服力的结果。

在这里所使用的国际贸易模型是在杨小凯提出的消费者—生产者模型基础上构建起来的一个比较优势的贸易模型。在作者建立起这一模型并得出了主要结论后,提出了这样一个问题:建立的这个新兴古典贸易模型与李嘉图比较利益模型有没有联系?李嘉图比较利益模型有没有缺陷?外生比较利益理论能否用我们建立的新兴古典贸易模型来解释?

第二章
基于比较优势的新兴古典贸易模型

一、引入比较优势的新兴古典贸易模型

（一）新兴古典贸易模型的基本假设

为了使读者能够了解本模型，我们将新兴古典贸易模型的假设简述如下：

（1）世界上只有两个国家，本国和外国。两国各自生产两种产品：x 产品与 y 产品。

（2）两国都有许多消费者—生产者，没有纯生产者或纯消费者。

（3）所有的消费者—生产者都有能力自主择业，并根据自己所获得真实收入高低来决定自己究竟应该从事哪种专业化生产模式。

（4）本模型中的任何一种产品，无论是在国内生产还是在国外生产，其品质和特性产生的效用都是完全相同的。两者之间的主要区别在于进口生产需要支付国际交易费用，这些费用包括关税、各种附加税、谈判费用、签订合同的费用、货币兑换费用、保险费用和国际运输费用等。

（5）每个消费者—生产者均面对着相同的国内交易费用和国际交易费用。这一费用在不同国家内无论是哪种产品进行交易所需要的费用都是相同的，在不同国家之间费用设定是不相同的。

（6）每个消费者—生产者出售商品的收入必须等于其购买商品的支出，没有储蓄也没有赊欠。

（7）由于种种原因，本国居民和外国居民在生产 x 产品和 y 产品上，有着不同的劳动生产率，因而形成了生产各自产品的比较优势。

（二）考虑比较利益时的新兴古典贸易模型

在上述假设的基础上，一个消费者—生产者个人的贸易模型可以表示为如下形式：

$$\text{目标函数：} \max \ u_{\text{本}} = (x + k x_d)(y + k y_d) \quad (2\text{-}1)$$

在式（2-1）中，$u_{\text{本}}$ 代表本国一个消费者—生产者的效用函数，变量 x 和 y

分别代表个人自己生产并用于自己消费的 x 产品和 y 产品的数量，k 代表国内市场的交易效率，$(1-k)$ 则代表国内市场的交易费用。x_d、y_d 分别代表个人从市场中购买的 x 产品和 y 产品的数量。

$$\text{生产函数：} x+x_s = \beta_{本x} l_x^a \qquad (2-2)$$

$$y+y_s = \beta_{本y} l_y^a \qquad (2-3)$$

$$\text{时间约束：} l_x + l_y = 1 \qquad (2-4)$$

在式（2-2）和式（2-3）中，x_s、y_s 分别代表个人生产的 x 产品和 y 产品的销售量，l_x、l_y 分别代表个人在 x 产品和 y 产品上所花费的劳动量，如果假定每个人有一个单位劳动，则对于此人来说，式（2-4）必然成立。指数 $a>0$ 代表一个专业化经济程度的参数。$\beta_{本x}$、$\beta_{本y}$ 分别代表本国的一个消费者—生产者在生产 x 产品和 y 产品上的劳动生产率，表明他们在生产这两种产品时的效率是不相同的。例如，当某个人的劳动生产率 $\beta_{本x}=4$ 时，$\beta_{本x} l_x^a$ 在其专业化生产 x 产品时的产品数量将等于 4，这就是说，该人在生产 x 产品时的劳动生产率是另外一个人（其 $\beta_{本x}=1$）的 4 倍，这就是比较利益的含义。

$$\text{收入约束：} p_x x_s + p_y y_s = (1+t) e (p_x^* x_d + p_y^* y_d) + p_x x_d + p_y y_d \qquad (2-5)$$

在式（2-5）中，p_x 为 x 商品的国内销售价格，p_y 为 y 商品的国内销售价格。x_s 为一个生产 x 产品专家的售卖量，y_s 为一个生产 y 产品专家的售卖量。t 是包含进口关税和进口所需支付的运输费用、谈判费用等的国际交易费用系数。e 为外国货币兑换成本国货币时的汇率，本书按惯例采用外币直接标价法。当汇率 e 上升时，本币贬值，外币升值；当汇率 e 下降时，本币升值，外币贬值。p_x^* 是以外币表示的 x 产品的外国销售价格，p_y^* 是以外币表示的 y 产品的外国销售价格。

从式（2-1）到式（2-5）构成了一个完整的考虑比较利益时的消费者—生产者的新兴古典贸易模型。其中，式（2-1）代表该经济社会每个专业化生产专家的效用函数，说明每个人都在一定的生产条件、时间约束和预算约束条件下追求个人效用的最大化。在多数情况下，经济学家也将个人效用函数称作真实收入函数。

二、国内贸易情形下产品相对价格的决定

当 $(1+t) e p_y^* > p_y$ 时，从外国进口 y 产品的成本高于在本国生产 y 产品的成本，由于 y 产品在品质上没有差异，本国居民将会购买本国厂商生产的 y 产品，本国

商人不会从外国进口 y 产品,这时国际贸易将不复存在,本国和外国都只进行国内贸易。

(一)(x/y)模式:本国个人专业化生产 x 产品,卖 x 产品,买 y 产品的专业化分工模式

$$\text{目标函数:} \max u_{本x} = xky_d \tag{2-6}$$

$$\text{生产函数:} x + x_s = \beta_{本x} l_x^a \tag{2-7}$$

$$\text{时间约束:} l_x = 1, \ l_y = 0 \tag{2-8}$$

$$\text{收入约束:} p_x x_s = p_y y_d \tag{2-9}$$

在考虑了比较利益的条件下,该专业化模式的最优解为:

个人生产 x 产品的售卖量和对 y 产品的需求量:

$$x_s = \frac{1}{2}\beta_{本x}, \ y_d = \frac{\beta_{本x}}{2}\frac{p_x}{p_y} \tag{2-10}$$

个人真实收入:$u_{本x} = \frac{k}{4}\frac{p_x}{p_y}\beta_{本x}^2$ \hfill (2-11)

(二)(y/x)模式:本国个人专业化生产 y 产品,卖 y 产品,买 x 产品的专业化分工模式

$$\text{目标函数:} \max u_{本y} = ykx_d \tag{2-12}$$

$$\text{生产函数:} y + y_s = \beta_{本y} \tag{2-13}$$

$$\text{时间约束:} l_x = 0, \ l_y = 1 \tag{2-14}$$

$$\text{收入约束:} p_y y_s = p_x x_d \tag{2-15}$$

该专业化模式的最优解为:

个人生产 y 产品的售卖量和对 x 产品的需求量:

$$y_s = \frac{1}{2}\beta_{本y}, \ x_d = \frac{\beta_{本y}}{2}\frac{p_y}{p_x} \tag{2-16}$$

个人真实收入:$u_{本y} = \frac{k}{2}\frac{p_y}{p_x}\beta_{本y}^2$ \hfill (2-17)

(三)在自主择业的竞争性市场上,比较利益的条件对两种产品相对价格的影响

在价格自由浮动、个人自主择业的竞争性市场条件下,当市场达到均衡时,

生产 x 产品的专家的真实收入等于生产 y 产品专家的真实收入。有：

$$u_{本x}=u_{本y} \tag{2-18}$$

将式（2-11）和式（2-17）代入式（2-18），化简得：

$$\frac{p_x}{p_y}=\frac{\beta_{本y}}{\beta_{本x}} \tag{2-19}$$

显然，当 $\beta_{本x}\neq\beta_{本y}$ 时，x 与 y 两种产品的价格是不相等的，有：

$$p_x\neq p_y$$

这说明，在两种产品专家真实收入相等的条件下，两种产品的相对价格与生产各自产品专家的劳动生产率反向变动。

当 $\beta_{本x}>\beta_{本y}$ 时，有 $p_y>p_x$

当 $\beta_{本x}<\beta_{本y}$ 时，有 $p_y<p_x$

结论1 在自主择业的竞争性市场上，当外生比较利益使两种产品的生产者在达到收入均衡时的产品价格出现差异性。劳动生产率高的产品，其产品的相对价格将会较低；而劳动生产率低的商品，其产品的相对价格将会较高。

三、李嘉图模型与新兴古典贸易模型的内在联系

在李嘉图模型中，我们定义 $\alpha_{本x}$ 为生产单位 x 产品需要花费的劳动时间，$\alpha_{本y}$ 为生产单位 y 产品需要花费的劳动时间。在完全竞争市场条件下，有：

$$p_x=\alpha_{本x}w_x \tag{2-20}$$

$$p_y=\alpha_{本y}w_y \tag{2-21}$$

在式（2-20）和式（2-21）中，w_x 为生产 x 产品的专家单位劳动时间的工资率，w_y 为生产 y 产品的专家单位劳动时间的工资率，在自由择业条件下，人人都愿意在工资较高的行业中工作。所以，当 $w_x>w_y$ 时，生产 y 产品的工人会放弃 y 产品的生产，转而生产 x 产品，本国最终就没有人愿意在 y 产品的生产行业中劳动，本国就会专门生产 x 产品。同样如果 $w_x<w_y$，也没有人愿意生产 x 产品，本国就会专门生产 y 产品。因此，在封闭经济条件下，要使本国国内同时生产两种产品并保持均衡的条件是：

$$w_x=w_y \tag{2-22}$$

将式（2-20）和式（2-21）代入式（2-22），化简得：

第二章
基于比较优势的新兴古典贸易模型

$$\frac{p_x}{p_y} = \frac{\alpha_{本x}}{\alpha_{本y}} \qquad (2-23)$$

这是一个简单的劳动价值论：在没有国际贸易时，在单一要素的李嘉图模型中，当国内市场达到均衡时，两种产品的相对价格等于它们的相对单位产品的劳动投入量之比。

式中，$\frac{\alpha_{本x}}{\alpha_{本y}}$ 可以看作生产两种产品的机会成本。如果在本国有两类工人，第一类工人生产一个 x 产品要花费 4 小时，生产一个 y 产品花费 2 小时，而第二类工人生产一个 x 产品需花费 5 小时，生产一个 y 产品只需花费 1 小时，则第一类工人生产一个 x 产品花费的时间比第二类工人要少，而第二类工人生产一个 y 产品花费的时间比第一类工人要少。如果这时他们各自从事自己擅长专业的工作，然后相互交换，他们都可以因此获得更多的真实收入。因此，在国内实现分工均衡时，第一类工人将专业化生产 x 产品，第二类工人将专业化生产 y 产品，这时生产两种产品的机会成本将是 $\frac{\alpha_{本x}}{\alpha_{本y}} = 4$。

结论 2 人们从事各种活动时存在着某种效率差异，这是客观存在的。在市场经济中，正是由于存在着这种与生俱来的外生比较利益的差异，推动并促进着分工与专业化分工的发展，从而推动着社会经济的快速发展。从这个意义上来说，实现自主择业的竞争性市场是实现人尽其才、物尽其用的必要条件，也是推动社会经济发展的基础性条件。

那么，李嘉图模型和新兴古典贸易模型之间究竟有什么联系呢？

比较式（2-19）和式（2-23）可知：

$$\beta_{本x} = \frac{1}{\alpha_{本x}}, \quad \beta_{本y} = \frac{1}{\alpha_{本y}} \qquad (2-24)$$

式（2-24）表明，如果某人生产一件产品需要 4 个小时，即 $\beta_{本x} = 4$，他每天工作时间为单位 1，则该人生产一件产品的劳动生产率 $\beta_{本y} = \frac{1}{4}$，如果此人每天工作 8 小时，即 $l_x^a = 8$，则每天生产的 x 产品的数量为：$x + x_s = \beta_{本x} l_x^a = \frac{1}{4} \times 8 = 2$ 件。也就是说，在新兴古典贸易模型中，生产两种产品的专家真实收入相同的条件与李嘉图模型中两种产品单位劳动工资率相同的条件是等价的，它们所表示的经济学意义也是一致的。

四、外生比较利益对社会择业人数的影响

当存在外生比较利益时,对人们的社会择业会产生什么影响呢?

设本国一共有 M 个消费者—生产者,每人都有择业的自由,这时在两个行业工作的人数应该满足下式:

$$M_x + M_y = M \tag{2-25}$$

考虑本国居民对 x 产品的总需求,即:

$$X_D = M_y x_d = M_y \frac{\beta_{\text{本}2}}{2} \frac{p_y}{p_x} \tag{2-26}$$

本国市场对 x 产品的总供给,即:

$$X_S = M_x x_s = \frac{1}{2} \beta_{\text{本}1} M_x \tag{2-27}$$

当市场达到均衡时,要求 x 产品的市场需求量必须等于其市场供给量,即:

$$X_S = X_D \tag{2-28}$$

将式 (2-26)、式 (2-27)、式 (2-19) 代入式 (2-28),化简得:

$$M_x = M_y = \frac{M}{2}$$

这一结果和人们具有完全相同的劳动生产率条件时的择业人数是相同的。

结论 3 在自由择业的竞争性市场中,当只有国内贸易没有国际贸易时,人们因生产不同产品而存在着不同的劳动生产率这一因素只会影响两种产品的相对价格,而对在不同行业工作的专家真实收入和各个行业的专家人数是没有影响的。

五、基于外生比较利益的国际贸易

(一)考虑外生比较利益时本国发生国际贸易的必要条件

本国只有满足 $(1+t)ep_y^* \leq p_y$ 这一条件时,国际贸易才会发生。这时以本币

计值的外国生产的 y 产品本币到岸价格小于等于本国厂商生产的 y 产品的国内市场价格,以本国 y 产品为交易的进口贸易就会发生。将这一条件改写为:

$$\frac{p_y}{p_y^*(1+t)} \geq e \qquad (2-29)$$

式（2-29）说明,即使两国所有行业都处于竞争性市场中,两国的产品价格完全反映两国的生产成本和劳动价值,本国商人是否进口外国生产的 y 商品,不仅取决于两国产品在其国内的市场价格,而且与两国货币的汇率和两国各自的国际交易费用有关。当本币贬值时,以本币计值的汇率上升（直接标价法）,即使两国国内 y 产品的价格不变,在贬值前能够得到满足的式（2-29）条件也有可能不再成立,这时 y 产品的进口将会终止。当本国关税上升时,或者本国对进口产品实行贸易保护时,外国进口产品的国际交易费用上升,式（2-29）也会得不到满足,本国进口 y 产品的贸易就会终止。

同样,当 $ep_x^* \geq p_x(1+t^*)$ 时,以本币计值的本国生产的 x 产品本币到岸价格小于等于外国厂商生产的 x 产品国内市场价格,以 x 产品为交易的出口贸易就会发生。将这一条件改写为:

$$\frac{p_x}{p_x^*}(1+t^*) \leq e \qquad (2-30)$$

式（2-30）中的 t^* 表示当外国进口本国的 x 产品时所需要花费的外国的国际交易费用。这一条件说明,在上述条件成立时,即使两国的产品价格完全反映两国的生产成本和劳动价值,外国商人是否进口本国生产的 x 商品,不仅取决于两国产品在其国内的市场价格,而且与两国货币的汇率和国际交易费用有关。当本币贬值时,以本币计值的汇率上升（直接标价法）,即使两国国内 x 产品的价格不变,在贬值前能够得到满足的式（2-30）的条件也有可能会不再成立,这时,本国 x 产品的出口将会终止。当外国关税上升时,或者外国对进口产品实行贸易保护时,本国 x 产品的国际交易费用上升,式（2-30）也会不再满足,本国出口 x 产品的贸易也会终止。

显然,李嘉图模型所揭示的外生比较利益是国际贸易的推动力的结论只具有相对正确性。

（二）李嘉图模型的缺陷

李嘉图模型认为,即使两国之间在两种产品的生产中存在着单位产品劳动时间上的相对差异性，只要两国各自生产自己具有比较优势的产品并相互交易，两国都将获得贸易利益。

这一结论可以表示为以下形式：

$$\frac{\alpha_{本x}}{\alpha_{本y}} \neq \frac{\alpha_{外x}}{\alpha_{外y}} \tag{2-31}$$

当 $\frac{\alpha_{本x}}{\alpha_{本y}} > \frac{\alpha_{外x}}{\alpha_{外y}}$ 时，本国在生产 x 产品上的机会成本高于外国，本国应该进口 x 产品，出口 y 产品。反之，当 $\frac{\alpha_{本x}}{\alpha_{本y}} < \frac{\alpha_{外x}}{\alpha_{外y}}$ 时，本国应该出口 x 产品，进口 y 产品。依照本书的解释，这一条件等价于当 $\frac{\beta_{本x}}{\beta_{本y}} < \frac{\beta_{外x}}{\beta_{外y}}$ 时，本国在生产 x 产品上的生产效率低于外国，本国应该进口 x 产品，生产并出口 y 产品。反之当 $\frac{\beta_{本x}}{\beta_{本y}} > \frac{\beta_{外x}}{\beta_{外y}}$ 时，说明本国在生产 x 产品上的生产效率高于外国，本国应该生产并出口 x 产品，进口 y 产品。这个结果显然和式（2-29）与式（2-30）的贸易条件不相符。Romalis（2004）通过证明也认为李嘉图比较优势理论的贸易条件成立很难。

而本书导出了反映比较优势的国际贸易发生的条件如下：

在本国进口 y 产品出口 x 产品的条件下，合并改写式（2-29）和式（2-30），有：

$$\frac{p_y}{p_y^* e(1+t)} \geq 1 \geq \frac{p_x}{p_x^* e}(1+t^*) \tag{2-32}$$

对式（2-32）化简，并且忽略式中表达式两边相等的情形，有：

$$\frac{p_y}{p_y^*} > \frac{p_x}{p_x^*}(1+t)(1+t^*) \tag{2-33}$$

再将式（2-33）改写为：

$$\frac{p_y}{p_x} > \frac{p_y^*}{p_x^*}(1+t)(1+t^*) \tag{2-34}$$

如果将式（2-34）中本国与外国两种产品的相对价格理解为当两国只有国内贸易时两种产品的相对机会成本，有：

$$\frac{p_y}{p_x} = \frac{\beta_{本x}}{\beta_{本y}} \text{ 和 } \frac{p_y^*}{p_x^*} = \frac{\beta_{外x}^*}{\beta_{外y}^*}$$

代入式（2-34）可得：

第二章
基于比较优势的新兴古典贸易模型

$$\frac{\beta_{\text{本}x}}{\beta_{\text{本}y}} > \frac{\beta^*_{\text{外}x}}{\beta^*_{\text{外}y}}(1+t)(1+t^*) \tag{2-35}$$

式（2-35）是新兴古典贸易模型在考虑了外生比较利益的条件下，两国之间发生国际贸易须满足的基本条件。与代表李嘉图模型的式（2-31）相比较，可以看到，李嘉图模型中存在着一个缺陷，即该模型在建立过程中忽略了国际交易费用，这就像牛顿力学在当初建立时没有考虑现实世界中普遍存在着的摩擦力一样。而本书将国际交易费用引入到考虑外生比较优势的新兴古典贸易模型之中，这一做法不仅通过这一经济学模型论证了李嘉图模型的适用性，而且将国际贸易费用引入新兴古典贸易模型之中，从而证明了两国之间要想发生国际贸易，除了李嘉图提出的比较优势的基本贸易条件外，还必须考虑两个国家的贸易政策和贸易保护倾向。如果本国和外国各自采取高关税政策和非关税壁垒，即使两国之间存在着李嘉图模型中的比较优势，式（2-35）所给出的条件也有可能不成立，两国间的国际贸易就会受阻，这从另一角度证明了自由贸易可以提高各国的福利水平。

本书构建了比较优势的新兴古典贸易模型，得出了两国之间进行国际贸易的基本条件，从而证明了这些条件不仅和比较优势有关，还和两国固有的国际交易费用有关。与此同时，本书证明了李嘉图模型的局限性，并积极倡导国家或地区之间自由贸易的思想。在当今，许多国家出于各自利益而普遍采取贸易保护主义的情形下，应通过世界贸易组织（World Trade Organization，WTO）来协调各国的贸易政策，以促进关税减让和消除非关税壁垒，可以有效地降低国际交易费用，促进国际贸易的快速发展，这对促进全球经济的增长，提高各国居民的福利水平，有着重要的作用和意义。

第三章

基于国际分工、贸易壁垒和汇率的国际贸易模型

本章对杨小凯消费者—生产者模型进行拓展分析,并更具有普遍的适用性和实践意义,构建了有关国际分工、贸易壁垒和汇率的国际贸易模型。本模型包括了生产和贸易中可能存在的四种模式,即自给自足模式、国内贸易与专业化分工模式、国内贸易与国际贸易并存的分工模式、国际贸易与完全国际分工的模式。本模型引入以关税表示的贸易壁垒和汇率因素,建立起由一组解析式表达的数学模型,从而较好地诠释了国际分工、贸易壁垒和汇率在国际贸易中所起的作用及它们对国际贸易与一国贸易模式的影响;阐述了市场准入制度对一国产品的相对价格和居民真实收入的影响。

一、"斯密—杨格—杨小凯"分工专业化思想

著名的斯密定理指出,分工取决于市场范围的大小,分工的发展取决于市场范围的不断扩大,而市场范围的大小又取决于运输条件。分工会带来专业化和专业的多样化,而这必然要求人们互相交易,互通有无。斯密定理直接地表述为市场范围扩大是分工深化的必要条件,市场范围扩大的关键因素是交易费用(盛洪,1994)。在斯密的理论体系中,市场需求被默认为是外生的,市场范围的扩张只能停留在交易费用外生的水平上。斯密定理仅从市场需求方面,静态地分析了分工演进机制,但是没有将市场供给与市场需求两方结合起来研究分工演进机制。而在市场供给方面,降低交易费用可以刺激供给,有利于增加物质资本与人力资本。因而,斯密定理不能揭示分工演进的机制。杨格定理在斯密定理的基础上,增加了市场需求层面上分工演进机制的分析,将斯密定理动态化,从而形成

第三章
基于国际分工、贸易壁垒和汇率的国际贸易模型

了浑然一体动态化的分工演进机制。杨格定理认为，递增报酬的实现有赖于劳动分工的演进，不但市场大小决定分工的程度，而且市场大小由分工程度所制约，需求和供给是分工的两个侧面（杨格，1928）。杨格补充了由交易费用外生分工，由分工内生市场规模的机制。可见，杨格定理动态地发展了斯密定理，提出了由分工到分工累积循环的机制。斯密定理与杨格定理对分工及其演进的机制做了开创性的研究。分工是基于人们交换能力的专业化分工，交换能力是市场交换范围的制约因素，而交换范围又是分工深化的限制因素。斯密定理与杨格定理形成了一个分工自演进组织体系，分工与专业化产生于交易效率的提高，并反过来提高经济体系的总效用，但同时分工的出现是以交易费用的相伴而生为代价。前者是由静态市场规模推动的分工，后者则是由组织创新推动的分工；前者从市场需求角度出发，而后者从市场供给角度出发。综合两者可以较为合理地解释由分工到分工的自我演进机制，而这一机制中的契合点是交易费用。分工的自演进将市场规模动态化。分工和专业化能够大幅度地提高生产效率，这种提高是一种生产质量上的提升，能有效地扩大生产的可能性边界。交易费用是分工和专业化的关键因素，分工的细化会导致交易及其费用几何级数的增加（Becker and Murphy，1992）。

分工和专业化的发展（杨小凯，1984，1991，1997），使人们能够生产的剩余产品日益增加，这是人们选择分工专业化带来的收益。交易费用的存在，使人们在交易中必然付出代价。人们必须在分工专业化和交易费用两者之间作出选择，寻找一个理想的均衡点。当分工与专业化所带来的收益超过支付交易费用所产生的损失时，人们会选择分工专业化经济，并通过市场进行交易，以满足人们多样化的消费需求。反之，当分工专业化所带来的收益低于支付交易费用所产生的损失时，人们会选择自给自足经济，即自己生产多种自己所需的产品并满足自己的消费，这时将没有商品交换。显而易见，分工专业化是推动国内贸易的基本原因。而要促进商品经济的发展，繁荣市场，则必须通过必要的法律和规章制度，保障人们的合法财产与收入的安全性，努力提高交易效率，有效降低交易费用。只有分工的效率超过交易费用时，自给自足经济才会演变为分工经济。

随着交易费用的下降，分工就会在更高的层次和更大的规模上进行。如果我们从对个体与个体之间的交易效率与交易费用的关注中，站到更高的层面观察分工网络的交易费用问题，则有两点需要说明：一是经济系统的分工网络存在单位交易效率提高，即交易费用下降与网络整体的总交易费用上升同时存在。这是因为，交易效率的提高体现为专业化生产的个体与个体之间单位交易费用的下降，

单位交易费用的下降会促使更多交易行为的发生，同时使一些原本不能实现专业化的新分工领域出现，这些新专业的出现，同样会带来交易量的增大。也就是说，在分工网络上，由于单位交易费用的下降，网络中原有点与点之间的连线变得更粗，因为交易量扩大。二是又会有新的节点出现，这些节点的出现使分工网络规模得以扩大，因此，在单位交易费用下降的同时，总的交易次数可能会迅速上升，导致交易费用的总量也不断上升。另外，网络的扩展和复杂化又可能使其中的内生交易费用迅速上升。这些都反映了劳动分工发展和交易制度日益复杂的趋势。

事实上，经济学是解决两难冲突（trade off）的科学（杨小凯、黄有光，1993；杨小凯，1998；Yang，2001），因为任何经济决策都是在约束条件中寻求最优，最优的决策事实上都是折中的结果。现实生活中的最优状态（选择）一般总是中间状态，而不像传统经济学理论所主张的如"完全竞争"那种极端的理想状态。杨小凯和威尔斯（Yang and Wills，1990）的模型却表明，竞争程度的增加与分工经济不可两全。分工程度很高时，每个专业化生产领域的竞争程度就会受到影响，不可能一方面要求每个专业生产领域从事生产的人都很多，达到完全竞争状态；另一方面整个社会又具有同样很多的专业领域数量。因此，在现实经济中，如果对交易费用进行深入的研究，会发现存在既有一定程度的竞争，又有一定程度垄断的中间状态。现实中的任何经济问题（现象），事实上都可以放入两难冲突的分析框架，并从中内生出最终的均衡状态。

二、新兴古典经济学贸易理论评述

新古典经济学在解释国内贸易产生的原因时，是假定在纯消费者和厂商绝对分离的前提下，而国际贸易之所以产生是因为国与国之间存在着外生的比较利益。这种传统新古典贸易理论将国内贸易与国际贸易割裂开来，却不能解释国内贸易何以发展到国际贸易，也无法解释为什么发达国家之间的贸易量远远高于发达国家同发展中国家间的贸易量。D—S模型可以解释为什么国际贸易主要发生在先天条件相近的发达国家之间，却不能内生地解释国内贸易向国际贸易的演变，因为按照这些理论，人们一开始应该选择的是国际贸易，而不是实际作为开始的国内贸易。以杨小凯等为代表的学者提出了与传统国际贸易理论、新古典贸

第三章
基于国际分工、贸易壁垒和汇率的国际贸易模型

易理论既相承又具有开创性的新兴古典贸易理论。将贸易的起因归结为分工带来的专业化经济与交易费用两难冲突相互作用的结果,从而对贸易产生的原因给出了新的解释思路,为国际贸易和国内贸易提供了一个统一的理论分析框架是贸易理论的新发展。

新兴古典经济学是 20 世纪 80 年代以来新兴的经济学流派。新兴古典贸易理论依托新兴古典经济学的新框架,将贸易的起因归结为分工带来的专业化经济与交易费用两难冲突相互作用的结果,从而对贸易的原因给出新的解释思路,使贸易理论的核心重新回到分工引起的规模报酬递增,是一种内生动态优势模型,是贸易理论和贸易政策统一的模型,是国内贸易和国际贸易统一的模型,能够整合各种贸易理论,是贸易理论的新发展,重新归纳贸易理论的发展线路。新兴古典经济学弥补了新古典经济学框架的重要缺陷,从每个个体既是消费者又是生产者的现实出发,分析个体的决策过程及其结果。基于个体是消费者—生产者的新框架,适合国家层次上对单个国家的分析,新兴古典经济学把对个体之间分工和贸易的分析用于分析国际分工和国际贸易,用分工经济和交易费用的两难冲突及其折中解决的个体专业化决策思路重新考察国际贸易理论,用分工演进模型对贸易理论的基本问题给出新的解释,构成新兴古典贸易理论的主要内容。新兴古典经济学派从消费者与生产者的统一出发,构建了贸易产生的内生化新体系。

基于库恩—塔克定理,杨小凯独创超边际分析方法,提出了新兴古典经济学,并运用这一新的分析方法对传统的国际贸易理论进行了系统的分析,解决一国国内贸易如何发展到国际贸易的问题,把国内贸易和国际贸易统一到一个理论框架里,对国际贸易新兴理论的形成与发展做出了很大的贡献(梁小民,2003)。新兴古典经济学为贸易理论、增长理论、企业理论、交易费用经济学、产权经济学及宏观经济学提供了一个统一的核心理论。杨小凯的研究成果涉及基本经济理论和研究方法,构建了新兴古典经济学的完整体系,从而大大提高了经济学的解释力(张永生,2002)。在新兴古典经济学中,交易费用对经济组织的拓扑性质具有决定性的意义。

按照新兴古典贸易的理论,交易效率的提高会扩大市场容量,促进市场一体化,相互分割的局部市场将逐渐发展成一体化的市场,这时候,一个大的市场在折中分工好处与交易费用之间的两难冲突提供了更大余地,所以,国际贸易是国内贸易发展的结果,其市场容量取决于交易效率的高低。国际贸易之所以在国内贸易之后发展起来,是因为同国内贸易相比,国际贸易存在额外的交易费用。新兴古典经济学复活了古典经济学的精华分工理论,并将之加以数学分析工具,为

经济学的学习提供了一种新的学习思路和分析工具。从而将传统贸易理论的基本思想纳入新兴古典贸易理论的框架之下，这在一定程度上将现有的贸易理论整合到统一框架下。杨小凯和黄有光的新兴古典经济学说重新为经济学确定了方向，将经济学从资源分配问题引向组织问题，为贸易理论、增长理论、企业理论、交易费用经济学、产权经济学及宏观经济学提供了一个统一的理论体系，该理论体系还存在着较大的发展空间。

值得探讨的是，新兴古典贸易理论也存在一些不足之处：①为达到数学上的严谨和理论上的完美，新兴古典框架往往做出了一些较强的假定，其中有些是不合理的，有的甚至会得出极不现实的结论，这在一定程度上限制了新兴古典贸易模型的实际应用。②关于劳动分工演进的许多数据口径无法从现有的统计资料中获得，因此很难用历史数据来验证新兴古典贸易理论，更不要说进行经济预测。③贸易模式不确定。新兴古典贸易理论只能说明个人应贸易专业化经济较大、交易条件较好的产生，但是哪个人或哪个国家买卖哪种商品是不确定的。交易费用的大小决定了分工及分工水平的高低，但是不能决定如何分工，不能确定哪一国家生产何种产品的分工方式，交易效率的高低无法确定某个国家出口何种产品，进口何种产品的贸易结构。这也是以"生而相同"为前提的内生优势理论的一个显著不足。但是，新兴古典贸易理论是传统的贸易理论的更深层次的扩展，这种扩展是建立在新兴古典经济学关于分工、专业化与经济增长理论基础上的。新兴古典贸易理论的理论意义要大于实践意义，其至少开辟了一条新的研究贸易理论的途径。

新兴古典经济学是以分工与专业化为分析经济现象的出发点，所构建的一系列模型分析现实生活中的各种经济问题，如交易费用模型可以解释贸易的出现等现象。本书用图1-1、图1-2、图1-3说明新兴古典经济学的分析框架，假定一个经济系统中有4个消费者—生产者，每个人必须消费4种产品，而且可以选择生产1、2、3或4种产品，没有市场存在，整个经济分成四个互不往来的部分，经济没有一体化，没有商业化，生产集中程度低，每个人的专业化水平低。若假定专业化可以通过加速熟能生巧边干边学的过程提高生产力，则在图1-1中自给自足，即国内贸易中每个人的生产力都很低，但是它却完全没有交易及其产生交易费用。由于所有人的生产消费结构相同，经济结构的多样化程度很低，在图1-2的局部国际贸易状态中，每个人生产的产品种类数从4减至3，即专业水平上升，因此生产力上升，市场也从无到有，每个人的交易次数从0增至2，交易费用也从无到有。经济分为两个互不往来的部分，与自给自足相比，市场一体化程度上升。产品 1 或产品 2 的生产者人数也从自给自足时的 4 个减至 2 个，所以生产集中度上升，同时也出现两类生产贸易结构不同的专业，因而比自给自足时结构多样化程度上升。人与人之间的依赖性、每个人的贸易依存度、社会的商业化程度及市场个数都增加。图 1-3 则是一种完全国际贸易状态，每个人的贸易依存度、社会的商业化程度及市场个数都增加。每个人的专业化程度、社会结构的多样化程度、每个人的贸易依存度、社会的商品化程度、市场个数、经济一体化程度、生产集中程度、交易次数及总交易费用、每个人的生产率都比局部国际贸易时增加。

经济体系之所以能从自给自足状态演进到局部国际贸易状态乃至完全国际贸易状态，是由于在这类框架中有分工好处与分工产生的交易费用的两难冲突，故分工水平取决于交易效率的高低。交易效率越高，折中这种两难冲突的空间就越大，分工水平也就越高。在一个静态模型里，当交易效率外生改进时，经济体系就会从自给自足向完全国际贸易演进。在一个动态均衡模型里，即使交易条件没有外生地得到改进，分工的演进也会自发地产生。上述两种现象，会作为分工演进的不同侧面同时产生。在这个过程中，市场是由于个人选择专业模式和水平的自利决策而内生出现的，需求和供给是分工的两个侧面。随着分工的演进，社会的商业化和市场化程度也会随之发生演进。经济体系从自给自足演进到局部国际贸易乃至完全国际贸易。

三、考虑国际分工、贸易壁垒及汇率的贸易模型

分工与专业化是商品经济和贸易发展的基本推动力，生产的专业化极大地提高了劳动生产率，使产品生产大大增加。当一种产品的生产量超过了个人所需要的消费量时，个人就会将多余的产品拿去交换别人所需的产品。事实上，专业化经济的发展必然要求社会进行合理的分工，如果每个人都只生产自己的优势产品，则每个人都会将自己生产的剩余产品和别人进行交换，互通有无，这样，市场就会自发产生。不同商品在市场上进行交换必然会产生交易费用，这意味着每个人出售一个单位的 x 产品，再用这笔钱从市场中买回一个单位的 x 产品时，由于在交易过程中不可避免会产生的损耗和各种费用，每个人能够得到 x 产品的数

量将是 $1-k(0<k<1)$，被称为单位交易费用系数，意指通过市场买卖一个 x 产品，所得到的 x 产品数量小于 1 个，其中减少的部分，就称为交易费用。由于产品在交易过程中存在着交易费用，一个人同时买卖同一种产品是不合算的。因此，理性经济人不会买卖同一种商品，他们只会生产一种产品，满足自己消费后将多余的该产品拿到市场上去卖，再买回自己需要消费的其他产品，这就是文定理所指出的不同时买卖同一种商品的基本内涵。

现将上述思想推广到国际贸易之中。国际贸易与国内贸易的不同之处在于商品是跨国界流动的。因此，国际贸易会比国内贸易产生更多的不确定性和费用。例如，国际贸易还存在不同国家货币之间的兑换，需要更远的运输路程和更长的运输时间等因素。由于商品交易需要跨越国界，各国在管理进口商品中的规则和制度不同，所采取的贸易壁垒不同，使各种商品在进口过程中需要支付的国际交易费用也不同。由此可见，相对于国内贸易来说，国际贸易需要支付更多的交易费用。

令人关注的是，在所有现存的国际贸易模型中，对国际分工、贸易壁垒和汇率这些影响国际贸易的关键因素似乎未能较好地构建数学模型加以描述，也没有非常明确说明商品交换是如何从国内贸易发展为国际贸易的。更不用说对上述这些影响国际贸易的重要因素进行定性和定量的描述。本书在杨小凯消费者—生产者模型的基础上，引进了国际贸易过程中所需支付的国际交易费用和汇率变量，构建起一个有关国际分工、贸易壁垒与汇率的国际贸易模型。从这一模型中可以发现，一个普通的国内消费者—生产者是如何根据国内外市场情况，汇率变动和一国政府对管理进出口商品的限制程度来决定自己的交易与分工专业化模式。

（一）构建有关国际分工、贸易壁垒与汇率的国际贸易模型

1. 基本模型的若干假设条件

（1）世界上只有两个国家，本国和外国。均有一个出口商—进口商，每国出口商—进口商各自进出两种产品，x 产品与 y 产品。

（2）两国都有许多决策前完全相同的出口商—进口商。也就是说，在我们的模型中，每个人都具有双重身份，他们既是商品的出口商（生产者），也是商品的进口商（消费者），这双重身份在每个人身上是一个统一体，不可分离。

（3）所有的出口商—进口商都有能力自主择业，并根据自己所获得真实收入的高低来决定自己究竟应该从事哪种专业化生产模式。

第三章
基于国际分工、贸易壁垒和汇率的国际贸易模型

（4）本模型中的任何一种产品，无论是在国内生产还是在国外生产，其品质和对任何人产生的效用都是完全相同的。两者之间的主要区别在于进口产品需要支付国际交易费用，这些费用包括关税、各种附加税、谈判费用、签订合同的费用、货币兑换费用、保险费用和国际运输费用等。文章将国际交易费用系数定义为 t。一旦外国产品进入国内，还需通过国内市场进行销售，这时还将支付与国内同类产品相同的国内交易费用，本书将 k 定义为国内市场交易效率系数，$(1-k)$ 可看作是单位商品交易额所需要支付的交易费用。当一国因贸易纠纷向另一国的进口商品征收惩罚性关税或者以各种借口限制另一国商品进口时，国际交易费用系数 t 将会上升。

（5）每个出口商—进口商面对着相同的国内交易费用和国际交易费用。这一费用在不同国家内无论是哪种产品进行交易所需要的费用都是相同的，在不同国家之间费用设定是不相同的。

（6）每个出口商—进口商出售商品的收入必须等于其购买商品的支出，即家庭收支必须满足个人的预算约束方程，没有储蓄也没有赊欠。

$$\text{预算约束：} p_x x_s + p_y y_s = (p_x x_d + p_y y_d) + (1+t)e(p_x^* x_d + p_y^* y_d) \quad (3-1)$$

式（3-1）中，p_x 为 x 商品的国内销售价格，p_y 为 y 商品的国内销售价格。x_s 为一个生产 x 产品专家的售卖量，y_s 为一个生产 y 产品专家的售卖量。t 是包含进口关税和进口时所需支付的运输费用、谈判费用等的国际交易费用系数。例如，中国从美国进口一块计算机芯片，该芯片在入境时需交纳的中国进口关税的税率为 t_1，其他各项进口交易费率为 t_2，则该芯片的国际交易费用 t 应为 t_1+t_2。这时，进口一块美国芯片的总费用为 $1+t_1+t_2$。e 为外国货币兑换成本国货币时的汇率（本书按惯例采用外国货币的直接标价法）。当汇率 e 上升时，本币贬值，外币升值；当汇率 e 下降时，本币升值，外币贬值。p_x^* 是以外币表示的 x 产品的外国销售价格，p_y^* 是以外币表示的 y 产品的外国销售价格。

2. 基本模型的建构

在上述假设的基础上，一个出口商—进口商模型可以表示为如下形式：

$$\text{目标函数：} \max u = (x+kx_d)(y+ky_d) \quad (3-2)$$

$$\text{生产函数：} x+x_s = l_x^a, \ y+y_s = l_y^a \quad (3-3)$$

$$\text{时间约束：} l_x^a + l_y^a = 1 \quad (3-4)$$

从式（3-2）到式（3-4）加上式（3-1）就构成了一个完整的出口商—进口商的基本贸易模型。其中，式（3-2）代表该经济社会中每个人的效用函数，说明每个人都在一定的生产条件、时间约束条件和预算约束条件下追求个人效用

的最大化。在多数情况下,经济学家也将个人效用函数称作真实收入函数,意指个人实际拥有的两种产品数量上的差别,个人拥有的产品越多,个人效用就越高,其真实收入也就越高。

3. 基本模型的超边际分析

20世纪50年代出现了处理角点解的非线性规划方法,为超边际分析方法提供了数学工具。新兴古典经济学使用的基本方法就是脱胎于新古典边际分析的超边际分析(inframarginal analysis),分为三步骤:①利用文定理排除那些不可能是最优的角点解(文玫在1996年提出的文定理,即最优决策从来不同时买和卖同种产品,从来不同时买和生产同种产品,最多只卖一种产品);②对剩下的每一个角点解用边际分析求解,求出每一个局部最优值;③比较各角点解的局部最大目标函数值,就可产生整体最优解。即新兴古典经济学的全部均衡是各个均衡中效用最大的一个。

本部分构建的模型源于杨小凯的专业化生产模型和新兴古典经济学分析框架,所不同的在于预算约束条件。杨小凯的模型建立在国内生产和交换的基础上,在求解最优解时一共需要考虑三个决策模式。本书建立在国内贸易和国际贸易的基础上,在模型中引进了在国际贸易中起重要作用的两个经济变量——国际交易费用和汇率,从而比杨小凯的模型更具有一般性,能够有效地解释经济中的商品生产、交换和消费问题。本模型在进行超边际分析时一共需要考虑本国的七个决策模式。这些决策模式可分为四类:第一类是自给自足的决策模式;第二类是没有国际贸易,只有国内贸易的专业化分工模式,分为(x/y)模式和(y/x)模式两种;第三类是国内贸易与国际贸易并存的模式,分为(x/yy^*)模式和(y/xx^*)模式两种;第四类是完全专业化分工、国际贸易模式,分为$[(x/y^*)(y^*/x)]$模式和$[(y/x^*)(x^*/y)]$模式两种。分析证明,文章所构建的有关国际分工、贸易壁垒、汇率的国际贸易模型比杨小凯的模型更具有一般性和通用性。杨小凯的模型证明了交易费用是决定分工专业化模式和自给自足模式的关键因素。而本书的模型将证明,国际交易费用和汇率将是决定国内分工与贸易模式和国际分工与贸易模式的关键因素。

贸易必然产生专业化分工模式并不断地推动其发展。第一类决策模式即自给自足的模式,杨小凯已作了较为翔实的解释(杨小凯,1998),这里不再讨论。本书主要探讨贸易问题,故只探讨第二类、第三类、第四类决策模式,即经济主体在六种专业化分工模式下的决策问题。

第三章
基于国际分工、贸易壁垒和汇率的国际贸易模型

（二）分析经济主体在专业化分工模式下的决策问题

1. 本国只发生国内贸易而不发生国际贸易的模式分析

这里探讨本模型中的第二类专业化分工模式。在汇率和国际交易费用不变的条件下，如果外国进口产品的本币价格高于本国同类产品价格，国际贸易就不会发生，贸易只会在本国国内进行。发生这种情况的市场条件是：

$$(1+t)ep_y^* > p_y \tag{3-5}$$

这一情况可以理解为在允许进行国际贸易的条件下，本国居民只选择了国内贸易，这时的贸易模型就只发生在本国国内实行专业化分工的情形。在这种情形下，本国有两种专业化分工模式：一种是（x/y）模式，另一种是（y/x）模式。

（1）（x/y）模式，这是一种 x 产品的专家生产 x 产品，卖 x 产品而买 y 产品的经济模式。

在这种模式下，目标函数和约束条件如下：

$$\max u_x = xky_d \tag{3-6}$$

$$x + x_s = l_x^a = 1 \tag{3-7}$$

$$p_x x_s = p_y y_d \tag{3-8}$$

对（x/y）模式的最大目标函数解是：

$$x_s = \frac{1}{2}, \quad y_d = \frac{p_x}{2p_y} \tag{3-9}$$

$$u_x = \frac{kp_x}{4p_y} \tag{3-10}$$

（2）（y/x）模式，这是一种 y 产品的专家生产 y 产品，卖 y 产品而买 x 产品的经济模式。

在这种模式下，目标函数和约束条件如下：

$$\max u_y = yky_d \tag{3-11}$$

$$y + y_s = l_y^a = 1 \tag{3-12}$$

$$p_y y_s = p_x x_d \tag{3-13}$$

对（y/x）模式的最大目标函数解是：

$$y_s = \frac{1}{2}, \quad x_d = \frac{p_y}{2p_x} \qquad (3-14)$$

$$u_y = \frac{kp_y}{4p_x} \qquad (3-15)$$

从式（3-9）可以看到，家庭对 x 产品和 y 产品的需求取决于两种产品的相对价格。当个人生产 x 产品的相对价格上升时，家庭会增加 y 产品的购买消费。

从式（3-10）中可以看到，个人消费的总效用和自己生产产品与其购买产品的相对价格呈同向变动，当 x 对 y 的相对价格上升时，x 产品生产商的真实收入趋于上升，家庭的总效用趋于增加。个人总效用和市场交易效率同向变动，当市场交易效率提高时，个人消费的总效用将会上升。这就是说，当一个国家或地区的道路交通、电信、金融等基础设施得到改善或者政府采取措施，减少流通过程中被征收的间接税时，市场交易效率得到提高，这会增加每个人的真实收入。

在两个行业都允许自由进入的条件下，当国内专业化分工达到均衡时，要求生产 x 产品的专家能得到的真实收入等于 y 产品的专家能得到的真实收入。

当 $u_x = u_y$ 时，有 $\frac{p_x}{p_y} = 1$，$p_x = p_y$

2. 国内贸易与国际贸易并存的模式分析

现在讨论本模型中的第二类决策模式问题。根据文定理，式（3-1）可以简化为式（3-16）或式（3-17）：

$$p_x x_s = (1+t) e p_y^* y_d + p_y y_d \qquad (3-16)$$

$$p_y y_s = (1+t) e p_x^* x_d + p_x x_d \qquad (3-17)$$

对于一种商品 y 来说，如果在本国国内市场上生产并销售该产品，同时又从外国进口该产品，并在市场上销售，能够满足这一结果的市场条件是：当且仅当外国进口产品 y_d 在扣除了国际交易费用后的本币价格等于国内同类产品 y_d 的市场销售价格。

$$(1+t) e p_y^* = p_y \qquad (3-18)$$

（1）（x/yy^*）模式。考虑国内贸易与国际贸易同时发生的情况，即在本国国内有许多 x 产品生产商生产 x 产品，在留下自己消费的数量后将多余的 x 产品在市场上销售，并用取得的收入购买 y 产品的一种专业化经济模式。其中，y 产品既可以购买本国厂商生产的产品，也可以购买从外国进口的 y 产品。在这种情况下，本模型可以表示为以下形式。

第三章
基于国际分工、贸易壁垒和汇率的国际贸易模型

x 产品的生产者的目标效用函数为：

$$\max u_x = xky_d \tag{3-19}$$

$$x + x_s = l_x^a = 1 \tag{3-20}$$

各决策变量的定义域需要满足的条件是：

$$y=0, \ y_s=0, \ x_d=0, \ x>0, \ x_s>0, \ y_d>0, \ l_y^a=0, \ l_x^a=1$$

为了表述清楚，这里将式（3-16）重写如下：

$$p_x x_s = (1+t) e p_y^* y_d + p_y y_d \tag{3-21}$$

式（3-19）中的 k 为国内市场交易效率系数。当市场中的交易效率系数越高时，个人在买卖商品中需要支付的交易费用就会越低，人们越倾向于选择具有高生产率的专业化生产模式。反之，当市场中的交易效率很低时，具有高生产率的专业化生产模式所带来的好处被高昂的交易费用所抵消，这意味着人们选择专业化生产模式所能得到的真实收入甚至低于自给自足时的真实收入，人们会放弃专业化生产模式，转而选择没有商品交易的自给自足经济。

将式（3-16）和式（3-20）代入式（3-19），得：

$$u_x = (1-x_s) \frac{kp_x}{[(1+t)ep_y^* + p_y]} x_s \tag{3-22}$$

在式（3-22）中，目标函数 u_x 对 x_s 求一阶导数，并令其为零，可得到（x/yy^*）模式下 u_x 的最大目标函数值：

$$x_s = \frac{1}{2}$$

$$y_d = \frac{p_x}{2[(1+t)ep_y^* + p_y]} \tag{3-23}$$

$$u_x = \frac{kp_x}{4[(1+t)ep_y^* + p_y]} \tag{3-24}$$

（2）（y/xx^*）模式。本模式指国内有许多 y 产品的生产者生产 y 产品，在留下自己消费的数量后，将多余的 y 产品拿到市场上销售，并用获得的收入购买 x 产品的一种专业化分工模式。和（x/yy^*）模式一样，人们所购买的 x 产品既可以买本国生产的 x 产品，也可以购买从外国进口的 x 产品。这时的决策模型可以表示如下：

$$\max u_y = ykx_d \tag{3-25}$$

$$y + y_s = l_y^a = 1 \tag{3-26}$$

各决策变量的定义域需要满足的条件是：

$$x=0,\ x_s=0,\ y_d=0,\ x_d>0,\ y>0,\ y_s>0,\ l_x^a=0,\ l_y^a=1$$

采用上面的计算方法，可得到（y/xx^*）模式下 u_y 的最大目标函数值为：

$$y_s = \frac{1}{2}$$

$$x_d = \frac{p_y}{2[(1+t)ep_x^* + p_x]} \qquad (3-27)$$

$$u_x = \frac{kp_y}{4[(1+t)ep_x^* + p_x]} \qquad (3-28)$$

（3）关税变动、汇率变动对个人真实收入的影响。在（x/yy^*）模式中，我们在式（3-23）和式（3-24）中分别对国际交易费用系数、汇率求一阶导数可得：

$$\frac{\partial y_d}{\partial t} < 0,\ \frac{\partial u_x}{\partial t} < 0,\ \frac{\partial y_d}{\partial e} < 0,\ \frac{\partial u_x}{\partial e} < 0$$

由此得出以下结论：

其一，关税税率的上升，贸易壁垒的设置，将提高进口商品的国际交易，使本国进口外国产品的数量减少，本国居民个人的总效用下降，也降低了本国居民的福利总水平。

其二，本币贬值使本国的进口产品数量减少，居民的总效用下降，因而降低了本国居民的福利总水平。本币升值使本国进口产品数量增加，居民的总效用上升，从而提高了本国居民的福利总水平。

其三，如果本国政府在决定单方面提高进口 y 产品的关税或使本币贬值的同时，继续保持 y 产品的产量不变，则 y 产品的国内价格必然上升。如果本国的 y 产品行业是一个垄断行业，由于种种原因，本国的其他厂商不能自由进入该行业，并假设本国 x 产品行业是一个竞争性行业，这一行业准入的差别将导致 y 产品生产者与 x 产品的生产者的真实收入差距进一步扩大，这对于竞争性行业的生产者来说是不公平的。

3. 本国与外国实行完全的国际专业化分工并进行国际贸易的模式分析

这里探讨本模型中的第四类专业化分工与贸易模式。当本国只生产一种产品，出口该产品并从外国进口另一种产品时，本国与外国实行完全的国际专业化分工模式。这时两国都生产自己最有效率的产品，并相互出口到对方国家，彼此都充分享受到分工专业化和国际贸易给双方带来的好处，这是一个双赢的局面，开展国际贸易对双方都有利。在完全的国际分工条件下，国际之间的相互依存度

第三章
基于国际分工、贸易壁垒和汇率的国际贸易模型

进一步提高,贸易双方都会高度重视双方存在的价值,并在互惠互利的基础上,友好地发展并维护双方正常的国际贸易。在完全国际分工条件下,本国国内的专业化分工具有以下两种专业化经济模式:一种是本国实行(x/y^*)的专业化分工模式和外国实行(y^*/x)的专业化分工模式,并相互进行国际贸易,另一种是本国实行(y/x^*)的专业化分工模式和外国实行(x^*/y)的专业化分工模式。

(1)本国实行(x/y^*)的专业化分工模式和外国实行(y^*/x)的专业化分工模式并相互进行国际贸易。在给定关税和汇率的条件下,当进口产品y的本国交易价格明显低于本国产品的市场交易价格时,外国在y产品的生产上具有明显的竞争优势。处于劣势的本国y产品的生产商就会逐渐退出y产品的生产,转而生产本国具有竞争优势的x产品,本国家庭需要的y产品从外国进口。如果外国在x产品的生产成本上高于本国,因而在x产品的竞争中处于劣势。这时外国原来生产x产品的生产商也会逐渐退出x产品的生产,转而生产该国的优势产品y。这时由本国生产x产品、进口外国的y产品,外国生产y产品、进口本国的x产品的国际专业化分工模式和国际贸易模式就会逐渐形成。这是一种两国各自生产自己具有竞争优势的产品并相互进行国际贸易,互通有无,对贸易双方都有利的贸易与分工模式。

这里先讨论本国出口x产品、进口y^*产品的模式,即(x/y^*)模式。在这种模式下,目标函数和约束条件如下:

$$\max u_x = xky_d \tag{3-29}$$

$$x + x_s = l_x^a = 1 \tag{3-30}$$

$$p_x x_s = (1+t)ep_y^* y_d \tag{3-31}$$

$$u_x = \frac{kp_x}{4(1+t)ep_y^*}, x_s = \frac{1}{2}, y_d = \frac{px}{2(1+t)ep_y^*} \tag{3-32}$$

由$\frac{\partial y_d}{\partial t}<0$,$\frac{\partial y_d}{\partial e}<0$可知,进口需求与国际费用反向变动,当关税升高时,单位国际交易总费用t上升,$(1+t)ep_y^*$也上升,从式(3-32)可以看出,本国对进口品y_d的需求量下降。

进口需求与汇率反向变动,当本币贬值时,汇率e上升,本国对进口品y_d的需求量将下降。本币升值时,汇率e下降,本国对进口品y_d的需求量将会增加。

在上述两种情况下,如果本国需要进口的产品是本国短缺的资源、技术或专利,这类产品进口的减少会造成本国短缺资源的价格上升,或者造成本国涉及某类产品在发明创造时间上的延误,或者造成某些关键性技术难以获得。在这种情

况下，人为设置更高的贸易壁垒或者实行货币贬值都会对一国的福利带来损害，并造成一国经济增长速度的下降。本模型所揭示的一个更为重要的问题是：人们在日常生活中总是追求更高的真实收入和更高的生活质量。当市场交易效率、关税和非关税贸易壁垒、汇率发生人为扭曲或制度性变动时，人们所选择的专业化分工模式就会发生改变，人们的真实收入与生活质量也会受到直接或间接的影响。例如，当国内市场交易效率下降时，专业化分工给人们所带来的好处就会被高昂的交易费用所抵消，人们会被迫选择自给自足经济。而当国内市场交易效率明显提高时，人们会选择具有更高真实收入的专业化分工，生活质量和劳动生产率将得到明显的提高。当本国政府单方面提高关税或采取非关税壁垒，以阻止他国产品进入本国时，本国对进口商品的需求将会下降。为了报复本国政府所采取的阻碍贸易的行动，外国也会在关税和非贸易壁垒方面采取相同的贸易措施，其结果是世界的贸易额急剧下降。这种贸易战的极端情况将会是由于从事国际贸易的交易费用十分高昂，人们被迫放弃国际贸易，实行国内贸易。这时本模型中的本国的 (x/y^*) 专业化和外国的 (y^*/x) 专业化的完全国际分工模式将不复存在，完全分工的国际贸易模式也会退回到国内贸易模式。

汇率变动对一国的出口与进口将会产生十分明显的影响。从模型中可以看到，货币的过度贬值或汇率被低估等同于对外国进口商品征收更高的关税或设置更严苛的贸易壁垒，这使本国进口产品的市场交易价格上升，本国进口 y 产品数量减少，同时也使本国产品的出口快速增加。由经济学原理可知，在资源给定的条件下，当本国出口产品数量增加时，会引起本国稀缺资源供不应求，该资源的国内价格必然上升，这将不可避免地造成国内产品生产成本的上升。当本国进口产品数量减少时，意味着本国 y 产品的市场供给量减少，其国内价格也必然上升，而国内各产品价格上升的结果必然会降低人们的真实收入，从而抵消经济增长带来的好处，人们的福利水平就会下降。

汇率的变动对一国分工专业化模式和贸易模式的决定具有明显的影响。当本币贬值时，进口 y 产品的本币交易价格就会上升，当进口 y 产品的本币交易价格上升到本国 y 产品的生产成本时，本国原来生产 y 产品的厂商又会恢复 y 产品的生产，这时会出现本国同时生产两种产品，同时也进口 y 产品的经济分工模式。这个模式即为本模型的第二类决策模式。原来对双方都有利的国际专业化分工与贸易模式将不复存在。是人们的选择使经济回到了国内贸易和国际贸易并存的分工与贸易模式。如果这时本币继续贬值，进口 y 产品的本币交易价格就会继续上升，当进口 y 产品的本币交易价格超过本国生产的 y 产品的市场交易价格时，从

外国进口 y 产品的贸易将变得无利可图，国际贸易就会中断，这时的经济主体将会选择国内分工专业化模式和国内贸易模式。如果国内的交易费用提高，效益效率下降，最终连国内的分工专业化也变得无利可图，人们将选择自给自足模式。我们所看到的这种在分工专业化与贸易模式之间的相互跳跃与转换，是新兴古典经济学的典型特征，其实质是经济中一些制度性、货币性、设施性因素的改变，提高或降低了国际交易费用或国内交易费用，使人们的真实收入和福利发生了变化，因而影响并改变了经济主体对分工专业化模式和贸易模式的选择。例如，本币贬值提高了进口产品的国际交易费用，使原来对双方都有利的贸易与专业化分工模式变得无利可图，贸易双方的真实收入下降，人们被迫选择此次优方案的结果。在这种模式选择的转换过程中，由于本币贬值保护了本国 y 产品生产落后的生产方式，从而劣化了本国的资源配置，降低了本国居民的真实收入和福利。由此我们得到以下结论：当一国汇率被人为低估或一国货币过度贬值时，本国居民的真实收入下降，福利下降。

当本国出现技术进步时，以下三种情况就会出现：①本国出口产品因生产成本的下降或劳动生产率的提高，该产品的本币价格下降，本国出口产品的竞争优势上升，出口量必然增加；②由于本国掌握了外国进口产品的关键技术，原来需要进口的产品现在不但能够自己生产并且满足了本国需求，甚至还有能力出口到国外；③本国掌握了外国尚未掌握的领先技术，因而能够生产出具有专利保护的垄断性产品，并通过出口大量占领外国市场，使本国的出口额大幅度增加。这时本国会出现较多的贸易顺差，本币呈现出长期性升值趋势。本币升值有利于提高本国的国际经济地位，增加居民的真实收入，大幅提高国民福利。

现在讨论外国专业化生产 y^* 产品、出口 y^* 产品、进口 x 产品的模式。即外国实行 (y^*/x) 的专业化分工模式：

$$\max u_y^* = yk^* x_d \tag{3-33}$$

$$y + y_s = l_y^{a*} = 1 \tag{3-34}$$

$$ep_y^* y_s = (1+t^*) p_x x_d \tag{3-35}$$

求解外国 (y^*/x) 模式的目标最优解可得：

$$y_s = \frac{1}{2}, \quad x_d = \frac{ep_y^*}{2(1+t^*)p_x} \tag{3-36}$$

$$u_y^* = \frac{k^* e p_y^*}{4(1+t^*)p_x} \tag{3-37}$$

在式（3-36）中计算 x_d 变量 t^* 和 e 的一阶偏导数，可得：

$$\frac{\partial x_d}{\partial t^*}<0, \quad \frac{\partial x_d}{\partial e}>0$$

说明当外国的国际交易费用上升时，外国对本国的进口量将会减少；当外币兑本币的汇率上升时（本币贬值），外国对本国的进口量将会增加。

在式 (3-37)，计算 u_y^* 对变量 t^* 和 e 的一阶偏导数，可得：

$$\frac{\partial u_y^*}{\partial t^*}<0, \quad \frac{\partial u_y^*}{\partial e}>0$$

说明当外国的国际交易费用上升时，外国居民的真实收入将会下降；当外币兑本币的汇率上升时（本币贬值），外国居民的真实收入将会上升；而当外币兑本币的汇率下降时（本币升值），外国居民的真实收入将会下降。

(2) 本国实行 (y/x^*) 的专业化分工模式和外国实行 (x^*/y) 的专业化分工模式并相互进行国际贸易。

其一，本国的 (y^*/x) 模式。当进口产品 x 的本国交易价格低于本国生产的 x 产品价格时，本国将不生产 x 产品，所需要的 x 产品将从外国进口。这是一种由本国的 y 产品的专家生产 y 产品，出口 y 产品，并购买外国生产的 x 产品的专业化分工模式。

其二，外国的 (x^*/y) 模式。当本国出口产品 y 的外国交易价格低于外国生产的 y 产品价格时，外国将不生产 x 产品，外国所需要的 x 产品将从本国进口。这是一种由外国生产 x 产品的专家生产 x 产品，出口 x 产品，并购买进口本国生产的 y 产品的专业化分工模式。

由于模式的对称性，文章对这一模式的目标函数、生产条件、约束条件和最大目标解等数学表达式及其求解过程略去。

四、市场准入制度对产品的相对价格和真实收入的影响

（一）自由进入和自由竞争

设本国从事 x 产品生产的专家人数为 M_x 人，从事 y 产品生产的专家人数为

M_y 人。M 本国生产两种产品的专家总人数。则该人数应满足条件：

$$M_x + M_y = M \tag{3-38}$$

考虑本国居民对 y 产品的市场总需求：

$$Y_d = M_x y_d = M_x \frac{p_x}{2p_y} \tag{3-39}$$

而本国 y 产品的市场总供给：

$$Y_s = M_y y_s = \frac{M_y}{2} \tag{3-40}$$

当市场达到供求均衡时，要求 y 产品的市场需求量等于其市场供给量：

$$Y_s = Y_d$$

得：

$$\frac{M_x}{M_y} = \frac{p_y}{p_x} \tag{3-41}$$

由于竞争自由，对于每一个消费者—生产者来说，其究竟从事哪种产品的专业化生产取决于哪种产品能够给他带来更多的真实收入。当 x 产品专家的真实收入高于 y 产品专家的真实收入时，y 产品的专家就会放弃 y 产品的生产转而生产 x 产品，这时 y 产品的市场总供给就会减少，而对 y 产品的市场总需求就会增加，y 产品相对于 x 产品的相对价格就会上升，这会增加 y 产品专家的真实收入。这种情况将一直持续到两种产品专家的真实收入相等时为止，反之亦然。因此在达到市场均衡时须满足的条件是：

$$u_x = u_y \tag{3-42}$$

当式（3-42）得到满足时，有：

$$\frac{p_x}{p_y} = 1 \tag{3-43}$$

将式（3-43）代入式（3-41），有：

$$\frac{M_x}{M_y} = \frac{p_y}{p_x} = 1$$
$$M_x = M_y \tag{3-44}$$

将式（3-44）代入式（3-38），得：

$$M_x = M_y = \frac{M}{2}$$

这就是说，在价格自由变动、人们自主择业的条件下，一个消费者—生产者无论从事哪种专业的生产,其所能得到的真实收入趋于相等。这时 x 产品的专家人数等于 y 产品的专家人数,且两种产品的市场价格相等,没有不同种专业之间收入分配的差距。

(二) 限制进入与垄断经营

当某一行业中限制其他新厂商进入或者出现垄断经营时,该行业的产品价格被少数人控制,其他厂商不能自由进入该行业进行生产。这时国内 x 产品的生产专家人数 M_x 将会多于 y 产品的专家人数 M_y,设:

$$M_y = \alpha M, \quad M_x = \beta M, \quad (1 > \beta > \alpha > 0, \quad \alpha + \beta = 1) \tag{3-45}$$

将式 (3-45) 代入式 (3-41),得:

$$\frac{p_x}{p_y} = \frac{M_y}{M_x} = \frac{\alpha}{\beta}$$

$$p_y = \frac{\beta}{\alpha} p_x$$

这一结果说明,当 y 行业存在进入限制或垄断时,y 产品的市场价格将远高于 x 产品的市场价格,两类专家的真实收入差距也将会扩大。

我们将两种产品的相对价格代入式 (3-23) 和式 (3-28),然后两式相除,可以得到:

$$\frac{u_y}{u_x} = \left(\frac{\beta}{\alpha}\right)^2$$

这说明,当 y 行业不能自由进入时,y 产品的专家人数将少于 x 产品的专家人数,这会使两种产品的相对价格向着有利于 y 产品专家的方向变动,两者的收入差距趋于扩大。例如,当 y 产品的专家人数减少到 x 产品专家人数的 α/β 时,y 产品由于生产厂商的减少而使市场供给量减少,达到均衡时,市场上 y 产品的价格就会是 x 产品价格的 $\frac{\beta}{\alpha}$ 倍。这时 y 产品专家的真实收入将会是 x 产品的专家的真实收入的 $\left(\frac{\beta}{\alpha}\right)^2$ 倍。这一结果说明,垄断和限制进入是造成一国城乡差别和各行业收入差距不断扩大的重要原因。要缩小我国居民之间的收入差距,就应该改变对某行业的进入限制,制定反垄断的法律法规,即使是对与政府有密切关系的利益集团也应如此。

第三章
基于国际分工、贸易壁垒和汇率的国际贸易模型

(三) 有一定条件的限制与垄断

本国的某一产业为限制进入行业,但政府允许本国在一定的关税和汇率不变的条件下,与外国互通有无,进行国际贸易。

本国 y 产业在限制进入的条件下,本国实行国际分工,将会增加 y 产品的进口,这相当于增加本国 y 产品的生产厂商的数量。

在上例中,假设本国两种产品的专家人数仍由式(3-45)所决定,由于 y 产品的进口价格低于本国 y 产品的生产成本,本国进口了一部分 y 产品在国内市场上销售。由于 y 产品的市场供给量增加,在需求不变的条件下,y 产品的价格必然下降。本国出口了等价值的 x 产品到外国,本国市场上 x 产品的供给量减少了,在本国需求不变的条件下,x 产品的价格必然上升。这相当于在没有国际贸易的条件下,外国生产 y 产品厂商迁移到本国生产 y 产品,使本国生产 y 产品的专家人数增加。本国生产 x 产品厂商迁移到外国生产 x 产品,使外国生产 x 产品的专家人数增加。

假设本国从外国进口 y 产品的数量等于本国 y 产品的生产数量,而本国出口 x 产品的数量等于外国进口 y 产品数量。这相当于本国生产 x 产品专家人数减少量与生产 y 产品的专家人数增加量趋于相等。这时本国 y 产品的专家人数增加量为:

$$\Delta M_y^* = M_y = \delta M,\ (1 > \beta - \alpha > \delta > 0)$$

本国 x 产品的专家人数减少量为:

$$\Delta M_x = \Delta M_y^* = -\delta M$$

这时本国的两个行业的专家人数分别为:

$$M_x = M_x + \Delta M_x = \beta M - \delta M = (\beta - \delta) M$$
$$M_y = M_y + \Delta M_y = \alpha M + \delta M = (\alpha + \delta) M$$

将上面的数据代入式(3-41),可得:

$$\frac{p_x}{p_y} = \frac{M_y}{M_x} = \frac{\alpha + \delta}{\beta - \delta},\ (\alpha + \delta\ \text{与}\ \beta - \delta\ \text{趋于相等})$$

即 p_x 与 p_y 趋于相等。

和没有国际贸易相比,如果本国出口 x 产品,进口 y 产品的市场结果使原来价格昂贵的垄断性产品的价格下降了,原来价格低廉的 x 产品价格上升了,如果进口 y 产品的到岸价格低于本国 y 产品的国内市场价格,国际贸易的最终结果就

是使两种产品的价格趋于相等。这说明正常的国际贸易会缓解本国短缺产品和资源的稀缺性，有效地增加其供给，还可以缩小本国各个行业的收入差距，打破垄断而增加本国居民的总福利水平。

采用上面的计算方法，可得 $\dfrac{u_y}{u_x}$ 趋于 1。

这说明，国际贸易会降低国内具有垄断性行业厂商的真实收入，提高竞争性行业厂商的真实收入，有利于缩小各行业厂商的真实收入的差距，使本国的收入分配趋于均等。

（四）本币升值对国内不同产业收入分配的影响

控制产量、制造短缺是垄断厂商获取高额利润的惯用手法，只有在供给短缺的条件下，垄断厂商才能获得超额利润。在本币币值和其他条件不变的情况下，进口产品的本币到岸价格会下降，只要进口产品的到岸价格低于本国垄断性产品的国内价格，进口该产品就会压低本国垄断性产品的价格，使本国垄断性产品的价格趋于下降，这将有利于缩小本国垄断性行业与竞争性行业的收入差距，缓解了本国 y 产品的供给短缺，有利于打破少数人操纵 y 产品价格的垄断行为，使收入分配趋于均等。

可见，开展国际贸易和本币币值，均有利于提高本国居民的真实收入，有利于增进本国居民的经济福利，有利于缓解我国稀缺资源的严重短缺状况，也有利于打破垄断，缩小竞争性产业与垄断性产业之间的收入差距。

五、新兴古典经济学思想对我国改革开放的启示

专业化分工与交易构成人类经济社会的基本概貌，而专业化分工演进与交易费用之间此消彼长的两难冲突及其有效折中则成为贯穿社会经济发展过程的一条主线。20 世纪是专业化分工大发展的世纪，人类从专业化分工获得了巨大的收益。一般来说，一个国家（地区）分工水平越低，其分工演进与市场规模扩展的潜力也越大，也就是说，新的分工领域会比较容易发现，而市场购买力也会随

第三章
基于国际分工、贸易壁垒和汇率的国际贸易模型

之不断提高。中国经济增长的过程是一个专业化分工发展的过程,改革开放初期,中国处于很低的分工发展水平,特别是产业结构层次较低,同发达国家相比,有众多的分工领域是空白,有待经济发展过程中来逐渐填补,而这个填补的过程,也正是市场潜力不断释放的过程。中国现有的分工水平使东部地区的经济增长在三十多年里快于中西部,正是由于东部地区的分工演进要快于中西部的结果。

与之相反,分工如果已经发展到了很高的程度,寻找到新的分工领域的困难就会逐渐增加,而如果难以找到新的投资领域,投资回报率就可能下降,经济增长率也会下来(Yang and Borland, 1991)。这是交易费用所起的制约作用。正如张五常(1982)所言,如果没有包含运输条件在内的交易费用存在,也就不会出现市场,市场的存在是因有交易费用而起的。换句话说,即使分工演进机制的各个环节都运转良好,分工演进的速度仍然受到交易费用大小的制约。如果交易效率很低,即使一个国家或地区分工演进和市场潜力很大,这种优势也会被交易费用的劣势所掩盖。而随着专业化分工发展,分工网络日益复杂,协调带来的交易费用会上升,经济系统的稳定性会下降。从分工自我演进与经济增长的角度来看,进入21世纪的中国,整体分工水平比较低,仍有众多有待发展的专业化分工领域。但分工演进和中国存在广阔的市场潜力巨大,加之中国突出的比较优势——丰富而低廉的劳动力成本成为中国分工自我演进机制有效运行的必要条件。目前,分工演进机制在中国的运行状况良好,经济的迅速增长便是有力的佐证。正如黄有光所言,由于交易效率的提高而导致的经济主体专业化水平提高和分工网络的扩展(Ng, 2001)。

杨小凯、黄有光等学者的新兴古典经济学理论,其意义不仅在于其理论方面,更在于其政策意义。目前在经济全球化日趋明显的今天,不仅在美国,还有许多国家不同程度地推行贸易保护政策,如何权衡自由化贸易与保护贸易带来的利弊呢?是个非常重要的实际问题。一般而言,如果一国单方面将所有进口商品免税将处于劣势地位。而按照杨小凯等学者的专业化分工理论,免税将因其对均衡分工水平和生产力的影响而使所有国家得利。在不对称的政策背景下,奉行自由贸易政策的国家比奉行贸易保护政策的国家从贸易中得到更多的收益。一直以来,我国香港奉行自由贸易政策,但正由于其自由贸易,使之从转口贸易中获取巨额利润。香港居民是最大的受惠者,市场可供选择的商品不但种类繁多,而且价格也较世界其他地方便宜。这与杨小凯等学者的理论推测是一致的。方晋曾对杨小凯的交易效率和贸易理论进行了实证检验,发现交易效率确实和一个国家的贸易依存度存在很强的正向关系。劳动分工的演进才决定经济发展,而交易效率

决定分工演进的速度。由于自由化政策提高交易效率，所以这些政策和制度会促进经济发展。因此，我国应坚定不移地实行改革开放政策，推行内外经济相互融合的开放性经济体制。贸易自由化程度的直接度量为关税的下降，非关税措施和其他贸易限制的减少，通过削减关税和非关税壁垒，改善市场准入的条件，创造更好的贸易环境，并进一步加大改革开放的力度。这样资源可以得到重新优化配置，进而提高经济活动效率，同时将促进国内垄断行业的竞争，提高生产率。

第四章

产品内分工、国际生产分割与服务业聚合

本章以李嘉图的比较优势理论为起点,以跨国公司产品内分工、国际生产分割与服务业聚合为主题,对斯托珀—萨缪尔森定理、雷布钦斯基定理及其加强定理进行理论推演,对中美服务贸易进行实证检验。本章的研究结果:第一,斯托珀—萨缪尔森定理、雷布钦斯基定理及其加强定理是理论推演的三种情形之一。第二,美国相对于中国承接服务外包业务量,随着经济规模扩大而呈现递减式增长。美国相对于中国生产服务的工资增加相同比例或者全要素生产率增加相同比例,相对于中国承接其他国家服务外包业务量减少的速度要快。第三,美国相对于中国服务业增加值增加相同比例,美国相对于中国承接服务外包业务量增加的速度要快,这是规模报酬递增的结果。为此,中国经济规模的不断扩大、服务数目的日益增加、单位商品的劳动生产率不断提高,同时减缓中国零部件生产服务业的工资水平不断攀升,有助于增强中国服务外包业务的竞争力。

目前,服务外包已经成为新一轮全球产业转移的新趋向。发展服务外包有助于推动一国或地区服务业的国际化。改革开放以来,我国东南沿海地区率先从附加值较低的加工组装环节切入跨国公司主导的全球价值链,通过接包、加工贸易参与到产品内国际分工中,以零部件为主的中间品贸易在国际贸易中所占的比重正在上升。2008~2012年,我国遭受世界金融危机的影响,但我国国际服务外包保持较好的增长势头(见表4-1)。

表4-1 2008~2012年中国承接国际服务外包

年份 指标	2008	2009	2010	2011	2012
离岸外包协议金额(亿美元)	58.4	147.7	198.3	326.2	438.5
同步增长(%)	83	153.9	34.3	64.5	34.4

续表

指标 \ 年份	2008	2009	2010	2011	2012
离岸外包执行金额（亿美元）	46.9	100.9	144.5	238.3	336.4
同步增长（%）	192.6	151.9	43.1	65.0	41.1

资料来源：中华人民共和国商务部。

2008~2012年来，我国承接国际服务外包业务经历了从高速增长回落再加快发展的波浪式过程。目前，全球服务外包市场多元化发展很明显，呈现出ITO、BTO和KPO"三足鼎立"之势。印度、中国、菲律宾等欠发达国家逐渐成为服务外包的主要承接方。其中，印度是目前世界上最成功的服务外包承接国，占全球服务外包市场总额的46%及全球软件外包市场总额的65%（数据源自《2011全球服务外包发展报告》）。

目前美国正积极从货品贸易转向服务贸易，加快推动TPP和TTIP谈判，重新占据全球经济的制高点。同时，欠发达国家利用外资竞争激烈，中国的成本要素优势在下降。在此背景下，中国作为世界第二大经济体，如何加快中国承接服务外包业务的发展，是个紧迫的难题。2012年商务部和国家发改委发布关于《中国国际服务外包产业发展规划纲要（2011~2015）》。我国政府鼓励承接服务外包扶持政策的不断出台和实施，中国如何提高承接国际服务外包的能力，进而使中国成为推动服务全球化的重要驱动力量呢？应当怎样为分享更多国际分工的利益而做出理性的策略选择呢？本书基于李嘉图模型的改进，通过构建模型进行理论推演，对以服务外包为中间投入的中美服务贸易加以实证检验。

一、服务外包的文献回顾及述评

20世纪90年代以后，产品内国际分工由产品层面深入到零部件层面，跨越国境的生产分割显著增加。一些文献进行了诠释，以Feenstra（1998）将国际市场一体化与生产分割联系起来的研究最为典型。Arndt（1997）认为，产品内国际分工是从贸易中获得利润的来源。Hanson等（2005）和Desai M.（2009）提出，生产分割的可能性和程度取决于技术，生产在技术上被分割的产品、零部件

第四章
产品内分工、国际生产分割与服务业聚合

制造在不同国家完成。国内学者张纪（2006）认为，产品内国际分工提高了一国或地区的国际分工参与度；胡昭玲（2007）研究表明，产品内国际分工有利于优化资源配置、节约生产成本、提高生产率；刘戒骄（2011）发现，苹果公司几乎所有产品零部件和产品制造环节依靠外包解决。据苹果公司2010年年报披露，苹果公司所有产品及其零部件、产品运输和后勤管理都进行服务外包（Apple Inc.，2010）。

随着信息技术的发展，国际贸易的运输费用大幅下降，许多跨国公司进行跨越国境的服务外包，推动了产品内国际分工体系的形成（吴福象、刘志彪，2009）。国内外对国际服务外包的理论研究，主要集中在动因、影响因素、风险及生产促进等方面。右动因方面，Lawrence和Venkatraman（1992）从宏观经济层面、行业层面、企业层面和企业内部四个方面对服务外包的动因进行研究。Diromualdo和Gurbaxani（1998）从降低成本、提高资源利用效率等方面，探讨服务外包的发展战略。Christina Costa（2001）认为，服务外包的动因可以考虑经济资源，技术因素和核心竞争力。陈菲（2005）认为，服务外包的动因分为技术动因、经济动因和市场动因等外部环境动因和节省成本，关注核心竞争力等内部推动力量两方面。卢锋（2007）以产品内分工为视角，从服务外包的利益、成本以及改变利益和成本的平衡因素来解释服务外包的产生机制。在影响因素方面，薛求知、宋丽丽（2005）对全球41个接包国相关数据进行实证分析，得出劳动力成本及素质、IT基础设施状况以及接包国的经济发展水平有显著影响，而文化差异程度无显著影响。NirKshetri（2007）认为，制度规则、社会规则，文化习惯以及潜意识中接受的规则等会影响预期选择以及是否进行外包。在风险方面，Earl（1996）提出外包的主要风险有IT的松散管理，服务商疏于掌握新技术，缺乏创新能力等。Berggen（2004）认为，服务外包减少了企业内部互动和学习机会，削弱了企业研发和创新能力。在生产促进方面，申庆涛（2009）认为，随着服务贸易的交易成本降低，为服务外包的国际分工深化提供了条件。姚战琪（2010）的研究结论是，服务外包对总产出的贡献大于工业外包和总体外包对产出的贡献。随着产业分工的细化，许多制造企业趋向于将其价值链上的部分服务环节进行外包，把有限资源集中于强化核心业务的竞争力，实现生产经营的专业化和低成本化，提高价值创造能力（原毅军、刘浩，2009）。

国外文献主要站在发达国家的立场上，从发包方的视角研究服务外包。在对接包方的研究中，国外学者较多以印度为研究对象，因为印度在国际服务外包中发挥着很大作用。近年来，虽然我国国际服务外包快速发展，但是中国在产品内

分工体系中的专业化层次较低，在制造业的服务外包中竞争力仍停留在低端制造阶段，获取有限的分工利益（唐海燕、张会清，2009）。国内大多数文献主要集中研究服务外包的现状和影响因素以及服务外包对我国生产率提高的作用，而站在一个欠发达国家的角度上，对于各国之间服务外包的比较分析不透彻，定量和定性的研究有待深入。

国外学者研究发达国家企业选择服务外包活动是根据接包国的资源状况来确定的。Shailey Dash（2006）运用H-O模型阐释了发包国与接包国的比较优势，从发达国家角度考虑服务外包的问题。很少有文献专门研究欠发达国家如何通过服务外包与发达国家展开竞争获得比较优势的问题。Jones、Ronald 等（2005）和Bonham等（2007）认为，比较优势理论不仅可以用于分析最终消费品，还可以分析中间产品贸易和生产分割。因此，比较优势理论可以解释一个国家或地区的服务外包能否获得比较优势的问题。本书将综合运用李嘉图的比较优势理论等深入探讨。这对于中国成为一个服务外包承接强国，具有理论价值和现实意义。

二、模型框架与假说推演

（一）模型假设与分析思路

本书所构建的模型是以李嘉图的比较优势理论为起点，综合斯托珀—萨缪尔森定理、雷布钦斯基定理及加强定理，假设生产过程中有劳动和服务两种要素，生产的产品为中间产品（零部件），从而拓展了李嘉图模型的适用范围，借助于Dornbush、Fisher和Samuelson（1977）的思想，假设一个连续的中间品的投入，以及Yamashita（2007）认为，中间品出口是参与产品内国际分工的重要途径。本书分析的产品从离散性扩展到连续性，构建改进的李嘉图模型，其关键特征存在外生差异，主要表现为：①两个国家的专业服务数目；②零部件的生产服务比较成本；③单位商品服务的劳动生产率。

模型假设如下：

（1）世界上有一个发达国家和一个欠发达国家；两个最终产品，比如苹果

第四章
产品内分工、国际生产分割与服务业聚合

和轿车。苹果仅由劳动力生产。轿车由装配零部件组装而成，生产和组装这些零部件（中间品），需要劳动和服务。给定零部件的生产商雇佣劳动力，从服务供应商如会计公司、银行、运输公司、清洁公司等那里购买，即聚合服务。

（2）这些服务公司有一个固定成本。当它们的服务输出规模增加，则平均成本会下降。

（3）服务业具有垄断竞争的特性，每个服务公司都是斜率为负的需求曲线，每个服务公司设定的价格与其他服务公司设定的价格不能完全替代。

（4）一个国家提供不同服务的数目取决于其发展阶段和经济规模。

（5）一个国家的服务范围越大，服务价格更贵，原因在于其拥有较高的劳动力成本。

（二）服务和零部件为中间投入

本书构建两个最终消费品的模型。在该模型里，劳动是生产的唯一主要因素，服务是最终消费品（如轿车）的零部件生产中必不可少的中间投入。

1. 生产结构

劳动禀赋用符号 L 表示，国家生产两种最终消费品，即 X 表示轿车，Y 表示苹果。苹果生产仅需要劳动力，根据李嘉图模型，可以得到：

$$Y = \frac{L_Y}{a_Y} \tag{4-1}$$

式中，L_Y 为生产 Y 的劳动力数量，单位苹果产量的劳动力需求 $a_Y>0$；Y 为计价商品，即 $P_Y=1$，生产 Y 的工资率为 $w=1/a_Y$。

生产 X，需要 K 类完全不同的零部件。假设一个单位 X 需要一个单位的每种类型零部件。轿车的生产函数是 $X=\min[Q_1, Q_2, \cdots, Q_k]$，式中 Q_i 为零部件 i 的数量（假设没有直接人工或服务等投入）。

令 π_i 为零部件 i 的价格（依照计件商品），假设 X 的生产商是完全竞争公司，X 的价格（计件商品）为 $P_X = \sum_{i=1}^{k} \pi_i$。

假设生产一单位零部件 i 需要一单位劳动和 e_i 单位"聚合服务"。如果一个国家有 n 种类型专业服务，通过整合这些专业服务即聚合服务。这里，用字母 S 表示聚合服务的数量，小写字母 s_j 表示专业服务 j 的数量，假设整个服务生产函数 $S = [\sum_{j=1}^{n} s_j^\alpha]^{1/\alpha}$，$0<\alpha<1$，聚合服务的公式表达了专业化服务获利的内涵，本书

是研究短期的，故将 m 作为外生变量。

零部件制造商处于完全竞争状态，雇佣劳动力及购买专业化服务将之转化为聚合服务。在零部件制造商给定的情况下，令 p_j 表示专业服务 j 的价格，$j=1$，$2,\cdots,m$。聚合服务的单位成本为：

$$P_S = \left[\sum_{j=1}^{n} p_j^{\alpha/(\alpha-1)}\right]^{(\alpha-1)/\alpha} \tag{4-2}$$

假设所有专业化服务使用相同技术，对于所有 j，有 $p_j = p$，这样 $p_S = pm^{(\alpha-1)/\alpha}$，零部件 i 的单位成本为 $\pi_i = w + p_S = w + e_i pm^{(\alpha-1)/\alpha}$。

如果有 m 个服务公司从事一种类型的专业服务。这些公司使用劳动力作为唯一投入。如果服务公司 j 生产专业化服务 j 为 S_j 单位，则必须使用劳动力为 $cs_j + f$ 单位。这意味着每个公司必须花费固定成本 $F = wf$ 以及边际成本 wc，这样，平均成本曲线斜率为负。

2. 自给自足的均衡价格与均衡产量

（1）本章将谢泼德引理 $[\partial e(p, u)/\partial p_1 = X_1(p, u)]$ 应用到式（4-2），可得专业化服务 j 的需求函数为：

$$s_j^d = S\left[\frac{\partial P_s}{\partial p_j}\right] = ASp_j^{1/(\alpha-1)} \tag{4-3}$$

式中，S 为国家中所需的聚合服务的数量，$A \equiv \left[\sum_{j=1}^{n} p_j^{\alpha/(\alpha-1)}\right]^{-1/\alpha}$

假设专业化服务公司 j，给定 A 和 S。从式（4-3）可知，需求弹性为 $\varepsilon = \frac{1}{1-\alpha} > 1$，价格为 p_j，令 $MR = MC$，可推导，$MR_j = p_j\left[1 - \frac{1}{\varepsilon}\right] = MC_j = wc$，得 $p_j = cw/\alpha \equiv p$，对于所有 j 均相等。对于所有 j 均有 $p_j = p$，如果需要聚合服务为 S 单位，那么每个专业化服务的需求为 s，$S = [ms^\alpha]^{1/\alpha} = m^{1/\alpha}s$，每个专业化服务公司的利润为：

$$r = (p - wc)s - wf = \left(\frac{1}{\alpha} - 1\right)cws - wf \tag{4-4}$$

当均衡服务投入满足条件：$s \geq \frac{\alpha f}{(1-\alpha)c}$，则每个专业化服务公司的利润 r 非负。

接下来证明在一定的参数限制下这个条件仍可以满足。

李嘉图模型表明，一国的均衡价格（依照计价商品 Y）与需求无关：

$$p_j = p = cw/\alpha, \ w = 1/a_Y \qquad (4\text{-}5)$$

$$p_s = cn^{1-(1/\alpha)}/\alpha a_Y \qquad (4\text{-}6)$$

$$\pi_i = w + e_i p m^{(\alpha-1)/\alpha} = w + e_i cw/\alpha(m^{(\alpha-1)/\alpha}) \qquad (4\text{-}7)$$

$$p_X = \sum_{i=1}^{k} \pi_i = kw + cw/\alpha(m^{(\alpha-1)/\alpha})E = 1/a_Y[k + cE/\alpha(m)^{1-1/\alpha}] \qquad (4\text{-}8)$$

式中，$E = \sum_{i=1}^{k} e_i$，因此，专业化服务公司的数目越大，X 的价格越低。

下面探讨劳动力分配。如果产生聚合服务 S 单位，每个专业化服务公司必须提供其服务的 $s = Sm^{-1/\alpha}$ 单位，因此必须使用劳动力的 $f + cSm^{-1/\alpha}$ 单位。在服务部分劳动力总的使用量为：

$$L_s = mf + cSm^{1-(1/\alpha)} \qquad (4\text{-}9)$$

如果生产 X，零部件部分的聚合服务需求为 $S = EX$，则式（4-9）化为：

$$L_s = mf + cEXm^{1-(1/\alpha)} \qquad (4\text{-}10)$$

零部件部分需雇用的劳动力总量为：

$$L_c = kX \qquad (4\text{-}11)$$

劳动力的充分就业（生产 Y 和 X 的劳动力总供需相等）意味着：

$$L_Y + L_c + L_s = L \qquad (4\text{-}12)$$

从式（4-10）和式（4-12），可得：

$$L_Y = L - nf - [cEm^{1-(1/\alpha)} + k]X \qquad (4\text{-}13)$$

从式（4-1）和式（4-13），可得一国最终产品的生产可能性边界为：

$$Y = (L - mf)/a_Y - [(cEm^{1-(1/\alpha)} + k)/a_Y]X \qquad (4\text{-}14)$$

式（4-14）中，由式（4-12）和式（4-13）可知 $L > mf$，边界斜率为：

$$dY/dX = [cEm^{1-(1/\alpha)} + k]/a_Y \qquad (4\text{-}15)$$

将生产可能性边界的斜率式（4-15）与式（4-8）中 X 均衡价格 p_X 作比较，发现均衡价格 p_X 超过生产可能性边界的斜率的绝对值（当 m 大于 1 的正整数，α 小于 1 的正数时）。可见，均衡价格 p_X 不是帕累托有效，服务行业可能有某种市场力量导致每种类型的服务供不应求，由式（4-8）和式（4-15）比较得出：

命题 1 一个国家专业化服务公司的数目越大，该国商品的价格就越低；然而，由于服务行业拥有某种市场力量，它会导致每种类型的服务供不应求。在封闭经济中，即便是充分就业，自发的市场均衡价格也不是帕累托有效。

（2）不考虑需求时，本书能够确定均衡价格，而确定均衡产量，还要考虑需求，如果所有顾客相同，在专业化服务公司的利润方面拥有相同份额。用 M 表示国民收入（依照计件商品 Y）。由工资收入（$wL=L/a_Y$）和利润组成，利用式（4-4），得：

$$M=\frac{1}{a_Y}\left[L+m\left(\frac{1}{\alpha}-1\right)cs-mf\right] \tag{4-16}$$

式中，s 必须确定，表示消费者给定 M 和所有价格。消费者对 X 的需求函数形式为 $X^d=\phi(P_X)M$。

为了保持供需均衡，有：

$$s=m^{-1/\alpha}S=m^{-1/\alpha}XE=m^{-1/\alpha}X^dE=m^{-1/\alpha}\phi(P_X)ME \tag{4-17}$$

将式（4-17）代入式（4-16），可求出均衡收入：

$$M=\frac{L-fm}{a_Y-\left(\frac{1-\alpha}{\alpha}\right)cm^{(\alpha-1)/\alpha}\phi(P_X)E} \tag{4-18}$$

式中，P_X 由式（4-8）给出，X 的均衡产量为：

$$\overline{X}=\frac{(L-fm)\phi(P_X)}{a_Y-\left(\frac{1-\alpha}{\alpha}\right)cm^{(\alpha-1)/\alpha}\phi(P_X)E}$$

Y 的均衡产出由式（4-18）获得，且 $X=\overline{X}$，

$$\overline{Y}=\frac{L-mf}{a_Y}-\frac{cEm^{1-(1/\alpha)}+k}{\alpha_Y}\overline{X}$$

每个专业化服务公司的均衡产量为 $\overline{s}=m^{-1/\alpha}\overline{X}E$，当

$$\frac{(L-fm)\phi(P_X)m^{-1/\alpha}E}{a_Y-\left(\frac{1-\alpha}{\alpha}\right)cm^{(\alpha-1)/\alpha}\phi(P_X)E}>\frac{\alpha f}{(1-\alpha)c} \tag{4-19}$$

式（4-19）表明，每个专业化服务公司的利润 r 是非负的。

3. 零部件连续性的讨论

假设通过用零部件的连续性代替零部件的数目来修正模型，本书令 τ 为零部件指数，连续性位于 [0，1]，令零部件 τ 的价格为 $\pi(\tau)$，则 X 的价格为 $P_X=$

$\int_0^1 \pi(\tau)d\tau$，式中，$\pi(\tau)=w+e(\tau)P_S$，与离散性类似。假设 $e'(\tau)>0$，令 $e(\tau)>b\tau$，式中，$b>0$，作为 τ 的函数 $\pi(\tau)$ 如下式：

$$\pi(\tau)=w+\tau b P_S \qquad (4-20)$$

在 $\pi(\tau)$ 里，式（4-20）的图为斜率为 bP_S 的直线，处于自给自足的均衡状态时，$\pi(\tau)=w+\tau b\left(\dfrac{cw}{\alpha}\right)\dfrac{1}{m^{(1-\alpha)/\alpha}}$。

三、模型拓展：商品贸易和服务贸易

本章考虑自由贸易均衡，因为服务是劳动密集型的，且许多服务运输成本很高。假设商品贸易为自由贸易，服务分为不可国际贸易及允许国际贸易两种情形进行剖析。

（一）基本假设条件

两国消费者的偏好相同，劳动禀赋为 L 和 L^*。在发达国家有 m 个专业化服务公司，在欠发达国家有 m^* 个专业化服务公司，假设 $m^*<m$，这个假设反映了经济越发达的国家，拥有专业化服务的数目就越多。

假设每个国家的发展程度给定，欠发达国家的零部件价格曲线为：

$$\pi^*(\tau)=w^*+\tau b^*\left(\dfrac{c^* w^*}{\alpha}\right)\dfrac{1}{m^{*(1-\alpha)/\alpha}}$$

曲线的斜率为：

$$b^* P_S^* \equiv b^*\left(\dfrac{c^* w^*}{\alpha}\right)\dfrac{1}{m^{*(1-\alpha)/\alpha}}$$

假设发达国家在生产 Y 拥有绝对优势，$a_Y^*>a_Y$，在自由贸易条件下，Y 是计件商品，有 $1=P_Y=a_Y w=a_Y^* w^*=P_Y^*$。这意味着，如果斜率 $b^* P_S^* > bP_S$，两曲线 $\pi^*(\tau)$ 和 $\pi(\tau)$ 会在点 τ_l 处相交（见图4-1）。在点 τ_l 的左侧，欠发达国家是相对便宜的零部件生产商，而在点 τ_l 的右侧，发达国家是低成本的零部件生产商。当零部件存在贸易，在 $\tau<\tau_l$ 时，欠发达国家出口零部件，即劳动密集型零部件；在 $\tau_l<\tau<1$ 时，发达国家出口零部件，即资本技术密集型零部件。零部件的均衡价格如图 4-2 所示。

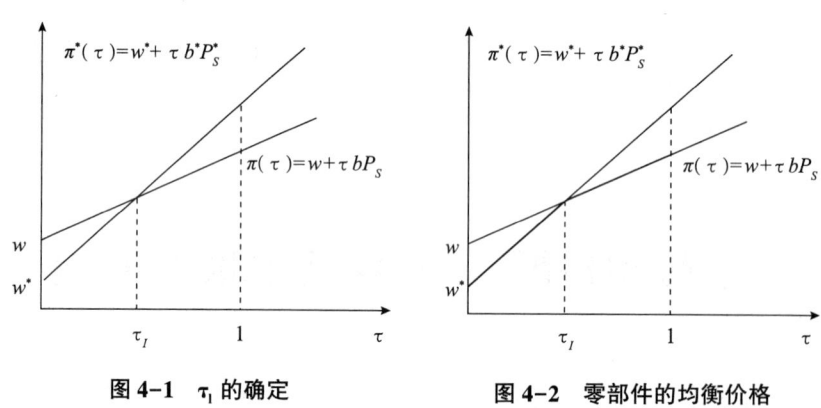

图 4-1　τ_l 的确定　　　　　　图 4-2　零部件的均衡价格

如果单独考虑两个假设 $m>m^*$ 和 $w>w^*$，不能保证发达国家的零部件价格曲线比欠发达国家的零部件价格曲线斜率平坦。

（二）服务不能进行国际贸易

1. 三个假设

本书给定三个假设，即三种类型的差异特性驱动零部件服务外包活动。
（1）计件商品生产服务的劳动生产率的外生差异。
（2）专业化服务公司数目存在外生差异，该外生差异通过各种效应，使聚合服务的成本存在差异。
（3）基于"比较优势的 DFS 模型"（多恩布什—费希尔—萨缪尔森）的零部件订单差异。

这里要求解的关键变量是 τ_l，因为 τ_l 是两条零部件价格曲线的交点，所以在零部件价格 τ_l 处，一定满足两国的生产服务成本相同，即 $w^*+b^*P_s^*\tau_l=w+bP_s\tau_l$。这意味着：

$$w^*+\tau_l b^*(m^*)^{(\alpha-1)/\alpha}\left(\frac{c^*w^*}{\alpha}\right)=w+\tau_l bm^{(\alpha-1)/\alpha}\left(\frac{cw}{\alpha}\right) \quad (4-21)$$

式（4-21）确定了 τ_l 为 m、m^* 和 w、w^* 的函数，那么：

$$\tau_l = \tau_l(m, m^*, w, w^*) = \frac{w - w^*}{\Delta} \quad (4-22)$$

式（4-22）中，$\Delta \equiv (m^*)^{(\alpha-1)/\alpha}\left(\frac{b^* c^* w^*}{\alpha}\right) - (m)^{(\alpha-1)/\alpha}\left(\frac{bcw}{\alpha}\right) = b^* P_s^* - b P_s$。

这里可能出现两种变坏的情形，即如果 $\tau_l \to 0$，则所有零部件均由发达国家生产。如果 $\tau_l \geq 1$，所有零部件均由欠发达国家生产。由于本书主要探讨两国均生产零部件的情形，因此假设 $\Delta > 0$，其与先前的假设 $w > w^*$ 一起，意味着 $\tau_l > 0$。本书将进一步限定条件以确保 $\tau_l < 1$。

如果 $b^* = b$，$c^* = c$，只有欠发达国家的专业化服务公司数目 m^* 小于发达国家的专业化服务公司数目 n 时，假设 $\Delta > 0$ 才会与 $w^* < w$ 一致。要想使 $\Delta > 0$，当

$$\frac{m}{m^*} > h \quad (4-23)$$

这里，$h \equiv \left(\frac{bcw}{b^* c^* w^*}\right)^{\alpha/(\alpha-1)}$

式（4-23）表明，零部件由两国生产情况下的多元化均衡，发达国家的专业化服务数目与欠发达国家的专业化服务数目的比值必须足以补偿调整的工资率。假设式（4-23）有效，则：

$$1 > \frac{w - w^*}{\Delta} \quad (4-24)$$

2. 结论

得到如下结论：

结论一，在 $[0, \tau_l]$ 范围内，欠发达国家出口零部件（零部件为劳动密集型产品），在 $[\tau_l, 1]$ 范围内，发达国家出口零部件（零部件为资本技术密集型产品）。

结论二，m^* 增加或 c^* 减少会导致欠发达国家出口的零部件的范围更大。

结论三，$w^*(w)$ 增加会使欠发达国家（发达国家）出口的零部件的范围缩小。

要验证上述结论，本书需要证明：$0 < \tau_l < 1$。鉴于本书之前的结果，$w^* < w$，那么：

$$\tau_l > 0 \Leftrightarrow \Delta > 0 \Leftrightarrow \left(\frac{m}{m^*}\right)^{(1-\alpha)/\alpha} > \frac{bcw}{b^* c^* w^*} \Leftrightarrow m > \left(\frac{bcw}{b^* c^* w^*}\right)^{\alpha/(1-\alpha)} m^*$$

接下来，$\tau_l < 1 \Leftrightarrow w - w^* < \Delta$，为证明结论一，在自给自足条件下，在区间 $[0,$

τ_l],欠发达国家的零部件价格较便宜,这些零部件将被出口。在区间 $[\tau_l, 1]$,发达国家的零部件价格较昂贵,零部件由发达国家出口。结论二接下来直接利用式(4-22)计算 τ_l;结论三说明 τ_l 随着 w,m^* 的增大而增大,随着 w^*,m 的增大而减小。结论一至结论三表明零部件的生产服务成本取决于两种力量的相互作用。因此,有以下命题:

命题 2 发达国家出口资本技术密集型零部件,而欠发达国家出口劳动密集型零部件;一国相对拥有更多种类的服务使该国聚合服务的价格降低,零部件的生产服务更有效率。这意味着一国服务的规模增大或相对较低的工资水平会导致该国出口零部件的范围更大,承接更多的服务外包业务。

命题 2 验证了要素禀赋理论。接下来计算 X 的价格。由于 X 的价格等于生产成本,在自由贸易均衡下,均衡值为:

$$P_X^* = P_X = \hat{P}_X = \left[\int_0^{\tau_l}(w^* + b^*\tau P_S^*)d\tau\right] + \left[\int_{\tau_l}^1(w + b\tau P_S)d\tau\right]$$

准确表达为:

$$P_X^* = P_X = \hat{P}_X = \left[\int_0^{\tau_l}(w^* + b^*\tau P_S^*(m^*, w^*))d\tau\right] + \left[\int_{\tau_l}^1(w + b\tau P_S(m, w))d\tau\right]$$

可以得出:均衡值 P_X 大于零。可见,一国人工高成本会转化为较高的最终消费品(如轿车)价格,而扩大的服务部门规模会导致较低的最终消费品(如轿车)价格。

下面采用 45°对角线的分析法,假设在有着要素密集度的 2×2 生产模型中,依据斯托珀—萨缪尔森定理。假定在产品的生产要素中,仅考虑劳动要素和技术要素,$X \in (0, \tau_l)$,劳动密集型产品 $X(\tau_{x1} \rightarrow \tau_{x2})$ 价格上升时,劳动要素更密集使用,劳动工资上升。假设发达国家的技术要素价格为 p,而不发达国家的技术要素价格为 p^*;发达国家劳动工资用 w 表示,$\Delta w = w_2 - w_1(w_1 \rightarrow w_2)$,欠发达国家工资用 w^* 表示,$\Delta w^* = w_2^* - w_1^*(w_1^* \rightarrow w_2^*)$,技术要素不密集价格下降(技术价格 $p \downarrow$ 和 $p^* \downarrow$),当发达国家与欠发达国家技术差距很小时(发达国家与欠发达国家均生产劳动密集型产品),当 $\Delta w^* > \Delta w$,这对欠发达国家有利,更多增加欠发达国家劳动要素消费者的福利;而不利于发达国家劳动要素消费者的福利;依据加强斯托珀—萨缪尔森定理,$\Delta w^*/w_1^* > \Delta\tau/\tau$ 或 $\Delta w/w_1 > \Delta\tau/\tau$,增加拥有密集要素(劳动)的消费者福利。由图 4-3 可知,这里有个前提条件,即 $\tau b^* > \tau b > 1/2$。可见,劳动密集型产品有利于欠发达国家生产,而不利于发达国家生产。

第四章
产品内分工、国际生产分割与服务业聚合

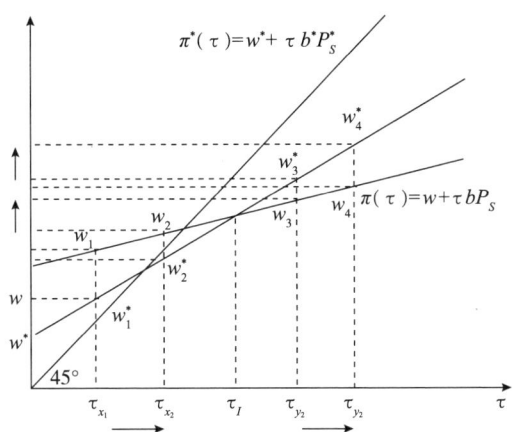

图4-3 要素密集度的2×2生产模型分析

再者基于雷布钦斯基定理及其加强定理，劳动要素的禀赋增加，相对更密集地使用这种要素的那种劳动密集型产品的产量上升，且其产量上升的比例要大于劳动禀赋的增加比例。因此，劳动密集型产品有利于不发达国家生产，而不利于发达国家生产。显然，欠发达国家更多地生产且出口劳动密集型产品。同理，$X \in (\tau_I, 1)$，发达国家与欠发达国家技术要素差距很大时，技术密集型产品对发达国家有利，更多增加发达国家技术人员要素消费者的福利；而不利于欠发达国家技术人员要素消费者的福利，发达国家更多的生产技术密集型产品进行出口。因此，有以下命题：

命题3 欠发达国家更多地使用劳动要素有利于更多生产和出口劳动密集型产品，增加拥有劳动要素的消费者福利；发达国家更多使用技术要素有利于更多地生产和出口技术密集型产品，增加拥有技术要素的消费者福利。

同理，由图4-3可知，当 $\tau b^* > \tau b = 1/2$ 时，有推论一：

推论一 欠发达国家使用劳动要素增加的比例等同于生产和出口劳动密集型产品的比例，增加拥有劳动要素的消费者福利保持不变；发达国家使用技术要素增加的比例等同于生产和出口技术密集型产品的比例，拥有技术要素的消费者福利保持不变。

同理，由图4-3可知，当 $\tau b^* > \tau b < 1/2$ 时，有推论二：

推论二 欠发达国家更多地使用劳动要素不利于更多生产和出口劳动密集型产品，减少拥有劳动要素的消费者福利；发达国家更多使用技术要素不利于更多

地生产和出口技术密集型产品,减少拥有技术要素的消费者福利。

可见,斯托珀—萨缪尔森定理、雷布钦斯基定理及其加强定理仅仅是其中的情形之一。

3. 服务可以进行国际贸易

假设个人服务运输成本接近于零,考虑放宽运输成本的假设,可以进行国际贸易的服务意味着各国的服务均衡价格都相等及两国提供相同服务水平。

如果欠发达国家提供 m^* 种专业服务,发达国家提供 m 种专业服务,且 $m > m^*$,那么世界作为一个整体共有 $m+m^*$ 种类型的专业服务;如果有两个公司(一个在发达国家,另一个在欠发达国家)能够提供相同的服务,这两个公司之间的竞争可以分为伯德川竞争和古诺竞争两种情形。

在伯德川竞争下,只有一个公司存活。在自给自足条件下,非负利润需要的条件为:

$$p_i \geq \frac{fw}{s_i} + cw, \quad p_i^* \geq \frac{f^* w^*}{s_i^*} + c^* w^* \tag{4-25}$$

随着服务自由贸易化,式(4-25)变为:

$$p_i \geq \frac{fw}{s_i + s_i^*} + cw, \quad p_i^* \geq \frac{f^* w^*}{s_i^* + s_i} + c^* w^* \tag{4-26}$$

可以得到命题 4:

命题 4 在服务可以进行国际贸易及个人服务运输成本趋于零的情况下,发达国家的国内市场效应会消失。对于任意给定两个专业化服务公司展开伯德川竞争,只有拥有最低可变成本的专业化服务公司会为世界市场提供服务外包。

在古诺竞争下,两个公司共存。当 $f=f^*$,$c=c^*$ 时,两国都能生产的所有服务只有欠发达国家生产。随着专业化服务贸易的出现,发达国家聚合服务的生产函数为:

$$S = \Big[\sum_i (s_i + s_i^*)^\alpha \Big]^{1/\alpha}$$

聚合服务的价格为:

$$P_S = \Big[\sum_{i=1}^{m^f} \big[\min(p_i, p_i^*) \big]^{\alpha/(\alpha-1)} \Big]^{(\alpha-1)/\alpha}$$

上式中,m^f 为在自由贸易服务下服务的数目。因此,有命题 5:

命题 5 在服务可以进行国际贸易及个人服务运输成本趋于零的情况下,对于任意给定两个专业化服务公司展开古诺竞争,两个专业化服务公司均能共存。这意味着两个专业化服务公司所在国获得服务的价格和数目相等。

当 $b \geqslant b^*$ 时，由于欠发达国家的聚合服务价格与发达国家的相同，而欠发达国家的工资水平较低，所以在欠发达国家所有零部件的生产服务成本也较低，发达国家会进口所有零部件，即发达国家全部外包。当 $b<b^*$ 时，P_s 不排除两个零部件价格曲线仍然在 [0, 1] 内，某个 τ_l^+ 处相交的可能性（此处显然 τ_l^+ 比 τ_l 大，具体见图 4-1 和图 4-2 中描述）。

四、中美服务外包的实证检验

在考虑了 $m>m^*$ 和 $w>w^*$ 假设条件下，本章选取美国和中国为研究对象，实证研究中美相对承接服务外包强度的影响因素，并借助统计软件进行多元一次回归分析。

（一）模型构建和数据处理

根据以上的分析以及参考陈菲（2005）构建模型的思路，本书以相对服务外包规模为因变量，其他因素为自变量，构建服务外包回归方程，将相对承接服务外包强度的主要影响因素包括进来，回归模型如下：

$$\text{Ln}CRSO = \alpha_0 + \alpha_1 \text{Ln}CGDP + \alpha_2 \text{Ln}CWAGE + \alpha_3 \text{Ln}CTFP + \alpha_4 \text{Ln}CSF + \xi$$

（1）相对承接服务外包强度，即相对服务外包率（CRSO）= 美国服务贸易出口额/中国服务贸易出口额。CRSO 表示相对服务外包规模，由于目前我国缺乏有关服务外包的统计资料，本书用服务贸易出口额来代替，用中美服务贸易出口额的比值表示相对承接服务外包的规模。数据源自美国劳工统计局网站[1]、《中国对外经济贸易年鉴》及国家外汇管理局网站公布的中国国际收支平衡表。

（2）相对经济规模（CGDP）= 美国 GDP/中国 GDP。CGDP 表示相对经济规模；美国 GDP 数据源自美国劳工统计局；中国 GDP 数据源自《中国统计年鉴》（1998~2011 年）。

（3）零部件的生产服务比较成本（CWAGE）= 美国服务业工资水平/中国服务业工资水平。CWAGE 表示零部件的生产服务比较成本，即人力资源成本优势。

---

[1] www.bls.gov/oes/tables.htm.

WAGE 表示人力资源成本,用服务业从业人员的平均工资来衡量。①

(4) 计价单位商品的劳动生产率差异,即相对全要素生产率(CTFP)= 美国服务业 TFP/中国服务业 TFP。CTFP 表示计价单位商品的劳动生产率差异,即相对全要素生产率,美国服务业 TFP 资料源自美国商务经济分析局;中国服务业 TFP 数据来自谭洪波、郑江淮(2012)计算的结果。

(5) 专业化服务公司数目差异,即相对服务业差异(CFD)= 美国服务业增加值/中国服务业增加值。CFD 表示专业化服务公司数目差异,即相对服务业差异,因为中美专业化服务公司数目的难以统计,故用中美两个国家服务业的增加值来代替,美国数据源自 Economic Report of the President(2007)[J/OL②];中国数据源自《中国统计年鉴》(1998~2011 年)。本书选取的样本区间为 1997~2010 年(见图 4-4)。

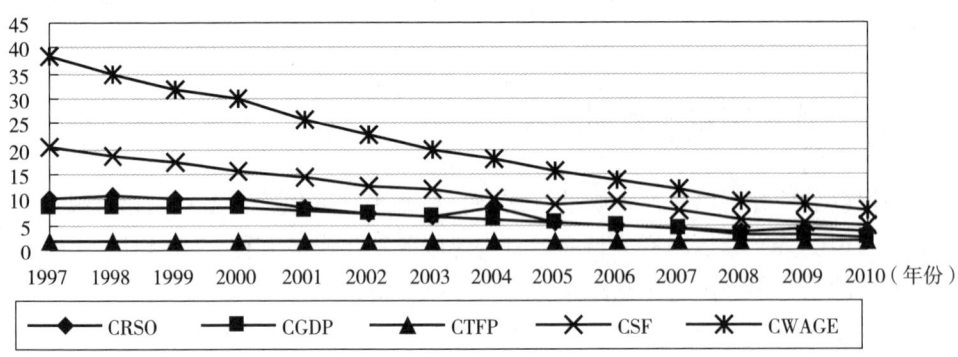

图 4-4 中美相对承接服务外包强度的影响因素

从图 4-4 可以显示出中美的比较优势指标,中国在承接服务外包市场上处于劣势。然而也应该看到,中美相对承接服务外包的规模(CRSO)与零部件的生产服务比较成本(CWAGE)、相对经济规模(LNCGDP)、服务业数目差异(LNCFD)及单位商品的劳动生产率(LNCTFP)的偏差正在缩小;相对承接服务外包的规模(CRSO)、零部件的生产服务比较成本(CWAGE)、相对经济规

---

① 美国服务业的平均工资是运输业、金融业及计算机通信从业人员工资的平均数,数据源自美国劳工统计局;中国服务业的平均工资是(信息传输、计算机服务和软件业,金融业,交通运输、仓储和邮政业,租赁和商务服务业)四个工资的平均数,数据源自《中国统计年鉴》(1998~2011 年)。

② http://www.whitehouse.gov/cea/pubs1html/.

第四章
产品内分工、国际生产分割与服务业聚合

模（LNCGDP）、服务业数目差异（LNCFD）曲线的斜率均为负值，说明中美在这几个方面的差距在缩小，但是单位商品的劳动生产率（LNCTFP）曲线的斜率为正值，表明中美在这个方面差距仍有拉大的趋势。

（二）模型估计

本书采用 ADF 法检验变量的稳定性，所有变量一阶差分均为平稳，对五个变量之间关系协整分析，对中美两国相对承接服务外包强度的影响因素进行实证检验，使用统计软件，结果见表 4-2。总体回归模型及其中包含的各个变量均具有统计显著性，模型的拟合度很高。

表 4-2 中美相对承接服务外包影响因素的回归分析结果

解释变量	系数	t 统计量	概率值
LNCGDP	0.750713	5.437766	0.0043
LNCFD	1.838209	2.387579	0.0407
LNCTFP	0.931521	4.629045	0.0053
LNCWAGE	-1.655214	-2.656017	0.0262

$R^2 = 0.956574$；可调整 $R^2 = 0.937274$；F 统计量 = 49.56261；D. W. = 2.937902；c = 0.674646

由表 4-2 的数据经简化得到回归方程：

$$\ln CRSO = 0.67 + 0.75\ln CGDP - 1.65\ln CWAGE + 0.93\ln CTFP + 1.83\ln CSF$$

（三）结论

第一，美国相对于中国 GDP 每增长 1%，美国相对承接服务外包业务量增长 0.75%；表明美国相对于中国经济规模增长 1%，承接其他国家的服务外包业务相对于中国增加 0.75%；经济规模相对越大的国家，其承接服务外包业务量随着经济规模扩大而呈现递减式增加。

第二，美国相对于中国服务业的工资水平每增长 1%，美国相对于中国承接其他国家服务外包业务量将多下降 0.65%；工资水平高的国家，生产服务工资水平每增加 1%，比相对生产服务工资低的国家承接其他国家服务外包业务量减少

的速度要快。

第三，美国相对于中国零部件的生产服务效率要高，美国相对于中国增长服务业全要素生产率每增长1%，美国相对于中国承接服务外包业务量将上升0.93%。零部件的生产服务效率高的国家，生产服务效率每增加1%，比相对生产服务效率低的国家承接其他国家服务外包业务量增长速度要低。

第四，美国相对于中国服务业增加值（表示服务业的数目增加）每增长1%，美国相对承接服务外包业务量将增加1.83%；表明美国有更多种类的服务，将比中国多承接0.83%的其他国家的服务外包，这是规模报酬递增的结果。一个国家所有从事服务外包的制造企业以低成本获得相同的服务，平均成本曲线下移，企业获得超额收益。在超额收益的驱使下，其他制造企业会模仿并进入服务外包市场，带来服务市场总需求的扩张，导致服务的市场价格上升。如果服务市场具有完全竞争特性，所有服务企业都会增加产出，那么该国的服务业增加值不断增加。

本章理论推演了欠发达国家承接发达国家服务外包规模问题，取得了一系列结论，实证检验进行了较好的验证。实证检验中各个解释变量系数估计值的符号基本上与模型假设条件及理论推导的命题相符。相对承接服务外包的规模与零部件的生产服务比较成本负相关，而与相对经济规模、服务业数目差异、计价单位商品的劳动生产率呈现正相关关系。中国较大的经济规模、较多数量的服务企业和单位商品的劳动生产率较高是吸引其他国家服务外包的有利因素；但零部件的生产服务比较成本也会影响中国服务外包的选择。

第五章

跨国公司对华直接投资的新兴古典经济学诠释

20世纪60年代以来,随着经济自由化浪潮的兴起,许多国家放松了对资本项目的管制。由于资本的逐利性,发达国家资本凭借跨国公司这个载体,大量流入新兴市场经济体;同时,由于信息技术的迅速发展,导致直接投资的交易成本大幅度下降,使跨国公司直接投资规模持续扩大,远远超过了同期国际贸易的发展速度。在20世纪80年代初期,作为新兴市场经济中的一员,中国实行了改革开放政策,垂涎于中国市场和低成本劳动力的跨国公司对中国进行了大规模的直接投资,使中国持续出现资本项目和经常项目双盈余。本书借助于杨小凯消费者—生产者新兴古典贸易模型的分析框架,构建数学模型,立足于一个新视角,从生产效率、人民币汇率、税收政策、专家人数、土地价格等方面来剖析跨国公司对中国进行直接投资的主要目的是获取超额利润。

一、对外直接投资的文献概览及述评

20世纪60年代以来,许多西方经济学家通过对跨国公司对外直接投资行为的探讨和研究形成了一系列观点不同的对外直接投资理论。其中具有代表性的有下面几种:

1960年美国学者海默(Stephen Hymer)在其博士论文中提出垄断优势理论(Monopolistic Advantage Theaory),这是最早研究对外直接投资的独立理论,即企业利用自己所拥有的垄断优势通过直接投资参与和进入国际市场。后来金德尔伯格(Kindleberger)给予了发展和完善,认为企业必须利用市场的不完全和自身特定的垄断优势,才能成功地进行FDI。约翰逊(Johnson)把知识优势作为企业垄断优势的重要方面，凯夫斯（Caves）强调企业拥有的产品差异化能力是垄断优势的重要来源。

哈佛大学教授弗农（R. Vernan）提出产品生命周期理论，在产品标准化阶段，产品的价格是竞争的基础，企业通过对外直接投资将产品的生产转移到工资较低的发展中国家和地区，产品价格。随着对外直接投资的迅速发展和制度经济学的兴起，产生了内部化理论（The theory of Internalization），在20世纪70年代英国学者巴克莱和卡森（Buckley and Casson）以及拉格曼（Rugman）关注的是市场交易成本所引致的不完全竞争形态，尤其是中间产品（主要是专利、商誉和管理技能等知识产品）市场的缺陷，内部化理论起源于科斯的交易成本理论，主张将外部市场内部化，强调市场的不完全性和交易成本存在如何使企业将垄断优势保留在企业内部，促使企业进行内部化，并通过建立内部市场来内部使用资源而取得优势；随着企业对外国市场经验积累的增加，掌握的资源禀赋越来越多，从而将推动企业选择控制程度最高、最能发挥内部化优势的直接投资方式（Cui，1998）。

英国学者邓宁（Dunning）提出的国际生产折中理论，即（所有权优势、内部化优势、区位优势）OIL范式。若企业同时具备这三个优势，就可以进行对外直接投资。这些经济学家都从不同方面提出了各自见解。总之，他们都片面地强调跨国公司对外直接投资是为了获得超额利润。其实，跨国公司凭借其雄厚的经济实力和先进科技等核心竞争力对东道国进行直接投资，既给东道国增加新的贸易品种类，使东道国居民的需求将从单一转变到消费的多样化，提升东道国产业结构等益处；与此同时，也给自己带来了超额利润、分散企业经营风险、争夺市场、争夺优秀人才等具有一定兼容性的好处。

随着世界第三次科技革命和世界经济一体化，特别是20世纪80年代以来，中国实施了"以市场换技术"的开放策略，并不断改善外商投资环境，跨国公司对中国直接投资先后实行了新建FDI和跨国并购FDI两种方式，中国迅速地吸收了大量的跨国公司FDI，许多国外学者称为"中国现象"。针对这种现象，本书在杨小凯消费者—生产者新兴古典贸易模型的基础上，构建考虑比较优势的新兴古典贸易模型，用以阐释跨国公司对中国进行直接投资，始终离不开其主导目标，即追求超额利润的利益驱使力。

二、考虑比较优势的贸易模型构建

（一）模型的假设条件

其一，世界上只有两个国家，本国和外国。两国各自生产两种产品：x 产品与 y 产品。

其二，两国都有许多具有消费者—生产者双重身份的人，没有纯消费者或纯生产者。

其三，所有的消费者—生产者都有能力自主择业并根据自己所获得真实收入的高低来决定企业究竟应该怎样生产。

其四，本模型中，国内企业和国外企业生产的 x 产品与 y 产品，其品质和对个人产生的效用是有差异的。两者之间的区别还在于进口产品需要支付国际交易费用，这些费用包括关税、各种附加税、谈判费用、签订合同费用、货币兑换费用、保险费用和国际运输费用等。本书将国际交易费用系数定义为 t，当一国因贸易纠纷向另一国的进口商品征收惩罚性关税或者以各种借口限制另一国商品进口时，国际交易费用将会上升。将 k 定义为国内市场交易效率系数。

其五，每个消费者—生产者面对着相同的国内交易费用，这一费用在同一国家内无论是哪种产品进行交易所需要的费用均相同，在不同国家之间费用设定是不相同的。

其六，由于种种原因，本国居民和外国居民在生产 x 产品与 y 产品上，有着不同的劳动生产率和工资水平，因而形成了生产各自产品的不同优势。

其七，每个消费者—生产者出售商品的收入必须等于其购买商品的支出，即个体收支必须满足自己的预算约束方程，没有储蓄也没有赊欠。

预算约束：$p_x x_s + p_y y_s = (1-\alpha)(p_x x_d + p_y y_d) + \alpha(1+t)e(p_x^* x_d + p_y^* y_d)$ (5-1)

式中，p_x 为 x 商品的国内销售价格，p_y 为 y 商品的国内销售价格。x_s 为一个生产 x 产品专家的售卖量，y_s 为一个生产 y 产品专家的售卖量。t 是包含进口关税和进口时所需支付的运输费用、谈判费用等的国际交易费用系数。e 为外国货币兑换成本国货币时的汇率，这里采用外币直接标价法。当汇率 e 上升时，本币贬值，外币升值；当汇率 e 下降时，本币升值，外币贬值。p_x^* 为以外币表示的 x 产品的外国销售价格，p_y^* 是以外币表示的 y 产品的外国销售价格。α 是外国产品在本国国内的市场占有率，即 $\alpha \in [0,1]$，当国内市场上某种产品全部是本国企业生产时，$\alpha=0$，即相应的预算约束为：$p_x x_s + p_y y_s = p_x x_d + p_y y_d$；当该产品全部为进口产品时，$\alpha=1$，即相应的预算约束为：$p_x x_s + p_y y_s = (1+t)e(p_x^* x_d + p_y^* y_d)$。

（二）基本贸易模型的应用

在上述假设的基础上，一个消费者—生产者个人的贸易模型可以表示为如下形式：

目标函数：$\max u = (x+k x_d)(y+k y_d)$ （5-2）

生产函数：$x+x_s = \beta_{本} l_x$，$y+y_s = \beta_{外} l_y$ （5-3）

时间约束：$l_x + l_y = 1$ （5-4）

从式（5-1）到式（5-4）就构成了一个完整的消费者—生产者的基本贸易模型。其中，式（5-2）代表着该经济社会中每个个体的效用函数，说明每个个体都在一定的生产条件、时间约束条件和预算约束条件下追求个体效用的最大化。在多数情况下，经济学家也将个体效用函数称作真实收入函数，意指个人实际拥有的两种产品数量上的差别，个体拥有的产品越多，个体效用就越高，其真实收入也就越高。

（三）基本贸易模型的分析

在改革开放之前，中国与外国由于某种外生的障碍，两国市场相对分割。两国之间几乎没有产品的国际贸易，两国处于自给自足的状态，即 $\alpha=0$。每个国家都有两个生产 x 产品和 y 产品的企业，每个企业将产品卖给两个消费者，每个消费者将劳动作为中间产品卖给企业，每个企业雇用1个消费者（见图5-1）。

在改革开放之后，两国外生的障碍消失了，国际贸易自由化，中国和外国形成一个共同市场，即 $0<\alpha\leq 1$。两国都有两个生产 x 产品和 y 产品的企业，根据李嘉图的比较优势理论，两国必然存在生产 x 产品和 y 产品上的劳动生产率不同，在自由择业和行业自由进入的前提下，两国形成了生产各自产品的比较优势。假定中国企业生产 x 产品供应两国的四个消费者，外国企业生产 y 产品供应

两国的四个消费者（见图5-2）。

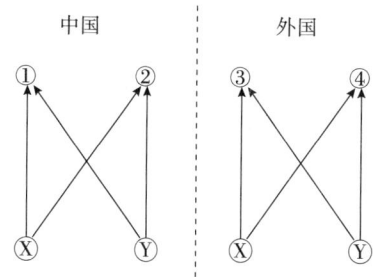

图5-1 改革开放前两个分隔的市场

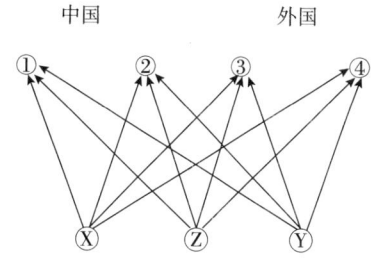

图5-2 改革开放后一个共同市场

假定外国企业的技术水平、人员素质、管理效率等都高于中国企业，因此，外国企业生产产品的品质高于中国企业生产的产品，从而带来了其生产的产品附加值也高于中国企业生产的产品。这样一来，在两国的国际贸易中，中国可能处于劣势而设置贸易壁垒，如高关税等措施来遏制外国向中国出口产品，即$(1+t)ep_x^*>p_x$；$(1+t)ep_y^*>p_y$，中国居民仅仅选择国内企业生产的产品，只存在国内贸易，即$\alpha=0$，外国产品在中国没有市场。但是中国又想通过引进先进技术和现代化设备来迅速提高本国的科技水平、劳动者素质、管理水平，以此来缩小与发达国家的差距。这是个两难选择的问题。为了解决两难问题，中国实施了包括"招商引资"在内的对外开放政策，给外商到中国投资予以减免税等"超国民待遇"，给外商提供了绕过贸易壁垒的机会，且提供了一个自主择业的竞争市场。

基于本书的需要，下面主要研究中国企业生产x产品与跨国公司生产z产品，现假定一个跨国公司一半在中国运作，另一半在外国运作。并向两国消费者提供z产品（见图5-2）。

本模型分析如下：

1. 生产效率

由于跨国公司生产产品的生产效率比中国国内企业要高，由式（5-3）可变为：$x+x_s=\beta_{中} l_x$，$z+z_s=\beta_{跨} l_z$。跨国公司凭借其资金雄厚，技术水平高于中国国内同行企业的优势，其到中国进行直接投资的情况下：

（1）假定x和z是同类产品，其生产效率比国内同行要高（这也是中国政府对外资进入中国所希望的，进而刺激国内企业学习外商的先进技术），即$\beta_{跨}>\beta_{中}$，得出$p_z<p_x$（劳动生产率高的产品，其相对价格要低些）。然而在现实的同一市场上，出口z产品由于跨国公司在本国生产z产品的成本（指劳动者等要素

成本)明显高于中国国内企业,加上出口 z 产品存在国际交易费用,因此,在通常情况下,z 产品的价格要比 x 产品高得多。因为一个跨国公司一半在中国运作,另一半在外国运作,在中国运作的跨国公司相对于其在本国运作可以节省部分国际交易费用,因而在中国市场上销售 z 产品可获得较多利润。劳动供给 l 在 x 产品和 z 产品相等时,跨国公司因生产效率比中国国内企业高而生产出的产品要多些。随着中国国内市场上 x 产品和 z 产品数量的增加,可以打破中国国内市场 x 产品因垄断等原因而造成 x 产品短缺的现象。由于国内企业追本逐利的本性,势必增加学习 z 产品生产技术的成本,从而提高生产 x 产品的效率。从而使国内企业学习能力提高和学习速度加快,专业化学习效果将显著。随着新的国内企业不断出现,在一定时期内,中国居民的可支配收入在稳定一定的水平时,x 产品和 z 产品在中国国内市场数量的增加,x 产品和 z 产品的价格均会下降。这样既可以提高中国居民的社会福利,同时中国国内企业生产 x 产品的技术也得到很大提高。

(2)假定 x 和 z 不是同类产品,跨国公司为中国国内市场增添了新的贸易产品种类数,使中国出现专业化分工、专业化分工水平的提高和相关市场网络的扩大,有助于中国居民的消费多样化。

2. 人民币汇率

在中国国内土地价格便宜、劳动力廉价,各级政府对跨国公司实行税收优惠有利的"超国民待遇"条件下,跨国公司到中国直接投资的国际交易费用会减少,特别是在人民币汇率升值预期或真实升值的条件下,跨国公司到中国进行跨国投资会增加。

(1)当国际贸易与国内贸易并存时,即 $(1+t)ep_z^* = p_z$,这是个常态。假定一个跨国公司,一半在中国运作,另一半在外国运作。中国国内企业生产 x 产品除留下自己消费的外,将多余的 x 产品在市场销售,并购买 z 产品。其中 z 产品既可以购买在中国的跨国公司生产的 z 产品,也可以购买进口的跨国公司在本国生产的 z 产品,根据文定理(杨小凯,1998),我们可以将预算约束(5-1)改写为 $p_x x_s + p_z z_s = (1-\alpha)(p_x x_d + p_z z_d) + \alpha(1+t)e(p_x^* x_d + p_z^* z_d), \alpha \in (0,1)$ 从改写的预算约束中可求出 $\frac{\partial z_d}{\partial t} < 0$,随着国际交易费用的减少,中国对 z 产品的需求量增加;反之,中国对 z 产品的需求量减少;同时可求出 $\frac{\partial z_d}{\partial e} < 0$,随着人民币汇率升值预期或真实升值,即 e 有下降趋势或真实下降(直接标价法),中国对 z 产品的需求量

存在增加的可能性。但跨国公司在本国生产 z 产品对中国出口量将下降,因为出口 z 产品的利润空间将变小。自从中国加入 WTO 以来,特别是 2005 年 7 月 21 日人民币开始升值,即 e 下降(直接标价法),将加剧跨国公司在中国投资高水平增长的趋势。人民币经过本次真实升值,其升值预期更加增强,人民币升值可能具有长期性。如果跨国公司在中国投资是在人民币进一步升值之前完成,相对可以节约投资成本。就跨国公司而言,目前人民币短期小幅升值对投资成本的增加,不代表在中国投资的整体收益减少。投资之后,材料以进口为主,产品以内销为主,最后将人民币收入兑换成外币(如美元),由于人民币升值,所兑换的外币数量也较原来多。

(2) 在人民币汇率具有升值预期或者真实升值时,跨国公司在中国生产的产品销往本国价格会变得昂贵,$\frac{\partial z_d}{\partial e}<0$,即本国减少对 z 产品的需求。但是,中国加入 WTO 是以发展中国家身份加入的,在国际贸易中是有优惠的,即出口 z 产品可以较低的国际交易费用出口到中国,即 $\frac{\partial z_d}{\partial t}<0$,这可能会抵消因人民币汇率升值预期或者真实升值带来的负面影响。

3. 税收政策

在自由择业、自由竞争的宏观经济环境下,跨国公司在中国投资设厂,享受中国税收优惠。中国政府规定,跨国公司在中国投资设厂生产 z 产品(中国企业生产 x 产品),可享受税收"二免三减半"的税收优惠待遇。甚至有些地方政府为了吸引跨国公司,推出了"十免十减半"更为优惠的税收政策。

(1) 间接税。假定在中国国内市场上,有两种同类产品,即跨国公司生产 z 产品和中国企业生产 x 产品。跨国公司生产 z 产品,卖 z 产品而购买 x 产品,由目标函数(5-2)和生产函数(5-3)及预算约束(5-1)可得:

跨国公司目标函数:$u=zkx_d$ (5-5)

跨国公司生产函数:$z+z_s=1$ (5-6)

预算约束:$p_z(1+t_z)z_s=p_x(1+t_x)x_d$ (5-7)

解得:$u_z=\frac{k}{4}\frac{p_z}{p_x}\frac{(1+t_z)}{(1+t_x)}$,$u_x=\frac{k}{4}\frac{p_x}{p_z}\frac{(1+t_x)}{(1+t_z)}$ (5-8)

由式(5-8)可得:$\frac{u_z}{u_x}=\frac{(1+t_z)^2}{(1+t_x)^2}(\frac{p_z}{p_x})^2$,

当 $u_z=u_x$ 时，$\dfrac{u_z}{u_x}=\dfrac{(1+t_z)^2}{(1+t_x)^2}(\dfrac{p_z}{p_x})^2$，在中国的跨国公司是享受税收的优惠政策，假定 $t_z=0$ 时，$p_z=(1+t_x)p_x$，从而得出 $p_z>p_x$，即在中国国内市场上同质的国内外产品，外国产品因少交税而相对比中国产品昂贵。假设 $u_{zx}=\dfrac{u_z}{u_x}=\dfrac{(1+t_z)^2}{(1+t_x)^2}(\dfrac{p_z}{p_x})^2$，$f=\dfrac{p_z}{p_x}$，可以得到 $u_{zx}=\dfrac{u_z}{u_x}=\dfrac{(1+t_z)^2}{(1+t_x)^2}(f)^2$，则 $u_{zx}'(f)>0$，表明跨国公司与中国国内企业的真实收入的相对差距同 x 和 z 两种产品价格"剪刀差"成正比。随着市场化进程的不断推进，x 和 z 两种产品价格"剪刀差"对跨国公司与中国国内企业的真实收入差距缩小的影响逐渐削减。因此，只有中国政府对跨国公司税收优惠政策取消后，跨国公司与中国国内企业的真实收入才有可能趋于相等。

（2）直接税。在式（5-1）的基础上，由 $u_z^*=(1-t_z^*)u_z$，$u_x^*=(1-t_x^*)u_x$，并假定 $u_z=u_x$ 时，可得到 $\dfrac{u_z^*}{u_x^*}=\dfrac{1-t_z^*}{1-t_x^*}$，在中国的跨国公司是享受税收的优惠政策，假定 $t_z^*=0$ 时，$u_z^*(1-t_x^*)=u_x^*$，可得出：$u_z^*>u_x^*$。由此可见，跨国公司的真实收入比中国企业的要高。

4. 专家人数

在限制性进入和垄断经营的环境下，我国外资并购有关法规的不完善给外资在我国的投资造成了实质性障碍。在 WTO 协议框架下，随着《关于向外商转让上市公司国有股和法人股有关问题的通知》《上市公司收购管理办法》《利用外资改组国有企业暂行规定》和《外国投资者并购境内企业暂行规定》等一系列涉及我国资本市场对外开放和完善的法规相继出台，为外资并购上市公司提供了政策依据和有效的制度安排。截至 2004 年 12 月 31 日，跨国公司并购中国上市公司排名前三位的国家和地区分别为：香港 19 家（41%）、美国 7 家（15%）、日本 3 家（7%），从跨国公司并购上市公司的股东地位来看，平均持股比例为 29.36%。29 家（63%）涉及第一大股东地位或控股权的转移，说明外资并购对于控股权的要求较高。中国允许跨国公司并购中国上市公司的垄断企业生产 z 产品（中国非垄断企业生产 x 产品）。假定 M 为生产 z 产品和 x 产品的专家总人数，M_z 为生产 z 产品的专家人数；M_x 为生产 x 产品的专家人数。

当 $M_z=\dfrac{1}{4}M$，$M_x=\dfrac{3}{4}M$ 时，根据（z/x）模式，由式（5-5）、式（5-6）、式

(5-7)，可得：$u_z = \frac{k}{4}\frac{p_z}{p_x}$，$u_x = \frac{k}{4}\frac{p_x}{p_z}$

因为 $z_D = M_x z_d = M_x \frac{1}{2}\frac{p_z}{P_x}$；$z_s = M_z Z_s = M_z \frac{1}{2}$

所以，当 $z_D = z_S$ 时，可得：$\frac{M_z}{M_x} = \frac{p_x}{p_z}$，即 $p_z = 3p_x$，$u_z = 9u_x$

可见，跨国公司并购中国上市公司的垄断企业生产 z 产品的真实收入 u_z 是非垄断企业生产 x 产品真实收入 u_x 的 9 倍。体现了近些年来跨国公司要并购中国上市公司龙头企业的缘故。对于被并购的国内上市公司的龙头老大，拥有垄断性经济资源，本来就有较高的利润，跨国公司并购这些企业后，可获得自身发展所急需的互补性资源，从而更快地抢占中国市场。跨国并购方式能够直接将被并购公司的生产能力、营销网络等资源纳入跨国公司的全球体系。外资并购中国上市公司垄断企业会进一步恶化在中国现有垄断处境，更有时效地、快速地获得超额利润，从而降低中国居民的福利水平，体现了时间经济性。

5. 土地价格

跨国公司在中国投资设厂时，是在中国刚刚改革开放时期，其购买的土地价格极为便宜。二十多年来，中国的土地价格因土地利用频率的增加和利用效率的提高也在不断上涨。据 2005 年 2 月 25 日人民银行发布的《2004 年第四季度中国货币政策执行报告》显示，2004 年全国土地交易价格上涨 10.1%。中国自 20 世纪 70 年代末改革开放以来，土地价格上涨了几倍乃至几十倍，从未来走势来看，这些价格恐怕再难以回到 70 年代末以前的水平（王国刚，2005）。可见，跨国公司原来投资于购买土地所花费的资金能够保值甚至大大升值。当跨国公司想从中国撤资时，其原来用于购买土地的资金因土地价格飞快上涨而获得更多的人民币，加之当前人民币汇率的不断升值，从人民币变为外币，跨国公司又可以通过汇差获得更多的外元。

三、跨国公司 R&D 投资国际化界定与动因

跨国公司促进了国际经济一体化，是技术开发的主要承担者，将资本、技术、培训、贸易和环境保护等结合在一起，形成综合资产来刺激经济增长。跨国

公司及其国外分支机构组成的跨国生产与服务网络日益扩大,正在形成一个由跨国公司组织和管理的国际生产体系。就经济影响而言,跨国公司在世界范围的资源配置、提高母国与东道国竞争力和推动经济一体化进程等方面发挥了关键作用。当跨国公司日益以全球的眼光来对待投资、生产、资源和营销的决策,以及以一套完整的方法来组织和管理具有跨国性的增值活动时,国际生产体系的复杂和内部联系就显露出来。对许多跨国公司来说,即使对于生产一体化还处在基础阶段的许多跨国公司来说,它们之间已形成国际网络,维持和拓展这个网络,使该网络各个部分组成一个单一的生产结构是主要问题,随着这一过程的发展,一个国际生产体系逐渐形成。跨国公司作为一个与世界经济有许多联系的一体化组织结构内的代理机构,作为国际经济活动的直接协调者发挥着决定性的作用。由于一体化组织的努力,世界经济正在发生质的变化,生产层次上的联系将补充贸易和其他方面的联系。一体化国际生产体系是世界经济全球化的核心。

(一) 跨国公司 R&D 国际化的界定

根据经济合作与发展组织(OECD)的定义,研究与开发,简称"R&D",是为进行(人类、文化和社会方面的)知识创新和技术应用而进行的系统的创新性工作。该工作是人们不断探索、发现和应用新知识的连续过程,逐步实现科技的进步和把科技成果转化为现实的生产力。同时指出,R&D 应具有四个基本特征:①创造性;②新颖性;③产生新的知识或创造新的应用;④运用科学方法。在这四个特征中,创造性和新颖性是 R&D 活动成败的决定因素;产生新的知识或创造新的应用是创造性的体现;运用科学方法是 R&D 活动获得成果的基本条件。

从经济学的角度来看,R&D 活动是一个以生产知识为主体的投入产出过程。R&D 活动的成果可以看作是"知识产品"。这种"知识产品"又可以分为两种产品:"中间产品"和"最终产品"。"中间产品"主要是知识形态的产品,如论文、报告、专利、其他文献资料等。"最终产品"可以表现为知识形态或物质形态产品等。知识形态产品是 R&D 活动的理论成果。而物质形态产品是 R&D 活动的物质成果。

R&D 国际化是一个历史过程,是随着经济全球化、科技国际化、信息社会化的演进而逐步形成与发展起来的。R&D 国际化是指 R&D 跨越国界的行为,从 R&D 活动的内容来看,它既包括 R&D 资源的全球配置,也包括 R&D 成果的国际扩散；从 R&D 资源和成果的流向来看，它既包括本国在海外的 R&D 活动，也包括外国在本国的 R&D 活动。通常情况下，R&D 国际化包含两种具体形式：其一，设立海外 R&D 分支机构；其二，与海外跨国公司或研究机构合作开展 R&D。其中，设立海外 R&D 分支机构是目前 R&D 在国际化过程中最直接、效果最显著、最重要的一种形式。

最早的 R&D 国际化行为主要表现在跨国公司在海外设立实验室，其目的是使在母国开发的技术能够适应东道国当地的需要。自 20 世纪 80 年代中期以来，R&D 国际化行为类型已发生了很大变化，出现了跨国公司在全球范围内的专利技术、技术诀窍、许可证交换活动；在海外设立研究所、研究中心、研究开发公司，建立技术联盟，签署 R&D 合作协议，实施合作 R&D 项目等。

跨国公司 R&D 国际化是指跨国公司将研发活动扩散到母国以外的其他区位，利用多个国家的科技资源，跨国界开展 R&D 活动。但跨国公司 R&D 国际化行为并不是 R&D 国际化的全部内容，R&D 国际化还包括获得国际专利情况，国际科技论文情况，高科技产业、产品贸易情况，不同国家间政府、高校、独立 R&D 机构在 R&D 活动方面的合作和交流等。

（二）R&D 活动的类型

1. R&D 活动的分类

R&D 活动是一个生产知识和应用知识的过程，通常把 R&D 活动的过程分为几个不同的阶段。国际上通用的划分方法是三分法，即将 R&D 活动的过程划分为三类：基础研究、应用研究和试验发展，如表 5-1 所示。

表 5-1　三种类型 R&D 活动的比较

R&D 活动的类型	基础研究	应用研究	试验发展
目的	寻求真理，扩大知识	以工程为目的，探讨新的知识应用的可能性	把研究成果应用于生产上、工程上
内容	发展新事物寻求内在联系，预测新发现的作用和意义	探求基础研究应用的可能性，追求最佳条件系统的新工艺、新发明	把基础研究和应用研究的成果从事产品设计、试制和工艺改进
性质	探求发现新事物、新规律	发明新事物	完成新产品、新工艺，使它商品化、实用化

续表

R&D活动的类型	基础研究	应用研究	试验发展
成果	论文	论文或专利	专利、专有知识、设计书、图纸、样品

（1）基础研究是指为了获得关于现象和可观察事实的基本原理的新知识而进行的实验性或理论性工作，它不以任何特定的应用或使用为目的。这种研究没有特定的商业目的，研究成果一般是广泛的真理、普遍的原则、理论或定律。

（2）应用研究也是指为了获得新知识而进行的创造性研究，但它主要针对某一特定的实际目的或目标。它运用基础研究所取得的科学知识，探寻有使用目的的新知识可能的新技术途径，其产品是认识世界、改造世界的科学技术知识。

（3）试验发展是指利用从科学研究和（或）实际经验获得的现有知识，为产生新的材料、产品或装置，建立新的工艺、系统和服务，或对已经产生或建立的上述各项进行实质性的改进，所进行的系统性工作。

2. R&D活动的执行部门

为了便于R&D数据的收集、分析和解释，统计单位一般把以下几个部门作为R&D活动的执行部门。

（1）企业部门。其主要活动是为市场生产物品和提供服务（高等教育除外），并以具有经济意义的价格向一般公众销售的所有公司、组织和机构。还包括为上述企业服务的私人非营利机构。

（2）政府部门。向公众提供（但通常不出售）其他机构无法方便而经济地提供除高等教育外的公共服务，并管理国家和制定社会的经济政策和社会政策的所有部门、机关和其他团体（公有企业包含在企业部门中）。根据"政府服务提供者"的定义，这一部门应包括中央、州或省、地区、市或县、镇或乡级政府的所有实体、部门和机构。由政府控制并主要靠其资助的非营利机构。

（3）高等教育部门。所有大学、技术学院及其他实施第二层次以上教育机构，无论其经费来源或法律地位如何。此外，还包括由高等教育机构直接控制或管理，或附属于高等教育机构的所有研究所、实验室和医院。

（4）其他部门。包括私人非营利部门和国外的部门。

3. R&D活动的作用

R&D活动促使新知识、新技术的产生，这些新知识和新技术可以提高产品的质量，提高产品附加值、技术含量和知识含量；可以生产出新的产品；可以促

使新工作岗位的出现,形成新的社会分工;可以和物质资本一起实现商品总量的扩张。具体如下:

(1) R&D 活动改善和提高了生产技术装备水平。先进的技术装备对于经济增长有巨大的推动作用,是创造物质财富、促进生产发展的基本条件之一。生产工具的发展水平标志着一个国家社会生产力的水平,也在一定程度上标志着科学技术进步的作用。而科技进步还促进生产力三大要素,即生产工具、劳动对象和劳动者之间的相互替代、转化和升级。

(2) 广大科学技术工作者在 R&D 活动中受到锻炼,素质得到提高,并相应地带动全体劳动者整体素质的提高。劳动者素质是指劳动者的科学技术知识水平、技术熟练程度以及经营管理的能力等。劳动者是生产力三大要素中最为活跃的要素,当生产的增长速度超过劳动者供给的增长速度时,劳动者素质的提高对以科技进步为决定性因素的经济发展便起到至关重要的作用。

(3) R&D 活动促使新产业的生成,促使产业结构由低级向高级的转化,也促使形成新的社会分工。20 世纪 40 年代之后,计算机的研制成功、大规模集成电路技术、生物技术、宇航技术等一系列的新技术的第三次技术革命,推动了新的产业的发展,这次不只是一个产业,而是一个产业集群。这一次次的技术革命都促使了新兴产业的形成,并且使这些新兴产业一出现就能以高效率运行,从而使整个经济运行的效率大大提高。

(4) 不同种类的 R&D 活动是通过不同的渠道影响生产率的提高,进而影响经济的增长。企业 R&D 产生新的商品和服务、高质量的产出以及新的生产工艺,这些因素是企业和宏观层次生产率增长的要素。研究机构和高校科学研究的产出主要是知识和专利,可以增加社会知识存量,为经济发展提供支撑。国外知识是新技术的另一种来源,随着某一国家的研究工作所产生的知识被另一国家所利用,技术可以通过多重的方式跨越国界,如本国企业购买国外企业的专利、许可证,雇用国外的科学家和工程师,外国直接投资等。

跨国 R&D 投资是指政府或企业 R&D 主体在两个或两个以上的国家和地区投资 R&D 活动,是国际投资的重要组成部分,而且随着世界经济一体化和科技全球化的发展,在国际资本流动中占据着越来越重要的地位。跨国 R&D 投资是随着 R&D 国际化浪潮的兴起而发展起来的,是全球新一轮先进生产力转移的必然趋势。

4. 有关跨国公司在海外设立 R&D 中心的影响因素研究

(1) 就其区位分布上看,影响跨国公司海外 R&D 机构区位选择的影响因素很多，综述见表 5-2。

表 5-2　跨国公司海外 R&D 机构区位选择的影响因素

影响因素	具体分类	解释
东道国的生产规模和特征	东道国的直接投资规模 FDI、东道国的经济发展规模和水平	FDI 在一国经济中的渗透程度综合反映了该东道国的投资环境状况。此因素影响较大，如果其他因素不变，国家的经济规模越大越能吸引外资进行 R&D
东道国的成本优势	技术资源与设施廉价员工的供应通信设施	很多跨国公司的海外 R&D 是为了利用东道国的技术设施，主要在于为了减少研究开发的成本。只是起到促进作用，与是否进行 R&D 活动不成线性或连续关系
东道国的政策环境	知识产权的保护	R&D 活动的直接产品是知识产品，专利是测度 R&D 产出的重要指标

（2）跨国公司在发展中国家设立 R&D 机构。从 20 世纪 80 年代，跨国公司 R&D 的分散化开始突出。这种分散化已不再局限于发达国家之间的交叉投资，还扩展到发展中国家。据美国商务部的资料，到 1997 年，美国已有 86 家 R&D 机构；同期，有 24 个国家和地区的 375 家跨国公司在美国建立了 715 家 R&D 机构。从 1986 年到 1997 年，美国跨国公司在海外的 R&D 支出由 46 亿美元增加到 147 亿美元，10 年间增长了 3 倍多，而在此期间，美国在国内的 R&D 支出仅增长了 2 倍。印度是世界上最大的软件出口国之一，其软件业的发展得益于跨国公司的 R&D 投资，仅班加罗尔一带就聚集了 160 家软件公司和 700 多家研究机构。进入 20 世纪 90 年代以来，随着竞争的加剧，在全球范围内组织开展 R&D 活动的能力已成为决定跨国公司成功的基本因素和进行经营创新的重要途径。随着越来越多的相关知识资源在全球范围内出现，公司需要建立全球性 R&D 网络体系，进一步实现 R&D 机构的分散化，以便从外国大学和组织内的竞争者手中获取新知识并吸收研究成果。

（三）跨国公司 R&D 投资的现状分析

从 20 世纪 70 年代以来，跨国公司 R&D 国际化逐渐呈现出趋势。1970 年，联邦德国 11 家大型跨国公司在国外雇用的研究与开发人员只占 15%。欧洲一些主要的跨国公司，如西巴—盖吉公司、英荷壳牌石油公司、飞利浦公司、奥利维

第五章
跨国公司对华直接投资的新兴古典经济学诠释

持公司及诺斯克—海吉公司等,国外的 R&D 支出均超过 R&D 总支出的 1/3。可见,国外机构进行 R&D 的重要性正日益增强。80 年代后期,美、日、英、德、法等国跨国公司 R&D 活动国际化程度都迅速提高,开始大量地把 R&D 机构建立在海外。以美国跨国公司为例,其国外机构的 R&D 支出与总 R&D 的比例从 1966 年的 7%上升到 1989 年的 10%。现有资料还表明,欧洲跨国公司的研究与开发支出国际化程度更高。20 家瑞典跨国公司国外机构耗费的 R&D 支出占总 R&D 支出的比例已从 1980 年的 21%增加到 1987 年的 23%。联邦德国的跨国公司在国外 R&D 雇佣人数的增长远远高于其在国外雇佣总人数的增长。总的来说,跨国公司在其母国的 R&D 占了总研究与开发支出的大部分,因此成为全球技术进步的"领头羊"。在东道国的 R&D 支出只占小部分,但这部分正在逐渐增长。尽管它主要分布在发达国家。显而易见,技术进步是提高要素生产率、促进产品更新的必要条件,是经济增长的动力,由于跨国公司在技术进步中的主导地位,它们在经济增长中起着主要作用。20 世纪 90 年代以来,许多跨国公司把 R&D 活动从母国转移到海外,并进行了大量的 R&D 投资。据美国商务部统计,仅 1997 年外国公司在美的 R&D 投资就达 187 亿美元,约占全美工业界 R&D 总投入的 14%;同年,美国公司在海外的 R&D 投资也达 141 亿美元,约占全美工业界 R&D 总投入的 11%。到 1998 年底,有 375 家外国公司在美建立了 715 个 R&D 机构;同期,美国公司在海外也先后建立了 169 个 R&D 中心。

跨国公司 R&D 国际化是 20 世纪 90 年代以来世界经济中最突出的现象之一。90 年代以来,跨国公司 R&D 活动的国际化趋势越来越明显。跨国公司要大量获得世界范围的知识、专业人才和技能,这促使跨国公司海外 R&D 支出占总 R&D 支出的比例不断上升,海外分支机构数量相应不断增加。美国公司在海外的 R&D 支出增长速度明显快于国内的 R&D 支出的增长速度,1997 年,美国该比率由 1985 年的 6.4%上升到 10.5%;1987~1997 年外国公司在美国的附属公司的 R&D 支出费用增加了 3 倍,数额由 65 亿美元上升到 197 亿美元,年平均增长 11.6%以上。根据美国国家科学基金(NSF)的统计分析:1985~1995 年,美国跨国公司的海外 R&D 投资的增长速度比美国公司国内 R&D 投资增长速度快 3 倍,年均增长分别为 10.1%和 3.4%。1995 年美国跨国公司海外 R&D 投资为 131 亿美元,占美国国内工业业 R&D 费用的 12%,其他国家跨国公司在美国的多数股权子公司的 R&D 活动同样增长迅速:从 1987 年到 1995 年,其以年均 12.5% 的比例增长,而同期美国国内工业 R&D 增长率只有 1.3%。1987 年外国子公司在美国的 R&D 投资大约为 45 亿美元,占美国工业 R&D 费用的 5%,而到 1995

年，这一比例高达 11%（外国子公司在美国的 R&D 投资为 150 亿美元）。与此同时，国际间 R&D 战略合作发展也十分迅速。据《世界投资报告（1997）》的资料，全球国际 R&D 合作数由 1990 年的 304 个增长到 1995 年的 432 个，其中高峰期 1994 年接近 600 个。由于生产国际化，跨国公司经营重心已由国内转向国外。然而由于各国间在自然环境、要素禀赋及消费偏好等方面的差异，技术的跨国转移与应用，往往会表现出这样或那样的不适应。为了增加适应性而提高竞争力，就必须调整 R&D 结构，使 R&D 活动接近市场，从而研制出适应当地环境的产品。其结果必然导致 R&D 活动的国际化。

跨国公司在技术进步中的作用表现为 R&D 及专利。由于以信息为基础的技术的出现，公司日益全球化和激烈的国际市场竞争，人们越来越认识到技术进步大部分都是由公司活动造成的。跨国公司为研究和开发投入了大量资源。少数几家公司的 R&D 支出在全国研究与开发支出中占了很大比重。R&D 的结果通常表现为专利，专利可被视为技术进步的"产出"指标。美国本地公司及外国公司占美国专利注册数 3/4 强；其中外国公司所占比例从 20 世纪 80 年代中期开始增长，现在已超过了国内企业。20 世纪 80 年代期间，最大的 50 家跨国公司占了授予公司专利的 1/4。总之，技术进步似乎越来越多是由跨国公司完成的。历史上，跨国公司发展技术主要是在其母国进行，国外机构一般是将来自母公司的 R&D 成果加以改造或革新。近年来，跨国公司 R&D 国际化有了显著的进步，它们中有一些已在着手建立一体化的 R&D 系统，其中海外实验机构发挥着重要的作用。此外，全球性经济的重要性日益增强，产品周期缩短，淘汰速度加快，这些都与当地市场需求密切相关，这使 R&D 国际化变得必要。有时，跨国公司 R&D 国际化的动机在于利用东道国在科技人员方面的稀缺资源相对优势；同时，跨国计算机网络化和联网系统的发展使边远地区也可顺利交换信息与资料，R&D 活动可在联网系统上进行。这些都大大便利了 R&D 的国际化进程。

（四）动因分析

研究跨国公司 R&D 国际化的动因，即从跨国公司 R&D 国际化的内部条件进行分析。跨国公司 R&D 国际化的内在动因主要表现在跨国公司在发展的战略转变、内在的竞争需求、内在的效益驱动五个方面。

1. 发展的战略转变

伴随着经济全球化和 R&D 国际化进程的加快，许多跨国公司特别是一些大

第五章
跨国公司对华直接投资的新兴古典经济学诠释

型的跨国公司调整了它们的全球竞争战略：跨国公司的跨国经营战略从过去以资本战略为核心转变为如今以技术战略为核心，其主要战略意图放在构造全球生产与销售网络，并投资于海外建立 R&D 网络，来适应其国际化发展战略转变的需求。

跨国公司的国际化分工战略分为横向一体化战略和纵向一体化战略。实施横向一体化战略，跨国公司为了将母公司的一些成熟技术转移出去，在海外进行 R&D 投资，以不断拓展海外市场，适应海外市场的变化与需求。处于横向一体化战略模式之下的 R&D 投资，其 R&D 项目大多都是适应型和专用技术型的，其技术水平的提升主要取决于海外的市场规模、竞争程度以及发展的潜能。实施纵向一体化分工战略，跨国公司海外 R&D 投资时，则往往会较多地考虑技术的创新性、增长性及竞争力。处于纵向一体化战略模式之下的 R&D 投资，常常是跨国公司 R&D 与创新体系的一个组成部分，是与公司生产和总体经营战略的某个环节或某个发展阶段密切联系的。因此，其 R&D 投资会比较注意在母公司现有技术基础之上的增长性与创新性，同时也会非常注意利用海外的 R&D 资源，贴近海外生产与创新的地域。

2. 内在的竞争需求

英国著名经济学家邓宁（Dunning）提出的国际生产折中理论，即 OIL（所有权优势、内部化优势、区位优势）范式。若跨国公司同时具备这三个优势，就可以对外直接投资。其中所有权优势是指企业由于产品技术、商业秘密、管理技术等无形资产，以及规模经济所拥有的和能够得到的资产及专有权的优势。这个优势是跨国公司进行跨国投资所必备的前提条件。因此，如何有效地运用和长期保持跨国公司所有权的竞争优势，即成为跨国公司在海外进行 R&D 投资的一个重要的内在动因。中国学者薛澜等在 1999 年底对跨国公司在中国设立 R&D 机构行业分布的情况调查，目前跨国公司在中国设立的 R&D 机构也主要集中在电子信息（包括软件、半导体和通信等）和交通工具（主要是轿车）等行业。其中，在电子信息行业，已设立独立 R&D 机构的跨国公司占在中国已有生产性投资的跨国公司的比重最高，为 41.3%，其次是交通工具，为 23.1%。通过上述这两组数据可以总结出两点：其一，目前跨国公司对外的 R&D 投资主要还是集中在那些技术更新快、竞争又比较激烈的高新技术领域和行业；其二，在这些高新技术领域和行业内，跨国公司拥有绝对的所有权竞争优势。因此，各跨国公司为了有效运用和长期保持自己的这种所有权竞争优势，无论是在母国还是在海外，它们必然会进一步加大对这些行业和技术领域的 R&D 投入。

3. 内在的效益驱动

在跨国公司发展的战略转变以及内在的竞争需求驱动下，跨国公司应在全球的范围内争取、获得及整合 R&D 资源，形成全球 R&D 网络，从而提高 R&D 效益，这也是跨国公司 R&D 国际化的一个重要的内在动因。跨国公司 R&D 国际化的直接效益表现如下：

（1）有助于利用海外的各种 R&D 资源与条件。海外的 R&D 资源与条件主要包括 R&D 人才、R&D 设施、R&D 材料、R&D 资金、R&D 信息、R&D 服务、R&D 管理以及 R&D 的产品化条件等。其中，R&D 人才和 R&D 信息的获取最为重要。

（2）有助于寻求跨国公司 R&D 与生产营销间的拟合优势。在传统 R&D 的模式下，来自母国母公司的 R&D 机构，与处在海外市场上的生产与营销机构之间经常会发生一些矛盾。如海外生产与营销机构会经常抱怨 R&D 新产品的非适应性，以及不适当的技术更新给跨国公司所造成的海外沉没成本的增加；而来自于母公司的 R&D 机构则认为，海外生产与营销机构常常借口于短期的市场机会，有意无意地阻碍其基础性研究和具有增长潜力的创新技术和产品的开发。而跨国公司 R&D 国际化却可以减少这些矛盾。因为跨国公司 R&D 国际化投资，可以使 R&D 机构直接面对海外生产与营销企业，面对市场，增强 R&D 机构与公司生产和营销主体间的协调，进而形成公司 R&D 和生产营销间的拟合优势。

（3）有助于构建形式多样的 R&D 国际化网络。美国学者 No Zander（1999）曾将跨国公司的全球 R&D 网络划分为 4 种类型：即本国中心型（Home-centered）、国际多样化型（Internationally Diversified）、多国中心型（Internationally Duplicated）和全球网络型（Netweek）。当跨国公司的 R&D 网络处于母国中心型的发展阶段时，即将跨国公司 R&D 的核心部分依旧保留在母国，跨国公司在海外设立 R&D 机构的主要动机就是通过在国外建立 R&D 的分支机构，与竞争对手、高等院校、科研机构等各类 R&D 主体进行合作，组成一个日益扩大的全球 R&D 网络。近些年来，跨国公司的 R&D 投资正越来越多地向国际多样化型和多国中心型转变。

4. 区位分析

投资区位是影响跨国公司 R&D 国际化投资的外部条件。在海外的投资区位和环境因素中，最有影响力的是一个产业或行业内的国际化程度以及其所保持的竞争环境，尤其是以 R&D 竞争环境、R&D 人才为首要条件的海外 R&D 资源以及供给环境、海外的政策环境。在跨国公司 R&D 投资的过程中，海外的科研机构和高等院校为了获得更多的技术溢出和学习的机会,应加强与跨国公司的R&D合作,并与其建立长期稳定的技术合作关系。

跨国公司R&D国际化的投资区位选择有两个角度,即国家层面上的宏观区位选择和投资区域层面上的微观区位选择。在这里主要是在宏观层面上分析跨国公司R&D国际化投资区位选择的相关环境因素。

(1) 海外的投资与市场环境因素。

其一,吸引直接投资规模。中国学者杜德斌(2001)曾将1997年美国跨国公司在海外的FDI作自变量,以R&D支出为因变量进行线性回归分析,结果表明两者的相关系数呈高度正相关。如果其他条件不变,跨国公司在海外的直接投资规模越大,其在当地从事R&D活动的可能性越大。换言之,一个对跨国公司直接投资有吸引力的国家或地区,同样会对跨国公司R&D国际化投资有较大的吸引力。可见,跨国公司R&D国际化投资与其FDI的流向有着直接的联系。但也有学者的研究发现,跨国公司R&D国际化投资与其FDI规模在行业分布上有时并不完全一致。可见,跨国公司R&D国际化投资的行业分布,还与海外该产业的国际化程度有着密切的联系。

其二,产业的国际化程度。某产业的国际化程度,主要是指在该产业中东道国国内企业和跨国公司所占的投资比例和市场份额。根据我国学者薛澜等(1999)研究中给出的相关数据资料显示:在我国电子信息、交通工具、医药、化工、工业设备等行业分类中,电子信息、交通工具的产业国际化程度最高,尤其是电子信息产业,销售额占比在60%以上。所以,这两个行业跨国公司的R&D投资量最大,所设立的R&D机构也最多。而从其他几个行业来看,比如工业设备,外商的投资规模并不算小,其FDI的绝对量甚至还超过了电子信息和汽车产业,但是从全行业来看,其产业的国际化程度还是比较低。所以,跨国公司R&D投资相对也就比较少,层次也比较低。

其三,竞争环境。竞争环境既包括相关行业的产品生产与销售市场的竞争,也包括R&D投资本身的竞争。如果一种产业、一个行业不仅形成了产品生产与销售的竞争,而且还能进一步形成R&D投资的竞争,那么就会吸引来自跨国公司更多的R&D投入,形成产业或行业R&D投资的集聚效应和加速发展的格局。这是跨国公司为了适应在海外的竞争环境,保持自己的技术竞争优势所做的必然选择。比如在中国竞争激烈的软件领域,就集聚了一大批国际著名的跨国公司在中国设立的独立的R&D机构,如英特尔、NEC、微软、IBM、松下电器、SUN、安捷伦、施乐和SAP公司等,其中英特尔、NEC、微软和IBM公司等在中国的

R&D 投入，均已投资上亿美元。又如通信行业，北电网络、朗讯、爱立信、诺基亚、摩托罗拉、阿尔卡特等在中国都有较大规模的独立 R&D 机构。再如上海汽车行业，原先的德国大众"一枝独秀"，一直也没有独立的 R&D 机构。但是当通用汽车入驻上海建立"通用泛亚汽车技术中心"时，"大众汽车技术 R&D 中心"就跟着出现。

（2）海外的 R&D 资源及供给环境因素。海外的 R&D 资源及其供给环境直接关系到跨国公司 R&D 投资的区位选择。海外的 R&D 资源及供给环境因素很多，其中，最重要的如下：

其一，R&D 人才。高质量的 R&D 人才是跨国公司 R&D 竞争的核心。海外可提供的 R&D 人才不仅在数量上与跨国公司的 R&D 有直接联系，而且还与海外可供人才的相对集聚状况、人才交流的市场环境、人才的工资与福利待遇、可供人才的教育与学科基础等因素密切相关。研究表明，如果其他因素不变，那么海外的可供专业人才相对集聚、人才交流市场相对完善、人才的工资与福利待遇相对适宜、人才的教育与学科基础相对雄厚，跨国公司的 R&D 投资就会越多。

其二，R&D 信息。在现代 R&D 条件下，相关 R&D 信息的获取和传输对跨国公司而言，无论是在海外进行适应性 R&D，还是创新性 R&D 都很重要。R&D 信息的获取和传输的便利包括：当地学术交流的氛围与环境、学术资料、专业期刊、统计资料、专利检索的便利条件等；硬件方面还应包括计算机网络、电话、电传、移动通信等信息传输的手段与设备。这些信息获取与传输条件越便捷、越完善，跨国公司 R&D 投资的倾向性就越明显。

其三，R&D 设施。海外 R&D 设施的综合条件是吸引跨国公司进行 R&D 投资的一个重要因素。诸如海外一些高科技园区的综合服务设施、开放的实验设备、实验分析和实验数据演算的条件、实验易耗品的供给、试制品生产和检测的条件以及包括计算机网络及其他通信设施与条件等。

其四，R&D 的关联性机构和合作伙伴。R&D 的关联性机构，包括当地的相关研究机构和高等院校、技术服务与管理机构、技术培训机构、中介机构以及相关设备与研究材料的供应商等。海外 R&D 的关联性机构和合作伙伴与跨国公司 R&D 投资的区位选择也有着直接的联系。一些学者研究表明，海外的关联性机构网络越完善，层次越高，跨国公司的 R&D 投入就会越多。与此同时，目前跨国公司 R&D 国际化投资非常注意在海外寻求其 R&D 投资的合作伙伴，组建技术性战略联盟。这种战略联盟的形成，既可以发生在跨国公司与海外当地的研究机构、高等院校和企业之间，也可以发生在当地与其他跨国公司之间甚至是竞争对手之间。这种联盟形成的最大益处在于：合作者之间可以分摊费用、分担风险、分享成果，可以优势互补，缩短 R&D 时间，提高 R&D 效率。因此，在海外能否寻找到合适的 R&D 合作伙伴，是跨国公司进行 R&D 投资的一个重要的区位因素。

5. 海外的政策环境因素

海外的政策环境与跨国公司的 R&D 投资有着密切的关系。海外的相关政策主要包括：①有效且合理的产业政策与技术政策；②公开竞争与合作的鼓励政策；③税率优惠、税收减免的政策；④知识产权的保护政策等。跨国公司刚刚海外投资时，海外的政府为了吸引跨国公司的 R&D 投资，首先考虑实施税率优惠、税收减免的政策，是有吸引力的。而如今看来，在诸多政策因素中，"税率优惠、税收减免政策"的影响力逐渐减弱，"知识产权保护"的影响却越来越显著。这是因为 R&D 活动的直接产品是知识产品，它需要有一个良好的知识产权的保护环境。可见，一国知识产权的保护程度是决定跨国公司对其进行 R&D 投资与否时必须考虑的重要因素。

（五）跨国公司 R&D 国际化的特点分析

跨国公司海外 R&D 投资是随着 R&D 国际化浪潮的兴起而发展起来的。20 世纪 80 年代中期以来，跨国公司海外 R&D 投资发生了一系列变化，呈现出了一系列新特点。

20 世纪 80 年代以前，跨国公司虽然重视 R&D，但只把 R&D 部门作为成本中心对待年度费用按会计账上的"成本"列支。20 世纪 80 年代后，跨国公司的 R&D 管理模式发生了很大变化，最根本的进步是有了"项目管理"的思想。跨国公司已意识到，R&D 是企业整体的组成部分，没有 R&D 战略和相应的管理，就没有企业的竞争力和发展前途，R&D 部门从"成本中心"转变为"准利润中心"，R&D 管理被提到了跨国公司的战略地位，并将 R&D 与商业战略融为一体，强调 R&D 的迅速商业化和组织间的技术联盟。为了保持从立项、研究及产业化阶段都能有效地协调资源，80 年代后跨国公司一般赋予 R&D 部门的负责人在公司内部以相当高的权威，职务与总公司副总裁相当。其下属的技术人员也都有职有权。例如通用电气公司 R&D 机构被认可为全球涉猎面最广，水平最高的 R&D 中心之一。它在几乎所有的主要科学和工程领域都有自己优秀的专业队伍，是通用公司的核心部门。正如通用电气公司有关人士所言，把现有的 12 个业务部去掉 1~2 个对整个公司影响不大，但没有 R&D 中心，通用电气公司将元气大伤甚至寸步难行。

1. 跨国公司技术 R&D 和技术流动的国际化

第二次世界大战后至 20 世纪 80 年代初期，跨国公司 R&D 机构主要集中在母国母公司作为各子（分）公司关于当地市场情况汇集的信息枢纽，根据当地市场的变化情况，灵活地组织科技人员进行 R&D，这时候的海外子公司也涉及一些新技术 R&D 的活动，但绝大多数只是为产品更能适应当地市场或当地生产条件而对母公司的原有技术进行相应的修改。如 1982 年世界最大的 122 家工业跨国公司当时的 R&D 活动主要集中在母国。在所有行业 R&D 投资平均值中，母国 R&D 投资约为海外 R&D 投资的 2 倍多。随着经济全球化发展，跨国公司 R&D 呈现出技术 R&D 和技术流动的国际化。

（1）20 世纪 80 年代后期跨国公司纷纷在东道国设立 R&D 机构，利用东道国的科学技术资源、自然资源，最重要的是当地的人才资源实施 R&D，实现技术创新，以期实现科技成果共享，提高生产效率和国际市场竞争力，这也是跨国公司实现产品当地化的一个重要举措。

（2）跨国公司间的交叉 R&D 投资。反映跨国公司 R&D 国际化程度的一个重要指标是：跨国公司全部 R&D 投资中外国控制其 R&D 支出的比例，即 R&D 经费中有多少来自国外资本。跨国公司在进行大型项目的 R&D 时，需要大量 R&D 经费。但这并不一定由该公司独立承担，该公司可能会吸纳一部分外部资金，包括国外资本，如在美国跨国公司的 R&D 开支中，外国控制的比率从 1980 年的 5% 上升到 1988 年的 11%，英国从 1987 年的 15% 上升到 1989 年的 17%，瑞典则从 7% 上升到 17%。

（3）跨国公司间的 R&D 战略联盟是 20 世纪 80 年代后出现的新浪潮，是竞争与合作的有机结合。在新产品生命周期缩短、技术创新能力不断增强和现代竞争日益激烈的环境中，即使是实力雄厚，规模庞大的跨国公司也难以单独承担技术创新所需要的巨额资金及由此带来的风险。

（4）发达国家 R&D 投资对象多样化。发达国家跨国公司在对外 R&D 投资时，首先考虑的是东道国科技人才储备、R&D 能力。同时，它们也同样重视东道国在它们的期望投资领域所具有的比较优势。因此，20 世纪 90 年代前，跨国公司海外 R&D 投资主要在发达国家内部进行。例如，美国 20 世纪 80 年代海外 R&D 投资的重点目标是德国、英国、加拿大、法国和日本。但 80 年代后期发展中国家/地区（如韩国、新加坡、中国等）的经济迅速崛起，高等教育日渐普

第五章
跨国公司对华直接投资的新兴古典经济学诠释

及,各项配套设施日趋完善以及大量科研政策的纷纷出台,这些都极大地优化了其科研投资环境。于是跨国公司开始向这些新兴发展中国家进行 R&D 投资,力求在其科技领域能占一席之地。

2. 跨国公司技术流动的国际化

长期以来,跨国公司在世界经济领域中,既是新技术的购买者,也是应用技术及服务的提供者。特别是自 20 世纪 80 年代以来,随着现代科技的发展,跨国公司买进外部技术,同时又通过技术转让(以有偿方式转让给外部企业使用)和技术渗透(利用内部化市场机制转移给海外子公司使用),向全球扩散技术。

(1) 跨国公司倾向于将技术转移到拥有全部股权或多数股权的子公司,而且,对于越关键、越先进的技术,跨国公司就越希望加强其内部化。在这种情况下,母公司向子公司转让的技术是比较先进的。美国跨国公司 1997 年的国外收益总额是 58.48 亿美元,其中来自国外子公司的技术收益为 48.577 亿美元,占 83%,只有 17% 来自不相关的外部企业。同时,跨国公司向拥有对等或少数控股权的合资企业进行渗透,但跨国公司却难以对其带来的技术进行有效控制。为此,跨国公司往往向该种合资企业提供趋于成熟甚至逐渐老化的技术,或对转让技术作高价,折成股份,获得转手股权和一次性收入。

(2) 跨国公司以有偿的方式把技术转让给外部企业,使用国际技术转让的具体形式有很多,最主要的有两种:一种是许可贸易,即专利、专有技术和商标使用权的买卖;另一种是成套设备买卖,即交钥匙工程,跨国公司负责从设计、施工,直至全部工程完成的全过程,甚至还涉及人力资源的培训。进入 20 世纪 80 年代后,跨国公司进行的国际技术贸易在整个国际技术贸易中,占很大比重,投资总额占发达国家资本输出额的 80% 以上,而且实力雄厚的跨国公司也垄断了国际技术贸易的 80% 以上。因此,跨国公司已经成为当代国际技术贸易中最活跃的主体和技术在国际间转移的最主要媒介。

3. 跨国公司以 R&D/营销界面为主导的资源整合

在跨国公司 R&D 活动中,营销部门一方面负责将东道国市场的需求信息传递给跨国公司 R&D 机构,以引导产品的开发方向;另一方面负责将跨国公司通过 R&D、生产等一系列活动产生的新产品推向东道国市场。R&D 和市场营销是相互渗透,相为联系,互为前提和补充的有机整体技术,R&D 不能脱离市场营销的有效支持,市场营销的成功离不开 R&D 的贡献。因此,跨国公司必须处理好 R&D/营销界面的资源整合问题。国外学术界对 R&D/营销界面管理进行了大量研究,研究结果表明:跨国公司 R&D/营销界面缺乏协调和充分的交流导致许多 R&D 项目的失败。跨国公司技术创新成功需要 R&D/营销界面的资源整合，由于市场竞争越来越激烈，市场需求成为 R&D 的主要构思源泉。

盖布塔（Gupta，1986）认为，进行 R&D/营销界面资源整合时应注意：对专业和团队的认可度；对模糊性的容忍度；时间定位和项目的优先权。他认为，R&D 管理者更注重客观事实，而营销管理者更看重评价数据。R&D 通常涉及未经实验和证实的概念，为了得到一个成功的产品有可能花费十多年的时间；而营销关注直接的成功。最后，R&D 人员倾向于以具有一定创新性的产品为导向进行工作，而营销人员倾向于为获得具有市场成功可能性的产品而工作，即便这种产品的边际收益率很低。

通过以上分析，跨国公司 R&D 机构与营销部门之间的资源整合可以按照以下途径实现。

（1）R&D 管理者和营销管理者，应共同参与产品开发规划设计，共同介入跨国公司 R&D 的早期开发工作。

（2）在跨国公司 R&D 过程中，双方人员应采取互动、联合计划会议、定期的 R&D 和营销部门间会议等形式，及时传递市场需求信息和技术信息。在交往过程中，双方人员应达成一致意见。

（3）建立新产品开发委员会和跨职能团队，明确跨国公司 R&D 机构和营销部门的权利及责任，以组织的共同目标为导向，协调跨国公司 R&D 机构和营销部门的活动。

（4）以跨国公司的整体绩效为基础，实现跨国公司 R&D 机构和营销部门奖励制度的统一。但是，这种奖励方式只在企业各智能部门都从企业整体角度考察机会和风险时才有效。因为通常情况下，R&D 机构的奖励制度与产品的最终商业成败并无直接联系，而营销部门的奖励制度与产品的商业成败密切相关。

通过以上方法，可以消除跨国公司 R&D 机构与营销部门之间的资源整合的强度与跨国公司 R&D 的市场战略、环境的不确定性和产品的技术复杂性有关。实施市场领先战略和所处环境不确定性很大的跨国公司 R&D，要求 R&D 机构与营销部门之间进行较高强度的资源整合；而实施市场跟随战略和所处环境较平稳的跨国公司 R&D，对 R&D 机构与营销部门之间资源整合的强度要求不高。产品技术复杂性大的跨国公司 R&D，更强调 R&D 职能的整合；而简单产品的跨国公司 R&D，更强调营销职能的整合。

近些年来，跨国公司不仅重视 R&D/营销界面的资源整合，而且要求公司各部门积极参与 R&D，使 R&D 成为由制造、工艺、营销等部门共同参与的活动，以缩短 R&D 周期。在这种方式下，跨国公司的各相关部门从项目选择开始，每个部门的人可以从各自的角度出发判断该 R&D 方案的合理性和可行性，并及时修改方案，提高顾客的预期满意度。

（六）跨国公司 R&D 国际化的技术溢出和趋势分析

1. 技术溢出分析

跨国公司是世界先进技术的主要发明者和主要供应来源，跨国公司通过对外直接投资实现其技术转移。这样会对海外实现技术溢出。

（1）跨国公司技术溢出的途径。①当地企业通过与跨国公司的前向后向关联得到技术。后向关联是指由海外本地企业为跨国公司子公司提供成品生产制造所需的原材料、零部件或各种服务。通过后向关联可以形成溢出效应的有关"互补性活动"。跨国公司子公司与当地企业合作，在以下几种后向联系中促成了溢出的产生和发展：帮助潜在的与之有联系的供应商建立生产设施；为改善供应商产品的质量或推动创新而向当地供应商提供技术援助或信息服务；提供或帮助购买原材料和中间产品；提供培训并协助管理；通过发掘新客户帮助供应商从事多样化经营。跨国公司子公司与本地供应商间的接触与信息流动，使当地企业有可能从跨国公司子公司获得先进的产品、工序技术或市场知识中"搭便车"产生溢出效应。前向关联是指由海外当地厂商为跨国公司提供的成品市场营销服务，半成品、零部件或原材料的再加工和各种服务。前向关联有助于尽快形成当地的生产体系，开发其制成品市场，促进当地研究与开发的发展。②通过人才的流动产生溢出效应。跨国公司母公司向海外子公司进行技术转移是一个系统过程。这个过程不仅包括母公司向子公司提供机器设备、专有权、管理人员及技术专家，而且还要对子公司所使用的当地人才进行培训。而当这些人才回流到国内企业后，可能把获得的技术、营销、管理知识扩散出去。相比而言，管理技能比技术性技能更易于产生溢出效应。③通过示范与模仿来产生溢出效应。由于跨国公司母公司向其子公司转移的技术比向公司外转让的技术要先进得多，对当地竞争者产生了示范作用。当地企业为了同跨国公司子公司竞争，纷纷模仿它们的技术。从长期来看，当跨国公司子公司和当地企业以同等规模针对同一个市场产品而相互竞争时，当地企业会有逐步采取与跨国公司相似的生产技术的趋势。

（2）跨国公司技术溢出的条件。跨国公司开发技术主要发生在母国或一些发达国家，这样，东道国获得先进技术在很大程度上是从发达国家的跨国公司那里获取。然而，跨国公司的技术转移能否推动东道国经济增长还要取决于技术转移的方式与当地的技术力量、鼓励措施和机构安排间的相互作用。

（3）东道国获得技术的主要来源。科技书刊（典型地，可以很低价格大量获得）、贸易（通过进口机器设备）、外国直接投资（通过独资、合资企业以及跨国公司的非股权联系），如专利、许可证、技术援助协议和其他合同安排以及战略协作等。基于本书的研究目的，这里主要研究跨国公司通过外国直接投资方式的技术溢出。

（4）通过外国直接投资进行的技术溢出。一个跨国公司如果较其竞争者拥有一定技术优势，它通常会进行对外直接投资，并获取最大利益。技术是跨国公司竞争优势的重要组成部分，许多跨国公司选择对外直接投资为其海外市场服务。不仅仅是为了开发这一优势，同时也是为了对技术进行控制。跨国公司往往把最新技术转移给它们的分支机构，而把较陈旧技术卖给或以许可证形式转让给东道国国内企业或合资公司。

外国直接投资可以在很多方面促进东道国的技术进步，可以直接提高东道国要素生产率，改变东道国产品结构和出口产品结构，促进东道国国外分支机构进行 R&D、引起东道国组织上的革新。进而提高东道国管理水平、就业及培训。间接作用则要通过与东道国当地 R&D 机构合作，向当地后续或前续生产转移技术。

跨国公司决定在哪些东道国及在东道国的哪些地区进行 R&D 往往取决于该国及该地区的 R&D 设施、科技人员及工程师等可供性等多种因素。跨国公司的竞争也会使生产相似产品的东道国国内企业进行 R&D，以提高竞争优势。

2. 趋势分析

自 20 世纪 70 年代以来，随着经济全球化的迅速发展和世界各国之间科技竞争的日益加剧，一些大型的跨国公司改变了以母国为 R&D 中心的传统布局。与此同时，跨国公司技术 R&D 的组织形式也进行了相应的变化。根据不同海外在人才、科技实力以及科研基础设施上的比较优势，跨国公司在全球范围内有组织地整合 R&D 资源，从事新技术、新产品的 R&D 工作，并且纷纷都加大海外 R&D 投资的力度，促使 R&D 活动日益国际化，即跨国公司在世界范围内进行的 R&D 投资已成为一种趋势。从总体上看，跨国公司 R&D 国际化呈现出八大发展趋势：

(1) R&D 投资动机多样化。跨国公司 R&D 投资的动机基本上表现为四个方面：①生产支撑型动机。跨国公司对外 R&D 投资，实现技术本地化，主要是为了支撑其在海外的生产经营活动。②技术追踪型动机。在海外建立技术信息情报窗口，用于跟踪、获取、研究海外竞争对手的先进技术和管理经验。发展中国家和地区的跨国公司海外 R&D 投资，基本上是属于这种动机。③资源寻求型动机。利用海外的科技人才和 R&D 环境，降低 R&D 成本、提高 R&D 效率，发达国家的跨国公司海外 R&D 投资基本上是属于这种动机；而发展中国家和地区的跨国公司海外 R&D 投资很少属于这种动机。④对外交往型动机。基于对外交往和地缘经济、文化等关系的考虑，一般一国政府对外 R&D 投资属于这种动机。跨国公司 R&D 投资因受到许多因素和条件的影响而其动机具有很大的不确定性。不同国家不同跨国公司的动机往往会不一样，针对同一跨国公司在不同时期不同国家和地区，其 R&D 投资动机也不会相同，如目前日本的跨国公司在美国 R&D 投资是为了争取某个领域内的先进技术和利用美国良好的 R&D 环境与资源，既有技术追踪型动机也存在资源寻求型动机。但是，日本的跨国公司在中国进行 R&D 投资的动机主要是为了支撑其在中国的生产经营活动，属于生产支撑型动机。

(2) R&D 投资方式灵活化。跨国 R&D 投资的方式是灵活多样的，按其资金注入的形式可分为直接投资和间接投资；按海外 R&D 机构的性质可分为独资和合资两种形式；按海外 R&D 机构设立的方式则有新建、跨国并购和跨国战略联盟三种。

其一，R&D 资金注入一般采取直接投资的形式，这样更有利于跨国公司对 R&D 活动全过程的管理和控制，从而降低 R&D 成本和 R&D 投资的风险，也有利于形成 R&D 活动的集约规模效应，提高 R&D 效率。

其二，设立海外 R&D 机构在开始进入时大多采用合资形式，随着跨国公司对海外情况的逐渐熟悉，使采取独资的形式成为可能，而且独资的 R&D 机构可以防止跨国公司 R&D 技术泄密。

其三，跨国并购日益成为跨国公司海外 R&D 投资的主要方式，跨国并购是指跨国公司通过一定的法律程序取得海外某企业的全部或部分所有权的投资方式，这样可以使母国或跨国公司降低 R&D 成本，直接进入海外市场进行高效率的扩张。所以，近几年来跨国并购有逐渐取代新建 R&D 机构的方式，从而成为对外 R&D 投资的主要形式的趋势。

其四，跨国公司 R&D 联盟呈上升趋势。跨国战略联盟是跨国 R&D 投资的一种有效的方式。R&D联盟既指为某具体项目而建立起来的"虚拟企业",也包括双方或多方合资建立的R&D机构实施"强强联合"。彼此之间可以交换技术资源,分摊R&D成本,提高R&D成功的可能性,从而获得更大的投资效应。这是因为:①在同一领域内若干家R&D机构的联合,有利于跨国公司维护其技术在国际领域内的领先地位;②跨国公司之间建立战略联盟,不但可以缓和与竞争对手在R&D市场上的激烈竞争,而且也可以减少该领域内竞争者的数量,从而有利于实现跨国公司市场份额的扩大和巩固;③战略联盟合作可以共同分摊昂贵的R&D开支,缩短R&D时间,分散或共同承担R&D投资的风险。1991~2001年,跨国公司技术联盟数量从339次增加到602次,其中,美国的跨国公司参与的R&D联盟数量占了绝大多数。又如中国海尔从1995年开始先后与荷兰飞利浦公司、美国C-MOLD公司,美国NLTSCRRRN公司等几家著名公司和研究机构建立了R&D联盟,极大增强了自身R&D能力。跨国公司R&D活动国际化的另一个表现是跨国公司R&D联盟的增加。1991~2001年,跨国公司R&D联盟的组成结构发生了较大变化:信息技术的R&D联盟占所有R&D联盟的比例从54%下降到28%;而制药和生物技术的R&D联盟占所有R&D联盟的比例则从11%上升到58%。制药和生物技术的R&D联盟不仅发生在跨国公司之间,也在跨国公司和学术研究机构之间形成R&D联盟,这是因为在研发一种新药物时,没有哪家公司完全有能力在各个研究领域都做到最好,而且彼此建立联盟也能使制药公司降低新药的R&D成本,同时减少可能遇到的风险。

(3) R&D投资流向多元化。以美国、日本和欧盟为三极的发达国家和地区是跨国公司R&D国际化的主要推动者和参与者。在1985年和2001年的外国直接投资中,三极总流出存量以及三极存量的份额分别为外国直接投资的存量分别为587亿美元,60%和4854亿美元,69%。伴随着外国直接投资,R&D投资也是如此。发达国家和地区之间的相互投资在世界全部R&D投资中虽然占主导地位,但其所占比重已开始下降,发展中国家和地区吸引的跨国公司R&D投资和对外开展的R&D投资不断增加,R&D投资主体和资金流向表现出多元化的发展趋势。

其一,发达国家和地区之间的相互投资仍占主导地位。如在美国R&D投资最多的国家和地区,几乎同时也是美国对外R&D投资最多的国家和地区。从R&D机构的数量来看,目前在美国的751家外资R&D机构中,有667家来自日本和欧盟等发达国家和地区,其中日本251家、德国107家、英国103家、法国44家、瑞典42家;美国在海外的R&D机构基本上也分布在日本和欧盟等发达国

第五章
跨国公司对华直接投资的新兴古典经济学诠释

家和地区,其中日本 45 家,为第一位,英国、加拿大、法国和德国依次为 27 家、26 家、16 家和 15 家。

其二,与此同时,发展中国家和地区吸收的 R&D 外资和对外开展的 R&D 投资呈扩大化:①发达国家和地区流向发展中国家和地区的 R&D 投资大幅度增加,广大发展中国家和地区尤其是一些新兴工业化国家和地区日益成为发达国家和地区对外 R&D 投资的重要区域,如 20 世纪 90 年代以来,美国在发展中国家和地区的 R&D 支出年平均增长率已超过了 36%。②一些发展中国家和地区也开始对外 R&D 投资,且动作较快,以韩国为例,从 1993 年到 1996 年,韩国在美国的 R&D 支出由 5500 万美元猛增到 3.5 亿美元,韩国除在俄罗斯建立了 3 个研究中心外,还在中国、澳大利亚和英国等国家和地区建立了多个联合研究开发中心。目前,其在海外的 R&D 机构已遍布美国、日本、英国、俄罗斯和中国等多个国家和地区。③发展中国家和地区之间的相互投资也有增长的势头,如韩国在我国投资的 R&D 项目,1997 年为 8 个,到 2003 年已经超过 20 个。

(4) R&D 全球网络化体系的形成和发展。

其一,R&D 全球网络化体系的形成。R&D 全球网络体系是由若干个本土 R&D 机构和若干个海外 R&D 机构共同组成的全球网络,它们在地域上分布于世界各地,在功能上明确分工、相互协调。当前跨国公司 R&D 活动和 R&D 投资正逐渐形成 R&D 全球网络体系。随着 R&D 国际化进程不断推进,R&D 全球网络体系正在不断完善。例如美国的通用汽车公司(GM),其 R&D 机构不仅数量多、规模大,而且遍布全球各地,初步形成了统一的 R&D 全球网络体系,该体系由 3 个全球性技术中心和 9 个地区性技术中心组成。3 个全球性技术中心是指设在 GM 总部所在地美国密歇根州底特律市的瓦伦汽车工程中心(Vehicle Engineering Center)和庞第亚克卡车工程院(the Pontiac Truck Engineering faculty),以及位于德国 Russelsheim 州的国际技术开发中心(the lnter - national Technical Development Center);9 个地区性技术中心分别设在加拿大奥沙瓦、墨西哥哥托卢卡、澳大利亚墨尔本、巴西圣保罗、南非伊利沙贝、英国 Millbrook、中国上海和瑞典托尔哈坦斯。

其二,R&D 全球网络体系的发展。一是跨国海外 R&D 支出急剧增加且增长速度超过国内 R&D 支出。跨国海外 R&D 机构数量迅速增加。海外 R&D 机构是跨国公司在其所在国家之外的国家和地区建立的专门从事 R&D 活动的部门。跨国海外 R&D 机构的本地化程度显著提高。海外 R&D 机构的本地化水平越高,就越能有效地利用海外人才资源、R&D 环境等方面的优势,降低 R&D 成本、维持和增强 R&D 竞争的比较优势。跨国海外 R&D 机构的功能日益健全和完善。跨国海外 R&D 机构的规模不断增大。

（5）跨国公司在发展中国家的 R&D 活动日益增多。虽然跨国公司的 R&D 活动仍主要集中于发达国家之间，但是跨国公司在发展中国家的 R&D 活动有日益增多的趋势，发展中国家在跨国公司的全球 R&D 活动中的地位越来越突出。1994 年，美国的跨国公司在发达国家的 R&D 开支份额为 92%，而到 2002 年这一比例则为 84%；欧盟和日本的该比例也分别下降了 11% 和 3%。发达国家下降的 R&D 支出则全部转移到了亚洲的发展中国家和地区，如中国、新加坡、中国香港、马来西亚和韩国。因此，跨国公司在发展中国家的 R&D 支出占跨国公司 R&D 总支出的份额从 1994 年的 7.6% 上升到 2002 年的 13.5%。

美国的跨国公司在发展中国家子公司的 R&D 支出主要集中于中国、新加坡、巴西、墨西哥和韩国五个发展中国家。2002 年，美国的跨国公司对以上 5 个国家的 R&D 支出占跨国公司对发展中国家 R&D 总支出的份额达到 72%。相比之下，美国的跨国公司对中国台湾地区和印度的 R&D 支出份额则相对要小，尽管印度近年来越来越受到跨国公司的广泛关注，但是美国的跨国公司对其的 R&D 支出份额则仅占很小的一部分。欧盟地区的跨国公司对发展中国家的 R&D 活动也呈上升趋势。例如，瑞典跨国公司对发展中国家的 R&D 活动增加迅速，其对发展中国家的 R&D 支出份额从 1995 年的 2.5% 增加到了 2003 年的 7%。日本国际合作银行（JBIC）曾做过调查，日本跨国公司在中国的 R&D 机构数占日本在所有发展中国家的 R&D 机构总数的份额从 2000 年的 7% 增加到 2004 年的 22%。此外，跨国公司国外子公司在发展中国家的专利报批活动也呈上升趋势，表明跨国公司加大了在发展中国家的 R&D 活动。据美国专利商标局（USPTO）统计，近年来东南欧和独联体国家的专利授权数有大幅增加，这主要是由于跨国公司国外子公司在这些国家的专利报批活动比较活跃所致。据 USPTO 统计数据，2001~2003 年，跨国公司国外子公司在大多数发展中国家的专利报批数占这些国家专利报批总数的很大份额，如在中国、新加坡、中国香港和印度的这一比例分别为 63%、45%、30% 和 40%，而这一比例在马来西亚和菲律宾高达 74% 和 85%。

（6）发展中国家的跨国公司在国外的 R&D 活动是一种新现象。近年来，跨国公司的 R&D 活动中出现了一种较新的现象，即发展中国家的跨国公司在国外的 R&D 活动也呈上升趋势，特别是亚洲的韩国、中国和印度的跨国公司在国外的 R&D 活动。尽管发展中国家跨国公司的 R&D 支出在全世界所有跨国公司 R&D 支出的排名靠后，但自 20 世纪 90 年代后期以来，亚洲的一些跨国公司的这

第五章
跨国公司对华直接投资的新兴古典经济学诠释

一排名呈上升趋势,特别是2002~2004年这些跨国公司的R&D支出大大增加。

目前,一些发展中国家的跨国公司也到发达国家开展R&D活动。如IT行业中,马来西亚的Ingenuity Solutions公司已在美国等开展R&D投资;生物技术行业中,墨西哥的Bionova公司早在1996年就获得了美国授权的DNA培养技术(DNA Plant Technology);截至2004年底,中国的跨国公司已在国外建立了37个R&D机构,其中,有26个R&D机构是设立在发达国家,主要是美国(有11个)和欧盟(也有11个);印度较领先的软件公司几乎都在国外开展了R&D活动,而绝大多数是在发达国家中开展的,如Infosys、Wipro、Birlasoft(part of Aditya Birla Group)和HCL Technologies等公司在美国均有R&D投资活动;据韩国工业技术联合协会2005年的一项调查显示,韩国的跨国公司目前已在国外成立了60多个R&D中心,其中,美国有17个,日本和德国分别有7个和5个。同时,发展中国家的跨国公司也到发展中国家开展R&D活动。如韩国、新加坡和泰国的跨国公司已经在印度开展有关软件开发方面的R&D活动;2003年,韩国三星电子计划在中国、印度和俄罗斯成立R&D中心;LG公司也扩大了其在印度的R&D活动;据韩国工业技术联合协会2005年的调查,韩国的跨国公司在中国设立的R&D中心目前已达到15个,仅次于其在美国设立的17个R&D中心,其在俄罗斯设立的R&D中心也有5个。

(7)跨国公司的R&D开支呈不断上升趋势。

其一,跨国公司在国外的R&D开支始于20世纪80年代,但到了90年代中后期,这一趋势更明显。全世界跨国公司外国子公司的R&D开支从1993年的290亿美元攀升到2002年的670亿美元(从全球R&D开支的10%升至16%)。特别是工商企业领域类跨国公司在发展中国家的子公司的R&D开支占该类跨国公司R&D开支的份额从1996年的2%上升到2002年的18%。但是,外国子公司R&D开支占东道国的R&D开支的份额在不同国家存在一定的差异性。2003年,外国子公司的R&D开支占爱尔兰、匈牙利和新加坡全部工商R&D开支的50%以上,占澳大利亚、巴西、捷克共和国、瑞典和英国的40%以上。形成反差的是,在智利、希腊、印度、日本和韩国这一比例则均在10%以下。1994~2002年,美国跨国公司国外子公司的R&D开支都在逐年增加,其R&D开支在这些跨国公司全部R&D开支中所占的份额,从1994年的11.5%增加到2002年的13.3%;瑞典跨国公司全部R&D开支中的国外份额在1995~2003年从22%增加到了43%;日本跨国公司在国外的R&D开支从1995年的19亿美元增加到2002年的33亿美元,其占这些跨国公司全部R&D开支的份额相应地从1995年的2%增加到2002

年的4%;德国跨国公司在国外子公司的R&D开支的增长速度相当快,从1995年的43.2百万美元增加到2003年的891.4百万美元。

其二,跨国公司R&D开支在地域和产业上的集聚度均很高。据联合国贸发会议(UNCTAD)2005年9月发布的《2005年世界投资报告》,2002年跨国公司的R&D开支总额为3100亿美元,约占全球R&D开支总额6770亿美元的46%和全球工商企业R&D开支总额4500亿美元的69%。其中,R&D开支额排名前700位的跨国公司的R&D支出总额则占了全部跨国公司R&D开支总额的98%以上。而在这700家跨国公司中,有80%以上的跨国公司来自美、日、德、英和法五个国家;约有3%来自亚洲,但这些跨国公司主要集中于韩国和中国台湾地区;只有1%的跨国公司来自东南欧和独联体国家;另外,有2家跨国公司来自拉丁美洲,有1家跨国公司来自非洲。这700家R&D开支最大的跨国公司却只集中于少数产业,据《中国统计年鉴2003》数据,半数以上的跨国公司主要集中于信息技术硬件(IT Hardware)、汽车、制药和生物技术四个产业,其所占的比例分别是21.7%、18.0%、17.5%和10.4%。又据联合国贸发会议调查获得的数据来看,制造业跨国公司在国外子公司的R&D支出最多的领域是化学工业和制药产业,接下来依次是电子和电力工业、汽车行业、信息技术硬件行业。

(8) R&D投资行业集中与分散的统一。由于受到海外和母国或跨国公司的经济结构或经营活动特征的影响以及海外的产品规格或技术标准的限制,跨国公司在不同时期内的不同国家和地区,其R&D投资的行业选择没有固定模式。就目前而言,当代跨国R&D投资的行业高度集中在医药化学、汽车制造和电子通信等技术要求较高行业。以美国为例,1997年,其所有行业的海外R&D支出与国内R&D支出的比例达13%,其中对外R&D投资最多的行业是医药化学和汽车及零部件,这两个行业的海外R&D支出额均超过37亿美元,合计约占所有行业海外R&D支出的70%;这两个行业的海外R&D机构数量也是最多的,其中汽车及零部件32家、医药化学41家,合计约占美国海外R&D机构总数的10%。1997年,外国附属公司在美国的R&D支出也集中在医药化学、电子和生物技术等行业,医药与生物技术、电子和工业化学三个行业的外资R&D支出约占外国附属公司在美国R&D支出的60%,尤其是医药与生物技术行业,外国公司R&D支出额高达57亿美元,约占同期美国境内所有公司R&D支出额的50%。与此同时,当前跨国公司R&D投资行业也呈现出分散化趋势。如跨国公司在中国的R&D投资,虽主要集中在电子通信、生物医药等几个主要行业,但也开始向农业、制造业和采矿业等领域渗透。

四、跨国公司 R&D 投资促进我国技术进步的实证检验

跨国公司研发国际化是自 20 世纪 90 年代中后期以来国际经济发展的一个新趋势,在这一过程中,我国是跨国公司重要的研发投资国。因此,跨国公司 R&D 投资必然对我国技术进步产生影响。本书通过回归分析的方法,选取国内人力资本存量、我国吸收国际直接投资流量、存量等变量得出:跨国公司 R&D 投资对我国技术进步具有正向作用,跨国公司技术外溢的效果更好一些。

伴随着经济全球化的浪潮,跨国公司充当了国际经济活动的主体,其在资金、管理、技术、营销等方面具有巨大优势。随着信息革命和知识经济的发展,跨国公司纷纷将新技术的研发作为其持续盈利的重要保证,同时也为了充分利用世界各国的科技资源,降低产品研发的成本和风险,跨国公司纷纷将通过对外直接投资或参股的方式建立海外 R&D 机构,出现了 R&D 国际化的趋势。由于中国具有市场广阔、劳动力丰富等优点,所以自 20 世纪 90 年代中期以来不少跨国公司通过各种方式在中国已经建立了研发机构,特别是近些年发展迅速,世界 500 强企业已有逾 480 家在中国建立了研发机构,由此对中国技术进步方面效果显著。本书将对跨国公司研发投资对我国技术进步的影响进行实证检验,从而得出相应的结论和政策建议。

(一) 全要素生产率的估算

当前,技术进步越来越受到世界各国的重视,提升技术水平已成为当前一个紧迫的问题。Nelson (1966) 研究表明,发展中国家与发达国家的技术差距越大,发展中国家技术进步越快,其技术进步水平与技术差距呈现线性关系。Abramovitz (1989) 认为,发展中国家为了获取技术,需要具有良好的基础设施和技术存活的条件。孙文杰和沈坤荣 (2007) 认为,技术引进可以通过提升发展中国家人力资本、促进研发投入、提升学习能力三个方面来提高发展中国家的技术创新水平。目前,我国大多数产业的技术来源主要还是经济发达国家的技术扩散 (余泳泽,2012)。金碚 (2004) 认为,我国大多数产业的技术来源主要是

发达国家的技术扩散，接受发达国家对我国的扩散是现阶段技术进步的主要内容。伴随经济全球化，国外 R&D 对我国技术进步的正面性逐渐成为关注的热点之一（郭庆宾、傅东平，2011）。多淑杰（2012）利用 2002~2008 年中国 27 个省市数据建立面板数据模型，分析了在 FDI 产业链分工下国际产业转移对中国技术进步的影响。

经济学界公认，最先提出全要素生产率问题的是丁伯根，从他开始，TFP 成为了经济学家们关注的焦点。在经济研究的文献里，通常使用"全要素生产率"（TFP）的增长解释为技术进步（也称"索洛余值"），美国著名经济学家索洛在 1957 年指出，影响生产函数移动的一切因素都包含着技术进步，其中主要体现在新的资本存量中的技术成果、教育和劳动力质量的改善等，技术进步是指中性技术的应用。为此，索洛在数量上确定了产出增长率、全要素生产率增长率与各投入要素增长率的产出效益之间的联系，并建立了索洛模型。从而可以确定各种生产要素投入对经济增长的贡献。

所谓全要素投入是所有要素投入的某种加权平均。例如，某生产过程中投入的劳动和资本的数量分别为 L 和 K，则其全要素投入可以写成形式：$X = K^{\alpha}L^{\beta}$，其中 α 和 β 分别为正规化后的劳动和资本的产出弹性，即 $\alpha + \beta = 1$。若产出为 Y，则按照上述定义所得到的全要素生产率应为：$TFP = Y/X = Y/K^{\alpha}L^{\beta}$，对上式求全微分并整理，得到：

$$\frac{dTFP}{TFP} = \frac{dY}{Y} - \alpha\frac{dK}{K} - \beta\frac{dL}{L}$$

我们分别用 a、y、k 和 l 来代表 TFP、Y、K 和 L 的增长率，于是有：

$$a = y - \alpha k - \beta l$$

根据定义，α 和 β 分别是劳动和资本的产出弹性，αk 和 βl 是劳动和资本的增长所导致的产出增长，因此，全要素生产率的增长体现的是要素投入的增长所不能解释的那部分产出的增长，通常把它解释为技术的进步。由于索洛在总量生产函数和全要素生产率理论方面开展的创造性工作，我们一般又把它称为"索洛残差"。又可以看出：

$$\alpha = y - \alpha k - \beta l = \alpha(y-k) - \beta(y-l)$$

全要素生产率的变化实际上是各个单要素生产率变化的加权平均。到目前为止，测度全要素生产率变动最流行的方法还是"索洛残差法"，即利用上述定义中的 $\alpha = y - \alpha k - \beta l$ 来计算全要素生产率的增长率。由于产出、劳动投入和资本投入的增长率我们可以通过对统计数据的处理直接得到，因此这一方法的关键之处是在于准确地估计出劳动和资本对产出增长贡献的系数值 α 和 β。

（二）索洛残差法

索洛残差法最早由索洛（Solow，1957）提出，基本思路是，估算出总量生产函数后，采用产出增长率扣除各投入要素增长率后的残差来测算全要素生产率增长，故也称生产函数法。在规模收益不变和希克斯中性技术假设下，全要素生产率增长就等于技术进步率。

总量生产函数为：$Y_t = \Omega(t) F(X_t)$ (5-9)

其中，Y_t 为产出，$X_t = (x_{1t}, \cdots, x_{nt})$ 为要素投入向量，x_{nt} 为第 n 种投入要素。假设 $\Omega(t)$ 为希克斯中性技术系数，意味着技术进步不影响投入要素之间的边际替代率。进一步，假设 F（·）为一次齐次函数，即关于所有投入要素都是规模收益不变的。式（5-9）两边同时对时间 t 求导，并同除以式（5-9）有：

$$\frac{\dot{Y}_t}{Y_t} = \frac{\dot{\Omega}}{\Omega} + \sum_{n=1}^{N} \phi_n \left(\frac{\dot{x}_{n,t}}{x_{n,t}}\right) \quad (5-10)$$

其中，$\phi_n = (\frac{\partial Y_t}{\partial x_{n,t}}) \times (\frac{x_{n,t}}{Y_t})$ 为各投入要素的产出份额。由式（5-10）得到：

$$\frac{\dot{\Omega}}{\Omega} = \frac{\dot{Y}_t}{Y_t} - \sum_{n=1}^{N} \phi_n \left(\frac{\dot{x}_{n,t}}{x_{n,t}}\right) \quad (5-11)$$

式（5-11）就是全要素生产率增长的索洛残差公式。各投入要素的产出份额 ϕ_n 要通过估算总量生产函数加以测算。

本书采用全要素生产率（TFP）作为技术进步的衡量指标，TFP 的测算方法采用考虑技术进步的 Cobb-Douglas 生产函数：

$$Y_t = AK_t^{\alpha}L_t^{\beta}, (A, \alpha, \beta > 0, \alpha + \beta = 1) \quad (5-12)$$

式中，A 为大于 0 的常数，即可以表示技术进步的全要素生产率；其中，产出 Y、劳动力投入量 L、资本 K 的数据容易取得，分别使用每年的 GDP、当年全国就业总人数、全社会固定资产投资 K。α 和 β 为资本和劳动的产出弹性，且 $\alpha + \beta = 1$，α 和 β 分别是产出 Y 对资本 K 和劳动 L 的弹性。时间跨度为 1985~2005 年。[①]

[①] 数据来源于 1986~2006 年的《中国统计年鉴》。

对式（5-12）取对数：
$$\ln Y_t = \ln A + \alpha \ln K_t + \beta \ln L_t + \varepsilon_t, (\varepsilon_t \text{为误差项}) \tag{5-13}$$

因为规模报酬不变，即 $\alpha+\beta=1$，则由式（5-12）得到回归方程式：
$$\ln(Y_t/L_t) = \ln A + \alpha \ln(K_t/L_t) + \varepsilon_t \tag{5-14}$$

通过式（5-12）得到资本的弹性 α，则 $\beta=1-\alpha$，利用回归方程（5-14），我们可以估计出 α 和 β 分别是产出 Y 对资本 K 和劳动 L 的弹性。式（5-11）可以得到全要素生产率增长率。

（三）模型变量解释和实证检验

内生经济增长理论认为，技术进步是促进经济增长的重要因素，不少理论模型已经建立了研发活动与技术进步的正相关关系。本书使用 Redding（1996）建立的关于研发、人力资本对技术进步影响的模型进行实证检验。模型如下：

$$TFP = \lambda_1 RD + \lambda_2 H \tag{5-15}$$

其中，RD 为研发投入；H 为人力资本投入。很明显，该模型认为技术进步率取决于研发投入率和人力资本积累率的共同作用，该模型的好处在于，表达了人力资本积累对于研发投入的吸收和扩散具有重要作用，表达了人力资本同研发投入的互动关系，从而避免了以往研究中仅将人力资本作为投入量的缺陷，尤是在中国这样的劳动力资源丰裕而人力资本相对稀缺的国家，人力资本的积累显然对技术进步的促进作用是更加明显的。在这里，我们很容易将模型扩展到开放经济环境下，也就是研发投入分别来自国内和国外两方面。那么式（5-15）可转变为：$TFP = \lambda_1 IRD + \lambda_2 FRD + \lambda_3 H + \varepsilon$，其中，$IRD$ 表示国内研发投入；FRD 表示国外的研发投入，是这里研究的对象，即跨国公司对我国的研发投入量。以下研究检验将采用该表达式，IRD 采用国内研发经费支出历年数据，国外对中国的研发投入量 FRD 没有现成的数据，本书采用陈永俊（2003）的研究方法，使用外商直接投资流入量整理得到；人力资本存量 H，使用每年普通高校毕业生（专、本、硕、博）人数累加得到，引用（刘凯敏、朱钟棣，2007）TFP 数据是引用荔吉元等（2003）的研究方法计算出来（见表5-3）。

表 5-3 相关变量和计算的全要素生产率（1994=100）

指标名称 年份	L(全国就业人员) 万人	FRD 亿美元	IRD 亿元	H（毕业生） 万人	K 全社会固定资产 亿元	TFP
1994	100	100	100	100	100	100
1995	102.9384	137.9862	120.9459	145.5969	125.3738	115.3952
1996	104.8235	146.586	151.7568	192.6833	116.3172	131.3842
1997	122.6702	150.6914	169.4595	242.5029	119.1286	127.3641
1998	124.0759	188.6776	215.5405	292.1689	147.546	139.4701
1999	125.3282	475.6698	267.5676	340.5298	213.0997	155.5733
2000	126.5711	1189.067	335.1351	386.5106	344.7609	178.0493
2001	127.7968	1459.248	413.9189	437.5969	449.458	223.3212
2002	128.9525	1621.478	471.2162	501.881	527.9769	266.4915
2003	130.6292	1803.198	546.4865	569.3129	604.3068	296.0027
2004	132.2774	1955.92	688.1081	636.5374	657.7815	315.0982
2005	133.8253	1964.693	744.7297	703.8618	749.1679	318.1361
2006	135.2595	1742.264	917.4324	773.1286	787.3698	326.519
2007	136.5686	1759.81	1210.405	850.5797	868.1515	344.8607
2008	138.3495	2025.929	140.8784	935.3244	981.4463	360.2558
2009	139.7041	2279.17	1740	1044.207	1147.24	371.7222
2010	141.0151	2312.014	2080.541	1196.883	1465.48	387.0946
2011	142.4701	2679.343	265.7568	1392.028	1858.728	395.0434
2012	143.6542	3418.323	331.0811	1642.141	2341.261	406.4641

资料来源：根据 1995~2013 年《中国统计年鉴》数据经整理得到。

（四）回归分析

1. 模型构建

基于 $TFP=\lambda_1 IRD+\lambda_2 FRD+\lambda_3 H+\varepsilon$，分别选取 TFP 作为被解释变量，IRD、FRD、H、K、L 作为解释变量进行回归检验，方程为：

$$TFP=\lambda_1 IRD+\lambda_2 FRD+\lambda_3 H \tag{5-16}$$

运用SPSS14.0软件包，采用Stepwise方式，得到表5-4（1）中的模型。

表5-4（1） Stepwise方式所得方程

模型	变量	变量系数	t	Adjusted R^2	F
1	（Constant） FRD	108.639 0.106	8.476 14.279	0.919	203.899
2	（Constant） FRD IRD	102.327 0.097 0.034	9.058 13.365 2.630	0.940	140.883

经过剔除未通过检验的变量，选取拟合优度最高的模型2：

$$TFP=0.034IRD+0.097FRD+102.327 \quad (5-17)$$

再仅限于公式 $TFP=\lambda_1 IRD+\lambda_2 FRD+\lambda_3 H+\varepsilon$，本身数目为四个的变量进行检验，结果如下：

$$TFP=\lambda_1 IRD+\lambda_2 FRD+\lambda_3 H+\varepsilon_t \quad (5-18)$$

运用SPSS14.0软件包，采用Stepwise方式，得到表5-4（2）中的模型。

表5-4（2） Stepwise方式所得方程

模型	变量	变量系数	t	Adjusted R^2	F
1	（Constant） FRD IRD H	99.794 0.077 0.032 0.049	8.835 4.340 2.563 2.242	0.942	97.625

经过检验得到模型如下：

$$TFP=0.032IRD+0.077FRD+0.049H+99.794 \quad (5-19)$$

2. 结果分析

（1）通过式（5-17）和式（5-19）模型来比较 FRD 与 IRD 两者的变量系数，表明 FRD 的变量系数大于 IRD 的变量系数，即 0.097>0.034 和 0.077>0.032，说明国外研发投入对我国技术进步影响的效果比国内研发投入更明显。

（2）人力资本的积累也是一个显著变量，表5-2（2）中作为解释变量引入模型，而且每个模型中 t 检验值均大于 $t_{0.05}(16)=2.12$ 的临界值，说明人力资本存量对技术进步的贡献是显著的，是研发投入的重要载体，起到了吸收和扩散的作用。高校毕业生每增加1万人,对技术进步的贡献是0.049。在式(5-16)的基础上,加入另外两个解释变量 IRD、FRD,各滞后一年。

$$TFP_t = \lambda_1 IRD + \lambda_2 FRD + \lambda_3 IRD_{t-1} + \lambda_4 FRD_{t-1} + \varepsilon_t \tag{5-20}$$

运用SPSS14.0软件包,采用Stepwise方式,得到表5-4(3)中的模型。

表5-4(3) **Stepwise方式所得方程**

模型	变量	变量系数	t	Adjusted R^2	F
1	(Constant) LAGS(FRD, 1)	116.297 0.115	13.560 21.341	0.946	455-430

经过剔除未通过检验的变量,得到模型如下:

$$TFP_t = 0.115 FRD_{t-1} + 116.297 \tag{5-21}$$

调整后的 R^2 为0.946,该式表示了全要素生产率与滞后一年的 FRD 线性关系显著,说明跨国公司每转移支出1亿美元,将使我国的技术进步提高0.115。

在式(5-20)的基础上,再加入另外两个解释变量 IRD、FRD,各滞后两年。

$$TFP_t = \lambda_1 IRD + \lambda_2 FRD + \lambda_3 H + \lambda_4 IRD_{t-1} + \lambda_5 FRD_{t-1} + \lambda_6 IRD_{t-2} + \lambda_7 FRD_{t-2} + \varepsilon_t \tag{5-22}$$

运用SPSS14.0软件包,采用Stepwise方式,得到表5-4(4)中的模型。

表5-4(4) **Stepwise方式所得方程**

模型	变量	变量系数	t	Adjusted R^2	F
1	(Constant) LAGS(FRD, 1)	118.958 0.114	12.431 19.444	0.959	378.085
2	(Constant) LAGS(FRD, 1) LAGS(FRD, 2)	123.948 0.062 0.054	14.679 2.971 2.526	0.970	260.030

经过剔除未通过检验的变量,选取拟合优度最高的模型2:

$$TFP_t = 0.062 FRD_{t-1} + 0.054 FRD_{t-2} + 123.948 \tag{5-23}$$

调整后的 R^2 为0.970,可以看出线性关系是很显著的,而且 F 检验值远远大于 $F_{0.05}(2, 17) = 3.59$ 的临界值,说明该方程在95%的概率下显著成立,对问题的解释力强。同时也注意到，滞后一年和滞后两年的 FRD 对技术进步的贡献均很显著，但滞后一年的 FRD 对技术进步的效果要比滞后两年的 FRD 要好，即前者的变量系数（0.062）大于后者的变量系数（0.054），说明跨国公司在中国的 R&D 投资会随着时间延续对中国技术进步的作用会减弱。究其原因，跨国公司在中国进行研发投资，直接针对中国市场，快速追求利润最大化，研发的投资要求见效快，研发周期也比较短。

在式（5-20）的基础上，再加入另外一个解释变量滞后一年的 TFP，得到：

$$TFP_t = \lambda_1 IRD + \lambda_2 FRD + \lambda_3 H + \lambda_4 IRD_{t-1} + \lambda_5 FRD_{t-1} + \lambda_6 IRD_{t-2} + \lambda_7 FRD_{t-2} + \lambda_8 TFP_{t-1} + \varepsilon_t \tag{5-24}$$

运用 SPSS14.0 软件包，采用 Stepwise 方式，得到表 5-4（5）中的模型。

表 5-4（5） Stepwise 方式所得方程

模型	变量	变量系数	t	Adjusted R^2	F
1	（Constant） LAGS（TFP，1）	23.552 0.975	2.667 30.901	0.984	954.867
2	（Constant） LAGS（TFP，1） LAGS（FRD，1）	51.595 0.665 0.038	4.802 6.968 3.369	0.990	812.541

经过剔除未通过检验的变量，选取拟合优度最高的模型 2：

$$TFP_t = 0.038 FRD_{t-1} + 0.665 TFP_{t-1} + 51.595 \tag{5-25}$$

调整后的 R^2 为 0.990，说明模型 2 的线性关系是显著的，再加入滞后一年的 TFP，这个解释变量是有说服力的，使模型更精确。从模型 2 中显示了技术进步本身具有自反馈作用。上一年的技术进步对当年技术进步是有影响的，由于技术因素本身所具有的特点，当技术水平积累到一定程度，会对未来技术进步起到扩散和加速作用，如果上一年的技术进步为 1，那么对当年的贡献是 0.665。

五、加快中国技术进步的政策建议

随着中国改革开放，特别是中国加入 WTO，政府对市场的积极引导，使国

第五章
跨国公司对华直接投资的新兴古典经济学诠释

内外市场联系越来越紧密,在这个自由择业和自由竞争性的市场环境中,交易效率得到提高,中国经济增长较快。尤其是跨国公司对中国的直接投资,为中国国内市场增添了新的产品种类和数量,打破了中国国内市场因垄断等原因而造成产品短缺的现象。中国分工专业化水平得到提高,有助于中国居民的消费多样化和国内市场容量的扩大,进而改善了中国居民的社会福利。然而到目前为止,70%以上的跨国公司直接投资进入了以加工制造业为主的工业领域,将使中国成为"世界工厂"。近些年来,跨国公司在中国并购某些行业的龙头企业,更快地抢占中国市场而获得超额利润,进一步恶化了中国现有的垄断境况,扭曲中国市场结构,降低中国市场效率,进而也降低了中国居民的福利水平。

中国政府应尽快颁布实施一系列相关法规,来规范跨国公司在中国的投资行为,理性而前瞻性地引导它们投资于以加工制造业为主逐步转向服务业,促使中国产业结构不断升级;逐渐取消对跨国公司在中国的税收优惠政策,赋予国内企业同跨国公司竞争的平等地位;当前全球经济环境是脆弱的,汇率浮动的波幅越小越好,对国际贸易、投资者行为乃至经济越有利。因此,政府应有选择、分步骤地对人民币实行有管理的浮动汇率制度;中国国内企业应加快对跨国公司带来的先进技术、现代管理方式等的吸收,提高国内企业的学习效率,进而增强国内企业的国际竞争能力。

基于跨国公司R&D投资对我国技术进步影响的实证分析,可以得出:通过以上回归分析,跨国公司对我国的研发投资是推动我国技术进步的重要力量。跨国公司针对中国市场,把自身研发优势直接与中国的研发资源结合在一起,起到了技术扩散和溢出的作用,影响中国技术进步的作用是显著的;一国的技术进步可以分为来自本国研发力量的投入和对国际资源的吸收、模仿,实证检验的结果显示,国内的研发投入和跨国公司的研发投资均对我国技术进步具有正向作用,同时跨国公司技术外溢的效果更好一些;人力资本对技术进步有着正向的促进作用。具有良好素质和专业技能的劳动者对于技术的运用、改进和创新都有十分重要的作用。另外,高素质的人力资本也有助于产生更好的研究成果,同时,技术吸收能力是影响技术外溢的关键因素,因此,必然要求本国企业应该具有吸收、学习和模仿的能力,高素质的人力资本能够在这一过程中起到重要作用,因此,这里强调人力资本和国内外研发相结合的机制;技术具有长远性和持久性。技术进步、国内外研发投入本身具有明显的自反馈作用,即上一年的技术水平对当年有着显著的拉动作用。

因此,中国需要将自主创新与技术吸收、技术引进结合起来,即以较低成本引进、吸收外部先进技术，从而避免重复研发导致的资源浪费，又能培育自身研发能力；增强技术吸收能力，一方面通过进一步吸收跨国公司研发的投入来获得模仿学习的机会，另一方面要注意对自身吸收能力的培育；加大人力资本的投资。人力资本投资通过提高劳动者素质和技能而直接增加产出；作为技术进步的载体，人力资本投资还能增强本国吸收能力和研发水平，而间接促进经济增长。

第六章
我国对外贸易与经济增长的相关性研究

本部分采用我国 2001~2013 年的经济和外贸相关数据,首先根据系统动力学的理论知识,对我国经济和对外贸易的相关性进行分析,构建描述两者相互关系的系统动力学模型,并采用系统动力学软件对已构建的模型进行仿真检验;其次利用主成分分析法对众多外贸因素加以提炼,得出对我国经济发展贡献率最大的两种因素,即进口额和出口额;最后运用回归模型对我国进出口额与经济的相关性进行实证检验。结果发现:我国对外贸易发展与经济增长呈现正相关性,进出口的快速增长大大促进了经济的增长;不过,进出口的不平衡发展也会给经济带来阻碍作用。

改革开放以来,我国对外贸易额逐年上升(见表 6-1)。1998 年出口额占全球总额的 3.4%,彼时在世界排名第 11 位;2004 年出口比重上升约 6.5%,超过日本,列全球第 3 位;至 2009 年,中国出口额以占全球出口额 9.6% 的绝对优势占据全球第一位,并在之后的四年里连续蝉联首位。

表 6-1 中国对外贸易比重及位次

年份	进出口总额		出口额		进口额		年份	进出口总额		出口额		进口额	
	比重(%)	位次	比重(%)	位次	比重(%)	位次		比重(%)	位次	比重(%)	位次	比重(%)	位次
1998	2.9	11	3.4	9	2.5	11	2006	7.2	3	8	3	6.4	3
1999	3.1	9	3.6	9	2.8	11	2007	7.7	3	8.8	2	6.7	3
2000	3.6	8	3.9	7	3.4	8	2008	7.9	3	8.9	2	6.9	3
2001	4	6	4.3	6	3.8	6	2009	8.8	2	9.6	1	7.9	2
2002	4.7	6	5	4	4.4	6	2010	9.7	2	10.4	1	9.1	2
2003	5.6	4	5.8	4	5.3	3	2011	9.9	2	10.4	1	9.5	2
2004	6.2	3	6.5	3	5.9	3	2012	10.5	2	11.2	1	9.8	2
2005	6.7	3	7.3	3	6.1	3	2013	11	1	11.8	1	10.3	2

与此同时，进口额也以占世界总进口额 7.9% 的优势占据全球第二位；从外贸总额来看，该数值由 1978 年的约 200 亿美元增长到 2013 年的 4 万多亿美元，超越美国成为世界第一大贸易国。现如今，中国已是国际上外汇储备值最多的国家，这得益于对外贸易中出口的巨额顺差。通过国际贸易，中国正逐渐进入国际分工体系中，在经济全球化中占据不可小觑的地位。另外发展对外贸易必然会带来市场的扩大，资金的积累，人力资源的流动，产品及技术的创新等，从而对我国经济发展带来良性刺激。可见，对外贸易对我国经济的发展有着不可小觑的作用，那么对外贸易影响我国经济发展的机理是什么？在对外贸易众多因素中，哪些因素是影响我国经济发展的？对外贸易中的主要因素对我国经济的正面影响如何实现最佳效果？本书将围绕这些问题展开研究。

一、系统动力学等文献回顾及述评

（一）系统动力学与我国经济

1956 年，美国麻省理工学院 J. W. 福瑞斯特教授提出了一种对社会经济问题进行系统分析的方法，该方法将问题的结构用各种回路反馈来加以描述，然后利用计算机仿真技术加以模拟，最终目的是对问题所处的环境及其变化做出相应反应。系统动力学的主要研究对象是社会、经济、管理等复杂大系统，其在处理一些数据不足或者精度不高的社会复杂经济问题时利用较为广泛。

随着系统动力学的不断成熟，其在我国经济研究方面做出了很多贡献。胡定核（1995）利用系统动力学模型分析了货币国际化与经济开放的相互关系，指出我国经济开放度与人民币国际化程度间呈比较密切的相互促进、共同增长的正相关效应。陈畴镛、蔡小哩（2005）通过对区域经济与第三方物流系统动力学模型的建立及模拟分析，认证了提高第三方物流供给能力能够有效地促进其自身物流的发展继而能够有效促进区域经济的发展。贺彩霞等（2009）采用系统动力学的分析和设计，给出了与我国目前区域社会经济系统状况相符的理论模型。王远、高倩等（2009）通过对系统动力学模型的模拟研究结果表明，苏州市实现可持续发展的相对最佳方案是实行经济环境协调发展，它既能实现经济较快发展，又能

(二) 我国对外贸易和经济

自改革开放以来,我国对外贸易发展迅速,为我国经济发展做出了巨大的贡献。关于对外贸易对经济增长的推动作用已引起国内外学者的不断关注。不过,国内外学者大多侧重于进口、出口与我国经济发展关系的实证研究,计量分析技术得到广泛的应用,但是由于所选数据和研究方法不同以及研究变量不一致等因素,使研究所得的结论也会大不相同,学者们的观点亦存在较大偏差。在国外,Kwan 和 Kwok(1995)通过 Granger 因果检验方法发现了我国的出口与经济增长存在单向因果关系,验证结果支持我国出口导向的假设。John Thornton(1996)分析了墨西哥的经济增长和实际出口之间的相互影响,证明了两者之间具有协整关系,出口明显对 GDP 增长有着促进作用。

Jordan Shan 和 Fiona Sun(1998)采用我国 1987~1996 年的月度数据,对我国出口和经济增长的因果关系进行了检验,结果表明,出口和工业产出两者存在着相互的因果关系。Imad A. Moosa 和 Chongwoo Choe(1998)认为,出口对韩国实际产出具有正向的、但非显著的影响。Dhawan 和 Biswal(1999)在考虑了贸易条件变量的基础上,利用协整分析和 VAR 模型分析了印度实际 GDP 与出口的关系,发现出口只能够在短期促进经济增长。Jim Love 和 Ramesh Chandra(2005)使用 Johansen 协整检验方法对孟加拉国的实际产出以及出口和贸易条件进行分析检验,结果说明,实际产出、出口额以及对外贸易条件之间有着长期的协整关系。

在国内方面,刘晓鹏(2001)在利用协整检验分析了我国 GDP 和进出口关系后发现,我国进口额的增长对经济增长有着明显的促进作用,而出口增长对 GDP 增长的影响却不显著。赵陵等(2001)根据我国 1978~1999 年的统计数据,利用协整检验分析了当时的出口、GDP 以及名义有效汇率,结果显示,在短期内我国出口增长对经济增长具有明显的推动效应,但从长期来看,这种效应并不显著。许启发和蒋翠侠(2002)利用协整检验和 Granger 因果检验方法,根据我国 1980~1999 年的经济数据,验证此时的对外贸易与 GDP 增长之间的相互关系,从实证结果来看,对外贸易与 GDP 增长之间存在长期均衡关系且两者之间互为格兰杰因果关系;而出口和进口都不是经济增长的格兰杰原因,但经济增长却是这两者的格兰杰原因,因此认为,我国还不是出口导向型经济。吴振宇和沈利生(2004)将投入产出模型运用到进出口对 GDP 贡献的计算公式推导中,得出了出口比进口对 GDP 的贡献大的结论。曲洋、唐亮(2010)对吉林省对外贸易与经济增长之间的关系进行了单位根、协整以及格兰杰因果关系等检验,发现吉林省进口不能拉动经济增长,经济增长不能带动出口,出口也不能有效拉动经济增长。黄涛珍、陈昕(2011)运用我国中部地区省际面板数据,实证分析结果表明:出口有利于中部地区的经济增长,而中部地区进口的经济增长效应没有有效发挥,反而成为经济增长的障碍。王贞茹(2012)利用上海经济数据为参考,证实了外贸与经济增长之间的长期动态均衡关系,但进口对经济的拉动效应没有显现。谷贵兰、李颖慧(2013)通过构造模型,定量分析了河南省对外贸易与经济增长的关系,发现河南省经济增长与进口之间存在着长期稳定的因果关系,与出口之间没有长期稳定的因果关系。易行健、袁申国、戴艳娟(2014)通过研究证实 2001~2012 年广东省外贸对经济的贡献率平均为 7.4%,平均拉动 1.2 个百分点的经济增长。

  从上述文献回顾可以看出,一方面,大多数学者偏于使用计量经济学方法对我国外贸与经济增长的相关性以及区域对外贸易与该地区经济相关性进行分析,而以系统的眼光来研究我国对外贸易与整个经济相互关系的探讨很少。鉴于此,本部分在以往学者研究的基础上,将系统动力学原理运用于经济领域,把对外贸易和经济放入系统动力学模型中,文章的创新点在于通过对相关系数的改变来模拟不同政策环境下外贸与经济发展的关系,此举为政府制定相关经济政策提供了理论依据。除此之外,还在上述基础上利用主成分分析法,针对众多对外贸易因素进行提炼,得出对经济发展起到主要作用的因素,运用模型回归分析,实证分析主成分因素对经济发展的作用。另一方面,统计数据表明,我国对外贸易在改革开放即 1978 年后得到稳定发展,在 21 世纪,由于各项政策和措施的完善,对外贸易正式进入发展顶峰期,尤其近几年,一跃成为全球贸易大国。以上学者不乏使用早期的数据,数据中更有 1968~1978 年我国对外贸易发展相对全球贸易发展停滞甚至倒退期,所以考虑到早期国情的多变性,彼时的数据能否合理反映事实尚有待商榷。虽然在 2008~2009 年,我国对外贸易数据有所下降,但其在世界贸易中的地位不降反增,所以该年份数据的动荡并不影响对外贸易发展与 GDP 增长之间相关性的研究;本书认为在当期国情相对积极稳定的情况下,近些年的数据更能合理地表述两者之间相关性的现状。

第六章
我国对外贸易与经济增长的相关性研究

二、系统动力学模型构建及分析

(一) 系统因果关系图

1. 因果关系分析

运用系统动力学分析问题的关键在于拟定相关变量之间的因果关系，根据已有数据界定相关变量之间量变的相互关系。根据刘晓鹏（2001）、贺彩霞（2009）等相关学者的研究综合分析得到：GDP、人口数、进出口额（外贸需求和外贸供给）、外贸人才投入、固定资产投资、FDI 等之间有相互作用的关系。文章采用固定资产投资额、GDP、外贸投入等变量来构建系统动力学模型，以此分析我国经济与外贸的相关性。

图 6-1 是通过对经济与外贸的深入研究而绘制出的经济和对外贸易的因果关系图，从图 6-1 中可以看出：一方面，我国经济的快速发展促进了外贸需求的提高，从而促进了生产力的发展，生产力的发展在很大程度上又促进了经济的发展，形成一条经济与对外贸易的良性循环。另一方面，外贸需求的增加必然使外贸成本总额不断加大，成本的低增长率导致外贸的实际供给能力欠缺，不能满足

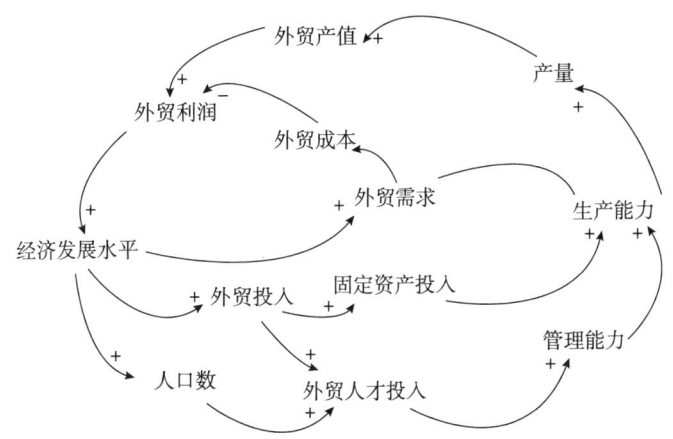

图 6-1 我国外贸与经济相关性因果

外贸需求的快速增长，这在一定程度上阻碍了经济的快速发展。从图6-1还可以看出：经济发展有益于外贸人才的开发，同时增加外贸相关基础设施的建设，由此外贸的一些间接成本问题得以解决，进而提高了外贸的实际供给能力，稳定了外贸需求和外贸供给之间的平衡，促进经济有序的发展。

2. 建立系统动力学模型

根据相关理论建立的本系统动力学模型涵盖了经济发展系统、人口发展系统以及外贸系统。其中经济发展系统包括经济增长和经济阻碍。人口发展系统则包含了人口总数的相关变动。外贸系统包括外贸需求的发展和外贸供给的发展。由图6-2相关变量之间的因果关系可以绘制出我国对外贸易与经济相关性的系统动力学流程图。本部分采用国内生产总值（GDP）来体现我国经济的发展状况，采用外贸供给能力、外贸需求能力、外贸投资额等几个指标来度量外贸发展水平。外贸需求和外贸供给分别作为商品需求和供给的一种衍生物，与商品的国内和国际商场供需息息相关，因此将进口额作为衡量外贸需求的指标，出口额作为衡量外贸供给能力的指标。

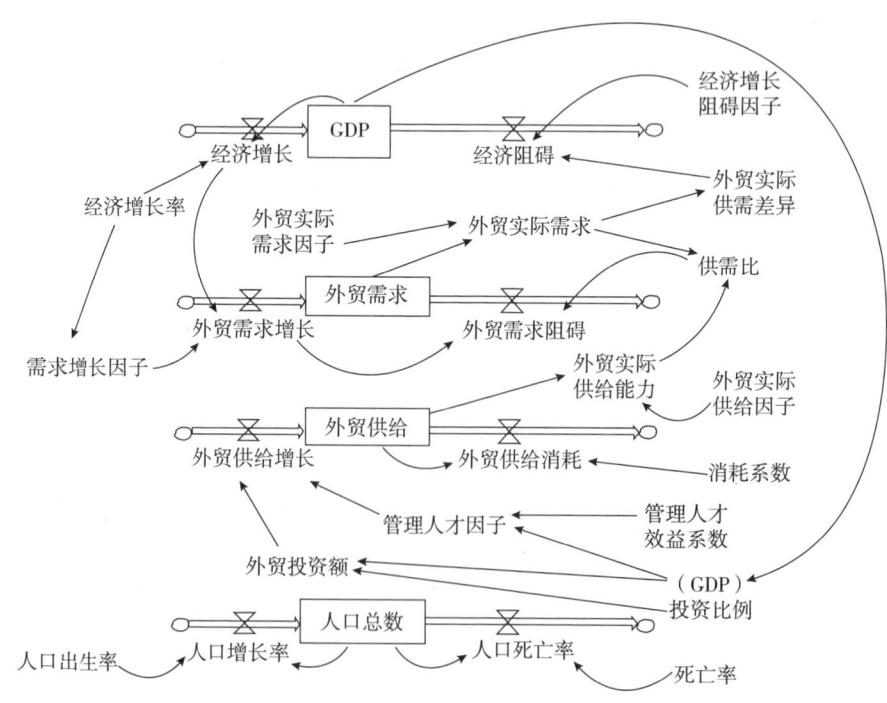

图6-2 我国外贸与经济相关性系统流程

第六章
我国对外贸易与经济增长的相关性研究

3. 模型的方程说明

在模型中，各变量的相互关系以及数据定义如下（原始数据来源于2002~2014年《中国统计年鉴》，部分数据则是根据这11年数据通过数学计算而得）：

（1）人口总数＝人口增长数－人口死亡数，初始值为2001年人口总数，即为12.76（亿）。

（2）人口死亡率＝0.00682。

（3）人口出生率＝0.01136。出生率和死亡率分别为我国2001~2013年人口出生率和死亡率的平均值。

（4）人口增长数＝人口总数×人口出生率。

（5）人口死亡数＝人口总数×人口死亡率。

（6）GDP＝经济增长－经济阻碍，初始值为2001年GDP值，即109655.2亿元。

（7）经济增长率＝A。2001~2013年我国经济稳定增长，此处取经济增长率为常数。

（8）经济增长＝GDP×经济增长率。

（9）经济增长阻碍因子＝B。本书使用经济增长阻碍因子来代表外贸"瓶颈"作用对经济发展的阻碍，假定其作为一个常数。

（10）经济增长阻碍＝经济增长阻碍因子×实际外贸供需差。

（11）外贸实际供需差异＝外贸实际供给能力－外贸实际需求。

（12）外贸实际需求＝外贸需求×外贸实际需求因子。

（13）外贸需求＝外贸需求增长－外贸需求阻碍，外贸需求初始值为20159.2亿元。

（14）外贸实际需求因子＝0.8。文章假定在我国经济大环境中，外贸需求的八成可以转换成实际外贸需求。

（15）外贸需求增长＝经济增长×需求增长因子。

（16）需求增长因子＝经济增长率。

（17）供需比＝外贸实际需求/外贸实际供给。

（18）外贸需求阻碍＝供需比×外贸需求增长。

（19）外贸供给＝外贸供给增长－外贸供给能力消耗，外贸供给初始值为22024.4（亿元）。

（20）外贸供给增长＝外贸投资额＋外贸管理人才。

（21）外贸投资额＝GDP×投资比例。数据计算显示投资比例约等于0.05。

(22) 外贸管理人才 = GDP×人才系数。本书将人才因素带来的效益定义为外贸产值的50%。根据相关经济数据，近年来在发展中国家，对外贸易对GDP的贡献率约10%，故将管理人才效益系数定为0.05。

(23) 外贸供给能力消耗 = 外贸供给能力×消耗系数。假定消耗系数为3.3%。

(24) 外贸实际供给 = 外贸供给×外贸供给实际能力因子。现阶段我国外贸管理体系还在逐渐完善中，外贸供给能力尚不能全部转换成外贸实际供给能力，本书暂且将外贸供给实际能力因子定义为0.7。

在以上这些变量中，人口总数、外贸需求、外贸供给能力以及GDP是此系统动力学模型的状态变量；而人口死亡率、人口出生率、经济增长率等能够直接影响上述状态变量的值，则是模型的常数变量。

（二）模拟分析

本书运用系统动力学软件Vensim PLE作为工具来模拟分析上述建立的系统动力学模型。在本书几个常数变量中，主要分析能够直接影响经济和外贸，并且和政府的宏微观经济政策相关的几个常数变量。在假定其他变量不变的情况下，分别改变这几个变量值的组合，模拟在不同组合情况下对GDP等状态变量的作用，以此来研究能够促进经济与外贸长期发展的可行之道。

1. 对经济增长率等的改变

本书通过观察经济增长率和经济增长阻碍因子的不同组合，对经济发展状态的影响，来确定一组较为合理的增长率和阻碍因子的大小。方案一将两者都定义为0.158；方案二中经济增长率的值为0.058，经济增长阻碍因子的值为0.158；方案三的取值与方案二刚好相反；得到在三种值的组合下GDP模拟结果图，如图6-3所示。

通过将图6-3的模拟结果与我国2001~2013年国内生产总值相比较发现，方案一相对符合我国实际情况（数据统计表明，我国国内生产总值在2012年达到了50万亿元），而方案二、方案三所对应的经济增长率和阻碍因子数据组合仿真模拟出的GDP值与我国GDP值差距偏大。由此可得，方案一的经济数据组合较为真实，故取模型的经济增长率为0.158，经济增长阻碍率为0.158。图6-4所显示的是在取值不同的经济环境中，外贸供给能力的相关情况。对比图6-3和图6-4可以发现，外贸供给能力随着经济的增长而增加，最终促进我国对外贸易的发展。此结论符合我国经济和外贸之间正相关的发展规律。

第六章
我国对外贸易与经济增长的相关性研究

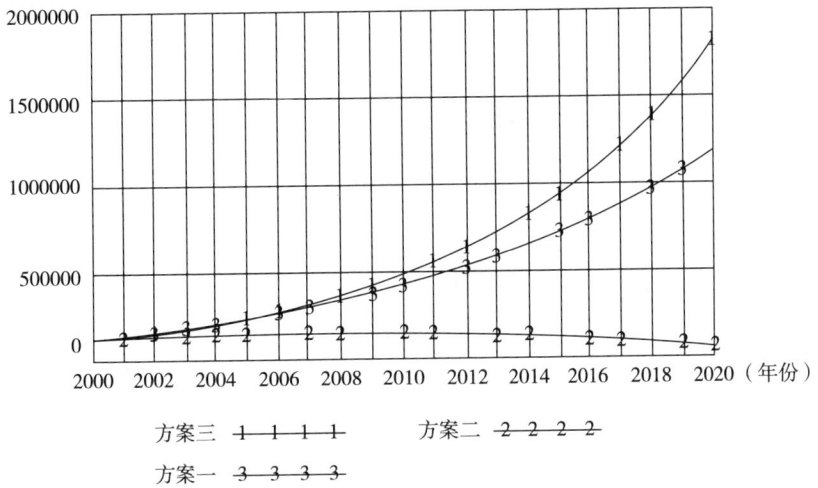

图 6-3 GDP 模拟结果

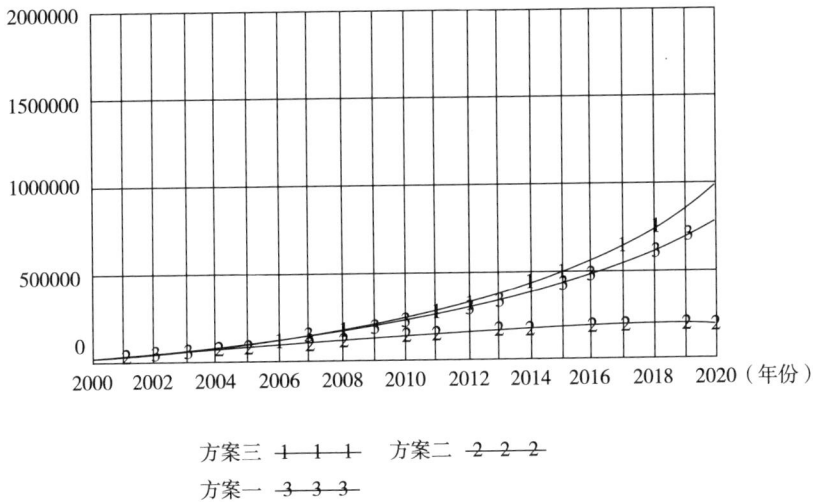

图 6-4 不同经济系数对应的外贸供应

2. 对外贸供给能力的改变

在上述方案一的基础上,通过改变外贸实际供给能力因子的大小,来分析外贸供给能力和我国GDP的相互关系。根据设定方案一的供给能力因子为0.7,设定方案二的供给能力因子定义为0.9,方案三的供给能力因子则降为0.5。模拟结果显示:我国GDP随着外贸实际供给能力的增加而增加,见图6-5。

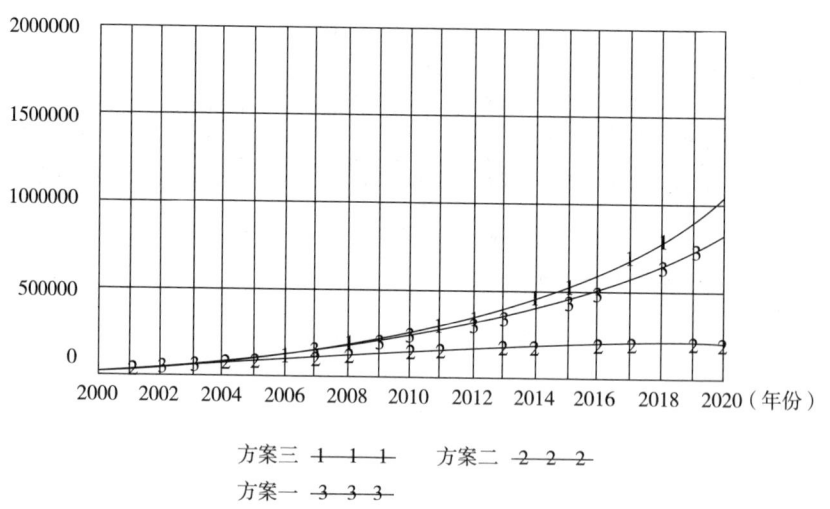

图6-5 不同供应能力对GDP的影响

3. 对外贸需求的改变

在方案一的基础上,通过改变外贸实际需求转换因子,来研究外贸需求能力和经济的相互关系。方案一中需求转换因子为0.8,方案六中将其设为0.6,将方案七的需求转换率定义为1。研究结果表明,需求转换率和GDP呈正相关关系,如图6-6所示。

从模拟结果可以看出,在外贸供给能力充分满足需求的基础上,当外贸需求达到最大,即需求转换率为1时,GDP值最大;当外贸需求和外贸供给能力不匹配程度越大时,带来的经济阻碍作用越大;方案一中的需求和供给差为0.1,方案六中的为-0.1,所以方案一中由外贸形成的GDP值大于方案六的。由此说明:当外贸供给能力达到一定水平时,外贸需求完全被满足,那么外贸业对经济增长的贡献率将会大幅度增加。

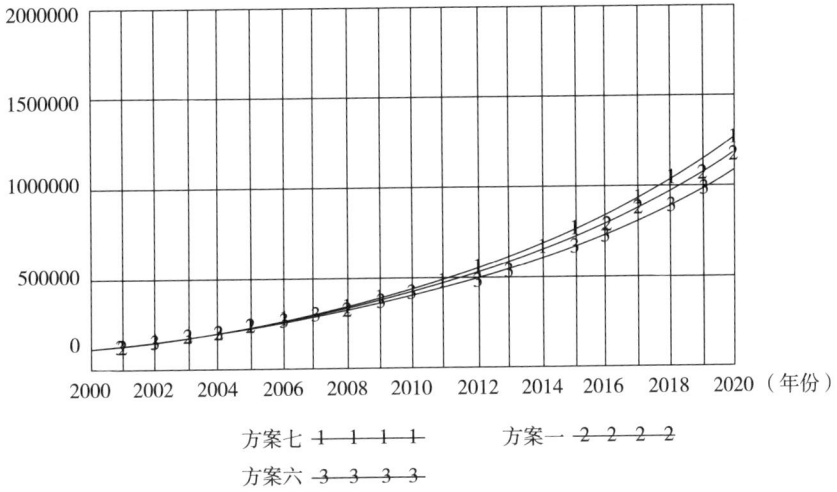

图 6-6 不同的外贸需求对 GDP 的影响

三、对外贸易与我国经济发展的相关性分析

（一）实证数据来源

本部分样本区间为 2001~2013 年，采用的国内生产总值（GDP）、进出口额、外商直接投资（FDI）、人口增长数、教育投入、对外经济合作完成营业额以及汇率等原始数据来源于 2002~2014 年《中国统计年鉴》，其中 FDI 和对外经济合作完成营业额两个指标的单位由原来的"亿美元"乘以当年相应的平均汇率而转化为与其他指标统一单位的"亿元"。

（二）经济发展主成分分析

本部分在上述运用系统动力学分析经济发展与对外贸易相关性的基础上，发现对外贸易中影响经济发展的主要因素有出口额、进口额、外商直接投资（FDI）、人口数、教育投入、对外经济合作完成营业额、汇率7个因素。因素量多了，自然会出现主次的区别，那么这些因素中哪些对经济发展的贡献更大些呢？这个问题则需要通过主成分分析法来鉴别。为找寻起主要作用的因素，现根据2001~2013年相关数据，利用主成分分析法提取这7个因素中的主要因素。

原有的7个因素经标准化后的协方差矩阵的特征值为：[6.763，0.124，0.063，0.025，0.021，0.003，0.001]，从累计贡献率选择主成分可以发现：

$$\sum_{j=1}^{k}\lambda_j \div \sum_{j=1}^{7}\lambda_j = (6.763+0.124) \div (6.763+0.124+$$
$$0.063+0.025+0.021+0.003+0.001)$$
$$\approx 98\%$$

上述分析表明，前两个主成分（出口额和进口额）代表了原指标98%的信息量，故可用进口额、出口额作为研究对外贸易与经济发展相关性的主成分指标。

（三）计量模型

利用上述提炼出的主成分指标，根据其对经济发展的综合影响，构建一般意义的普遍适应模型如下：

$$GDP = a_0 + a_1 EX + u_1 \quad (6-1)$$
$$GDP = a_2 + a_3 IN + u_2 \quad (6-2)$$

其中，GDP为国内生产总值，EX为年度出口总额，IN为年度进口总额，a_0、a_2是常数项，a_1、a_3分别表示解释变量EX和IN的绝对变化引起被解释变量的绝对变化，u_1、u_2表示其他干扰项，如政策、环境等。

（四）稳定性检验

本书使用的是2001~2013年的时间序列数据，利用最小二乘法进行参数估计，在进行回归分析前，必须对3个时间序列进行平稳性检验。现利用计量软件Eviews 6.0对各个变量进行ADF单位根检验，得到结果如表6-2所示。

第六章 我国对外贸易与经济增长的相关性研究

表 6-2 平稳性检验

变量	T 检验值	临界值（5%）	检验形式 [I, T, K]	是否平稳
GDP	-6.102635	-4.008157	[1, 1, 1]	是
EX	-3.873262	-1.988198	[2, 0, 1]	是
IN	-2.091569	-1.977738	[1, 0, 1]	是

注：表中 D 表示变量的一阶差分；检验形式中 I 表示常数项，T 表示趋势项，K 表示滞后阶数。

从表 6-2 的检验结果能够看出，模型中的变量都能在 5% 的显著水平上拒绝单位根存在的原假设，因此可以判定，模型中的三个变量为 I（0）过程。符合数据协整理论的前提。

（五）协整检验

协整即存在共同的随机性趋势。协整检验的目的是检验一组非平稳序列的线性组合所描述的因果关系是不是伪回归。本书采用 EG（恩格尔—格兰杰）两步法对模型进行协整检验：第一，分别计算模型（6-1）和模型（6-2）的残差项时间序列 et1 和 et2；第二，检验 et1、et2 的平稳性，残差项平稳则变量之间存在协整关系，反之亦成立。检验结果如表 6-3 所示。

表 6-3 平稳性检验

变量	T 检验值	临界值（5%）	检验形式 [I, T, K]	是否平稳
et1	-3.013608	-1.977738	[1, 0, 0]	是
et2	-3.158915	-1.977738	[1, 0, 0]	是

注：表中 D 表示变量的一阶差分；检验形式中 I 表示常数项，T 表示趋势项，K 表示滞后阶数。

由表 6-3 平稳性检验结果来看，残差项时间序列 et1 在 5% 的显著水平上拒绝存在单位根的原假设，故残差项 et1 为平稳时间序列，因此可以判定，模型（6-1）中的两个变量为协整的。残差项时间序列 et2 在 5% 的显著水平上拒绝存在单位根的原假设，故残差项 et2 为平稳时间序列，因此，模型（6-2）中的两个变量也是协整的。

(六) 回归分析

在上述分析的基础上，现对模型（6-1）、模型（6-2）进行回归分析，结果分别如表 6-4 和表 6-5 所示。根据模型的分析结果，模型（6-1）可以表述为：

$$GDP = -18783.34 + 3.871495 EX \tag{6-3}$$

模型（6-2）可以表述为：

$$GDP = -22464.29 + 4.518278 IN \tag{6-4}$$

由表 6-4 可以看出，模型（6-3）的 D.W. 值为 0.604529，表明该模型随机误差项自相关度很小；变量 EX 通过显著性检验，说明其对应变量 GDP 有显著性影响；$R^2 = 0.916341$、调整后的 $R^2 = 0.908736$，显示模型（6-3）的拟合优度很高，也高度显著地通过了 F 检验；变量 EX 的 t 统计量值为 10.97665，说明出口额 EX 的增加对国内生产总值 GDP 数值增长的影响是明显的。

表 6-4　模型（6-1）的回归分析结果

	Coeffcient	Std. Error	t-Statistic	Prob.
EX	3.871495	0.352703	10.97665	0.0000
C	-18783.34	31337.98	-0.599379	0.5611
R-squared		0.916341	Mean dependent var	293125.5
Adjusted R-squared		0.908736	S. D. dependent var	157713.3
S. E. of regression		47645.06	Akaike info criterion	24.52158
Sum squared resid		2.5E+10	Schwarz criterion	24.60850
Log likelihood		-157.3903	Hannan-Quinn criter	24.50372
F-statistic		120.4869	Durbin-Watson stat	0.604529
Prob (F-statistic)		0.000000		

由表 6-5 可以看出，模型（6-4）的 D.W. 值为 0.901131，表明不存在序列自相关的迹象；变量 IN 通过显著性检验，说明自变量 IN 对应变量 GDP 有显著性影响；$R^2 = 0.949144$、调整后的 $R^2 = 0.944521$，显示模型（6-4）有很高的拟合优度，另外该模型还通过了 F 检验，表明模型（6-4）的线性关系显著；变量

EX 的 t 统计量值为 14.32817，说明进口额 *IN* 的增加对国内生产总值 *GDP* 数值增长的影响显著。

表 6-5 模型 (6-2) 的回归分析结果

	Coeffcient	Std. Error	t-Statistic	Prob.
IN	4.518278	0.315342	14.32817	0.0000
C	-22464.29	24316.42	-0.923832	0.3754
R- squared		0.949144	Mean dependent var	293125.5
Adjusted R-squared		0.944521	S. D. dependent var	157713.3
S. E. of regression		37147.90	Akaike info criterion	24.02384
Sum squared resid		1.52E + 10	Schwarz criterion	24.11076
Log likelihood		-154.1550	Hannan-Quinn criter	24.00598
F-statistic		205.2965	Durbin-Watson stat	0.901131
Prob (F-statistic)		0.000000		

四、解决外贸供需不平衡的可行措施

本书利用相关经济学理论和系统动力学理论并辅之以实证检验，对我国经济发展与对外贸易的相关性进行论证，结果发现：一方面，我国经济发展与对外贸易发展呈现正向互补关系，即经济的发展促进了对外贸易的发展，反过来对外贸易的发展对经济的发展也起到推动作用。对外贸易中的进口贸易、出口贸易对我国经济发展的正向推动作用相当明显。另一方面，从系统动力学的模拟分析来看，当外贸需求与外贸供给发展不平衡时，对经济发展带来的阻碍作用同样显而易见，当外贸需求和外贸供给能力不匹配程度越大时，带来的经济阻碍作用越大。这是因为：第一，当我国外贸需求严重大于外贸供给时，会导致进口严重大于出口，从而导致巨大的贸易逆差，贸易逆差在很大程度上会阻碍我国经济的发展。第二，当我国外贸需求长期严重小于外贸供给时，首先，必然会出现长期的贸易顺差，使我国的外汇储备不断扩大，巨大的外汇储备会增加我国通货膨胀的压力，而且还会带来机会成本，这些都不利于我国经济的发展；其次，对外贸需求长期处于比较小的比重时，必然会导致对内需求的增加，从而加剧国内资源的压力，国内资源缺乏，特别是石油、矿产等不可再生资源已经影响到我国经济的正常发展；最后，当外贸供给在对外贸易发展中长期处于比较大的比重时，必然使我国经济发展的对外依存度不断变大，不利于我国经济的进一步发展。

由此可见，一方面，我国需要加强对外贸易的发展，使其逐步形成综合性推动力量，更好地发挥其对我国经济发展的带动作用；另一方面，在发展对外贸易的同时，必须注重外贸供给与外贸需求之间的平衡发展，只有加强供需之间的平衡性，外贸业对经济发展的促进作用才会更大，否则，外贸供需之间的不平衡会给经济带来阻碍。可行措施如下：第一，转变外贸发展方式，政策上大力扶持高技术、高创新、高附加值等外贸商品的可持续发展；第二，逐步完善外贸配套措施，鼓励外贸型人才发展，加大对企业进出口信贷的支持力度；第三，政府不断提高自身的行业协调能力和国际贸易制定能力，为外贸发展保驾护航；第四，拓宽进口渠道，落实关税优惠等政策，积极引进先进技术、关键设备及零配件、能源和原材料以及与人民生活密切相关的日用品等，以平衡外贸需求和外贸供给的发展。

第七章

人民币升值对我国的正面效应研究

汇率是一国货币与另一个国家货币的比值或比价。汇率波动是一国货币对外价值的上下变动，也就是货币贬值与货币升值。汇率波动对于国与国之间的贸易、直接投资都会产生直接的影响，即调节功能。人民币升值一直是学术界和商界探讨的热门话题。

一、人民币升值的利弊分析

(一) 人民币升值的正面影响

由于当前我国经济的基本面非常良好，国民经济保持着高速增长的势头，人民币适度升值，对我国经济的发展是有好处的。具体表现在以下几个方面：

1. 转换经济结构，增强产品竞争力

中国出口商品大多是劳动密集型产品，如纺织品；而西方国家出口的是知识技术密集型产品，这无形中使我国在对外贸易中处于弱势地位，承受不平等待遇。由于"马太效应"及循环累积效应的作用，会给我国带来不利的影响。人民币升值，外国资产变相贬值，进口价格下跌，从外国大量进口商品的公司特别是原材料进口依赖型厂商成本会减少，增加对国外先进技术和设备的需求，从而加快中国企业进行产品结构调整，实现产业结构升级，反过来又增加了出口产品技术含量，提高了产品的附加值，最终增强中国产品在国际市场上的竞争力，有利于中国企业扩大海外业务。

2. 扩大利用外资的深度和广度

中国加入WTO，外国投资者来华投资的门槛降低了，如关税下调、投资规模控制的减轻、各种非关税壁垒的减少等，会使外资在国内的竞争更加自由。人民币升值，以人民币计价的进口商品价格下降，在华外商投资企业盈利增加，为外国投资者直接投资创造了有利环境。在今后的一段时间，外国投资者和外企从业人员将继续增加，从而扩大中国投资需求，增加就业，刺激消费需求。

3. 增强国际社会对中国经济和货币的信心

追求利润和规避风险是国际间资本流动的根本原因，外国投资者在华投资会考虑这两个方面，再说自从1973年布雷顿森体系瓦解后，现在国际信用货币制度表现的稳定性很差，规避货币风险已成为个人、国家的客观需要。因此，树立人民币在国际经济舞台上的良好形象是责无旁贷的，据理性预期理论及资产组合理论，人民币升值将提高中国GDP国际地位，是中国经济综合实力强、经济形势好的信号，有利于增强国内外投资者的信心以及改变他们对政府行动和经济运行的预期，使投资者有投资意愿，并使中国对外再融资更容易，成本更低。

4. 加快人民币自由兑换的进程

在当前全球经济不景气的情况下，中国经济一枝独秀，经济保持高速增长，这是人民币走强的经济基础，促使人民币成为国际市场中的强势货币。而在当前的中国汇率管理制度中，人民币在经常项目下是可兑换的，资本项目尚未开放，为了规避国际市场上的汇率风险，早在1993年召开的十四届三中全会上，确定了"逐步使人民币成为可兑换的货币"的目标。另外，人民币已经在周边国家和地区大量流通，在人民币可自由兑换后，将奠定人民币地区性强势货币的地位，人民币就会成为它们的储备货币，那么我国又多了一块铸币税收入。

（二）人民币升值的负面影响

不可否认，如果人民币升值，也会给我国当前经济生活的许多方面带来负面影响，比如劳动力价格低廉优势的挑战，出口和国外直接投资缩减、失业增加和就业压力增大，可能加剧市场投机行为，中国吸引海外投资优势减弱等方面。最突出表现在以下几个方面：

1. 影响低端产品出口，尤其是对基础产业的损害

人民币升值后，相应提高了我国劳动密集型出口产品价格，如我国农产品的出口价格上升，从而削弱其国际竞争力，出口会下降，这无疑使已经脆弱的农村经济雪上加霜，甚至可能会引起政局的不稳。另外，人民币的升值，会损害中国的战略产业，比如钢铁、石油以及汽车制造业，在当前世界钢铁、石油的生产能力过剩的情况下，人民币升值，会导致我国相应产业面临竞争的压力加大。

2. 增加失业、增大劳动力转移的压力

经济发展、充分就业、物价稳定和国际收支平衡是世界各国目标。当今拥有13亿人口的中国，就业问题尤其突出。就业压力非常大，一是大中专院校毕业生队伍非常庞大；二是下岗再就业人员难以安置；三是农村存在大量富余劳动力。目前，中国提高新增就业机会，主要是出口和外国对华直接投资，人民币升值将抑制出口、扩大进口，外贸生产企业很多将会陷于困境，而外商直接投资企业，也会由于在中国生产成本的提高，可能将生产基地转向其他国家，中国的廉价劳动力优势也将受到挑战，从而加剧低收入群体的支出负担。

3. 减缓中国经济增长

亚洲金融危机以来，我国外贸出口形势严峻，经济一直处于通货紧缩状态，一个明显的例证就是，我国的消费指数一直处于低位或负数状态。随着世界经济的缓慢复苏和中国经济的发展，中国正逐步摆脱通缩的局面。倘若人民币升值，可能加速中国的通货紧缩，对中国经济产生很大压力。同时，我国的外贸依存度已超过50%，人民币一旦升值，国外对华直接投资下降，中国的出口竞争力也会受挫，而外贸是拉动中国经济增长的"三驾马车"之一。

4. 增大政府的财政收支的缺口

亚洲金融危机爆发以来，我国政府为了降低危机对我国经济造成的负面影响，实施了积极的财政政策，启动内需，加大基础设施的投入，从而导致我国财政收支出现了较大的缺口。如果人民币一旦升值，财政收入会受到比较大的影响，而财政支出却存在刚性，这样由于财政收支的不对称性，会导致财政缺口出现增大的趋势。

（三）应对之策

目前人民币实行的是以市场供求为基础的、单一的、有管理的浮动汇率制度，人民币升值有利有弊。当前我们对付人民币升值的策略，无非是从"堵"和"疏"两方面着力，从一个比较短的时期来说，我们主要是"堵"，保持人民币的汇率稳定；然而从一个比较长的时期来说，"疏"主要是在保持人民币汇率稳定的前提下，采用盯住一篮子货币的汇率制度，朝着更灵活的汇率制度方向努力，逐步实现汇率的浮动区间及渐进爬行等来完善人民币汇率形成机制，保持人民币汇率在合理、均衡水平上的基本稳定，至于具体的策略，我们可以通过扩大进口量，扩大汇率浮动的幅度和弹性，降低出口退税率，扩大内需以及完善社会保障系统等来降低人民币升值的压力。

1. 确保人民币汇率稳定

一个国家汇率的确定，应有利于本国经济的稳定发展和人民生活水平的提高。当前对人民币升值预期已经形成，2003 年估计涌入中国的游资已达 2000 亿元人民币，这些热钱是为逐利而来。由于资本逐利的本性，这些短期资本（热钱）在涌入国内资本市场的情况下，进入我国的房地产市场和股票市场，很容易造成我国经济繁荣的假象，这样我国经济可能陷入长期衰退的局面；而通过保持汇率的稳定，使那些投机资本因无法获得有利可图的机会而退出国内资本市场。近期，我国加强了对资本流动的监管，同时提高了对各类贷款的法定准备金率，这将有助于人民币汇率的稳定，缓解短期资本对中国经济的干扰。

2. 积极扩大内需，完善社会保障系统

当前我国的基尼系数在世界上比较高，这对我国经济进一步发展造成了比较大的障碍，因为公平与效率是相互促进和相互制约的，是一对矛盾的统一体，所以我们应该把公平放在一个比较重要的位置，诸如调整利益分配格局，遏制两极分化，提高普通工人农民的购买力，健全社会保障体系和提高社会保障标准，落实义务教育，普及医疗保障等。

3. 引导舆论向有利于我国经济的方向发展

中国加入 WTO，由于关税降低，进口许可证等限制迅速减少，进口迅速增长，外贸顺差正在大幅度下降。中国不仅是"世界加工厂"，也正在成为重要的"世界市场"。人民币汇率的稳定，不仅有利于中国，而且有利于世界，一旦人民币升值，不但中国经济会陷入泥潭，也会拖累世界经济。

4. 提供国内资本公平竞争的平台

首先必须统一国内企业与外资企业的税负，打破部门垄断，实行市场准入，在对外资开放之前先对国内企业开放，这样可以发展和壮大民族产业，缓解加入WTO 后外资对民族产业的冲击。

5. 适度扩大进口，积极开拓国际市场

我们应该保持适度的外汇储备，因为保持过多外汇储备会损害一国经济的长久增长力，所以我们应加强建设战略物资的实物储备，如铁矿石、铜、石油等稀缺资源的战略储备体系。加快中国企业"走出去"的步伐，"利用国内国外两种资源，开拓国内国外两个市场"，到境外投资设厂，特别鼓励到那些拥有我国紧缺物资的国家去投资开发资源。

6. 加快资本项目下人民币自由兑换的步伐

我国加入WTO会逐步放开人民币的经营权和人民币兑换范围。随着我国经济的逐步发展，我国经济环境的逐步改善以及法制的逐步健全和观念的更新，政府应该逐步放松对汇率政策的控制。从当前的情况来看，人民币汇率确实有升值的压力。

简言之，人民币汇率是一个技术性很强的问题，并不仅是比价的平衡问题。通过对人民币升值的利弊分析可知，当前全球经济环境极为脆弱。近年来中国经济发展中还存在一些问题，如银行的巨额不良贷款、国企改革、社会保障制度、农村经济等问题未得到解决，因此要保持人民币在一个合理区间内波动。因此，我们应该加强本外币政策协调，改进现行结售汇制度，放宽对企业和个人用汇限制，支持企业"走出去"，同时建立金融风险预警指标体系，加强对跨境市场风险和系统性金融风险的监测与分析，加强对短期资本流动的监控，有选择、分步骤地放宽对跨境资本交易活动限制，逐步实现资本项目可兑换，最终走向由市场决定人民币汇率，这也是中国金融改革的方向。

二、货币汇率的文献回顾及述评

从2005年至今，人民币已有相当幅度的升值，对于人民币升值的正面效应国内外许多学者各有所见。人民币升值，虽然给我国带来了不利影响，但是笔者一直持赞成态度。在杨小凯生产者—消费者模型的基础上，本书构建出口商—进口商模型进行剖析，结果表明，人民币升值有利于增加我国居民的消费者剩余；有利于提升我国的产业结构；有利于优化我国的资源配置；有利于我国的技术创新；有利于缩小竞争性行业与垄断性行业之间的收入差距。

Lerner（1936）、Metzler（1942a，1942b）、Harberger（1950）、Laursen和Metzler（1950）等将汇率变动视为调节国际收支失衡的结果，要求贸易顺差国家的汇率升值是理所应当的。2007年上半年，我国经济继续稳健地快速增长，涉外经济快速发展，人民币汇率形成机制的改革稳步推进，汇率弹性增强，国际收支继续保持"双顺差"格局。2007年上半年，经常项目、资本和金融项目顺差进一步扩大，经常项目顺差1629亿美元，较2006年同期增长78%。资本和金融项目顺差902亿美元，增长132%。截至2007年底，中国外汇储备余额为15280

亿美元。该数据表明，中国外汇储备比 2006 年增加了 4619 亿美元，同比增长 43.32%。可见，巨额的外汇储备快速增长直接关系到中国多年保持的经常项目和资本项目的"双顺差"。这也是近年来人民币一直面临着国际社会要求升值的重要原因。姜波克（2001）认为，人民币升值的根本原因是可贸易品与非贸易品价格的双重运动。2003 年 7 月的亚欧财长会议，一些国家相继提出人民币升值。2003 年 9 月，美国财政部长斯诺访华，要求中国实行更加灵活的汇率制度。尤其是在八国首脑会议前夕提请七国集团通过类似于"广场协议"的文件，要求人民币升值。杨帆（2003）主张人民币汇率升值或逐步小幅升值。黄有光（2004）认为，人民币汇率升值对中国利大于弊。Goldstein 和 Lardy（2003b）认为，人民币低估大约 15%。Eichengreen（2005）、卢锋（2006b）和 Chang（2006）一致认为，人民币汇率低估存在。2005 年 7 月 21 日，中国人民银行宣布人民币对美元升值 2%，至此，人民币对美元已有相当幅度的升值。

Cushma（1988）指出，当其他因素相同时，一国货币升值将会增加东道国相对于外国的生产成本，特别是劳动成本，而成本的增加将会减少包括 FDI 在内资本回报率，从而能减少 FDI 的流入。欧元之父蒙代尔强调，允许人民币升值将会对中国经济产生灾难性的后果。Mundell（2003）认为，人民币升值会减少国外投资。Shi（2006）研究表明，人民币升值会导致国内产出下降。Jan 和 Jimmy（2006）认为，我国政府重估人民币对美元的价值对我国出口可能影响不大。Gao、Haihong（2006）基于 BSH 模型和我国 1975~2002 年经济数据研究得出，我国产业结构及其贸易结构的升级与人民币真实汇率的相关性不显著。Pan、Yingli（2007）在人民币汇率不稳定的内在机制研究中，提出我国真实的经济支持人民币长期升值。国内外学者观点各异，那么人民币升值会有如此种种后果吗？本书赞成人民币升值，并通过构建新兴古典经济学贸易模型来分析人民币升值对我国的正面效应。

三、出口商—进口商模型构建

（一）模型假设

本书借助于新兴古典经济学生产者—消费者模型，模型假设如下：

第七章
人民币升值对我国的正面效应研究

(1) 世界上只有两个国家：中国和外国。两国都有许多决策前完全相同的出口商—进口商，有设定相同的时间约束和相同的生产函数。中国的 A 和外国的 B 既是出口商也是进口商，这双重身份在每个人身上是一个统一体，不可分离，A 与 B 进行交易。

(2) 在本模型中的产品，无论它是在国内生产还是在国外生产，其品质对和特性产生的效用都是完全相同的。两者之间的主要区别在于国际贸易中需要支付国际交易费用。

(3) 每个出口商—进口商有能力根据自己所获得真实收入的高低，自主决定自己应该从事的专业化生产模式。

(4) 每个国家均可半专业化，即两个专业化模式，A 和 B 这两个人在决策前完全相同。A 专业出口 x 商品进口 y 商品，即 (x/yy^*)；B 专业出口 y 商品进口 x 商品，即 (y/xx^*)；分工是指这样一种进出口贸易结构，其中一个人只出口一种商品，只进口一种商品。可见，两个人的进出口贸易结构相同（见图 7-1）。

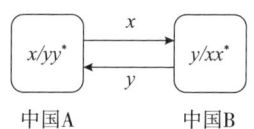

图 7-1 进出口贸易结构

(5) 每个出口商—进口商出口产品收入必须等于其进口产品支出，既没盈余也没赊欠。每个出口商—进口商的收支必须满足个人的预算约束方程：

$$p_x x^s + p_y y^s = p_x x^d + p_y y^d + (1+t)e(p_x^* x^d + p_y^* y^d) \tag{7-1}$$

式中，p_x 为 x 商品的国内销售价格；p_y 为 y 商品的国内销售价格；x^s 为一个 x 产品专家的售卖量；y^s 为一个 y 产品专家的售卖量；x^d 为一个出口商—进口商对 x 产品的购买量；y^d 为个人对 y 产品的购买量；t 为包含进口关税和进口时所需支付的运输费用、谈判费用等的国际交易费用系数；e 为外国货币兑换成中国货币时的汇率（采用直接标价法）。当汇率 e 上升时，中国货币贬值，外国货币升值；反之亦然。p_x^* 表示以外国货币表示的 x 产品的外国的销售价格，p_y^* 表示以外国货币表示的 y 产品的外国销售价格。

（二）模型的建构

在上述假设的基础上，一个出口商—进口商模型表示如下。

每个出口商—进口商都有如下效用函数：

$$\max u = (x+kx^d)(y+ky^d) \tag{7-2}$$

其中，x 和 y 分别为两种商品的自给自足量，x^d 和 y^d 分别为其进口量，假设进口过程中有交易费用，每进口一单位商品，其中的 $1-k$ 部分因交易费用而损失。所以，每进口一单位商品，实际上只得到 k（$0 \leq k \leq 1$）。因此，kx^d（ky^d）代表进口 x^d（y^d）后实际得到的商品量，而 $x+kx^d$（或 $y+ky^d$）是一种商品的最终消费总量，此效用函数是拟凹的，代表了对多样化消费的偏好。这里所说的交易费用系数 $1-k$ 可解释为在国内所需支付的各种交易费用，如运输费用、谈判费用、执行交易时的各种费用等。这种交易费用参数外生给定，即决策前就知道的 $1-k$。k 为外生交易效率系数，而 $1-k$ 为外生交易费用系数，说明交易费用的存在意味着出口商—进口商在市场上同时买和卖一种产品是不合算的。

每个出口商—进口商的生产函数和时间约束为：

$$x_p \equiv x+x^s = l_x^a, y_p \equiv y+y^s = l_y^a, l_x+l_y = 1 \tag{7-3}$$

x_p 和 y_p 分别表示 x 和 y 两种商品的总量，其中 x^s 和 y^s 是两种商品的出口量，而 l_i 是用于生产商品 i 的时间。每个人的总工作时间是 1 单位。所以 l_i 又可看成是生产商品 i 的劳动份额或生产商品 i 的专业化水平。

从式（7-2）到式（7-3）加上式（7-1）就构成一个完整的出口商—进口商的基本贸易模型。其中式（7-2）代表该经济社会中每个人的效用函数，说明每个人都在一定的生产条件、时间约束条件和预算约束条件下追求个人效用的最大化。

（三）围绕国内贸易与国际贸易常态分析

在开放的经济系统中，国与国之间的国内贸易与国际贸易共存是一种常态，因此本书主要围绕这种常态展开分析。

根据文定理，式（7-1）可以简化为式（7-4）或式（7-5）：

$$p_x x_s = (1+t)ep_y^* y_d + p_y y_d \tag{7-4}$$

$$p_y y_s = (1+t)ep_x^* x_d + p_x x_d \tag{7-5}$$

对于一种商品 y 来说，如果在中国国内市场上生产并销售该产品，同时又从外国进口该产品并在市场上销售，能够满足这一结果的市场条件是：当且仅当外国进口产品 y_d 在扣除了国际交易费用后的人民币价格等于国内同类产品 y_d 的市场销售价格。发生这种情况的市场条件为：

$$(1+t)ep_y^* = p_y \qquad (7-6)$$

第一，中国只发生国内贸易而不发生国际贸易时，在汇率和国际交易费用不变的条件下，如果外国进口产品的人民币价格高于中国同类产品价格，国际贸易就不会发生，贸易只会在中国国内进行。发生这种情况的市场条件为：

$$(1+t)ep_y^* > p_y \qquad (7-7)$$

中国居民只选择国内贸易，家庭对 x 产品和 y 产品的需求取决于两种产品的相对价格。当生产 x 产品的相对价格上升时，家庭会增加 y 产品的购买消费。个人消费的总效用和自己生产产品与其购买产品的相对价格呈同向变动，当 x 对 y 的相对价格上升时，生产 x 产品的专家真实收入趋于上升，家庭的总效用趋于增加。个人总效用和市场交易效率同向变动，当市场交易效率增加时，个人消费的总效用将会上升。

第二，中国与外国实行完全的国际专业化分工并进行国际贸易时，当中国只生产一种产品，出口该产品并从外国进口另一种产品时，中国与外国实行完全的国际专业化分工模式。这时两国都生产自己最有效率的产品并相互出口到对方国家，彼此都充分享受到分工专业化和国际贸易给双方带来的好处，开展国际贸易对双方都有利。在完全的国际分工条件下，国际间的相互依存度进一步增加，贸易双方都会重视双方存在的价值，并在互惠互利的基础上，积极地发展并维护双方正常的国际贸易。如果外国进口产品的人民币价格低于中国同类产品价格，国际贸易就会发生，贸易只会在两国之间进行。发生这种情况的市场条件为：

$$(1+t)ep_y^* < p_y \qquad (7-8)$$

同理，对于一种商品 x 来说，发生这种情况的市场条件是 $(1+t)ep_x^* = p_x$，分析省去。

（四）两个专业化模式的解释

1. (x/yy^*) 模式

考虑国内贸易与国际贸易同时发生的情况，即在中国国内有许多 x 产品生产商生产 x 产品，在留下自己消费的数量后将多余的 x 产品在市场上销售，并用取得的收入购买 y 产品的一种专业化经济模式。其中，y 产品既可以购买中国厂商生产的产品，也可以购买从外国进口的 y 产品。在这种情况下，本模型可以表示为以下形式。

x 产品的生产者的目标效用函数为：

$$\max u_x = xky_d \tag{7-9}$$

$$x + x_s = l_x^a = 1 \tag{7-10}$$

各决策变量的定义域需要满足的条件为：

$$y=0,\ y_s=0,\ x_d=0,\ x>0,\ x_s>0,\ y_d>0,\ l_y^a=0,\ l_x^a=1$$

为了表述清楚，这里将式（7-4）重写如下：

$$p_x x_s = (1+t)ep_y^* y_d + p_y y_d \tag{7-11}$$

式（7-9）中的 k 为国内市场交易效率系数。当市场中的交易效率系数越高时，个人在买卖商品中需要支付的交易费用就会越低，人们越倾向于选择具有高生产率的专业化生产模式。反之，当市场中的交易效率很低时，具有高生产率的专业化生产模式所带来的好处被高昂的交易费用所抵消，这意味着人们选择专业化生产模式所能得到的真实收入甚至低于自给自足时的真实收入，人们会放弃专业化生产模式，转而选择没有商品交易的自给自足经济。

将式（7-10）和式（7-11）代入式（7-9），得：

$$u_x = (1-x_s)\frac{kp_x}{[(1+t)ep_y^* + p_y]}x_s \tag{7-12}$$

在式（7-12）中，目标函数 u_x 对 x_s 求一阶导数，并令其为零，可得到（x/yy^*）模式下 u_x 的最大目标函数值。

$$x_s = \frac{1}{2}$$

$$y_d = \frac{p_x}{2[(1+t)ep_y^* + p_y]} \tag{7-13}$$

$$u_x = \frac{kp_x}{4[(1+t)ep_y^* + p_y]} \tag{7-14}$$

2. （y/xx^*）模式

本模式指国内有许多 y 产品的生产者生产 y 产品，在留下自己消费的数量后，将多余的 y 产品拿到市场上销售，并用获得的收入购买 x 产品的一种专业化分工模式。和（x/yy^*）模式一样，人们所购买的 x 产品既可以买中国生产的 x 产品，也可以购买从外国进口的 x 产品。这时的决策模型可以表示如下：

$$\max u_y = ykx_d \tag{7-15}$$

第七章
人民币升值对我国的正面效应研究

$$y+y_s = l_y^a = 1 \qquad (7\text{-}16)$$

各决策变量的定义域需要满足的条件为：

$$x=0,\ x_s=0,\ y_d=0,\ x_d>0,\ y>0,\ y_s>0,\ l_x^a=0,\ l_y^a=1$$

采用上面的计算方法，可得到（y/xx*）模式下 u_y 的最大目标函数值为：

$$y_s = \frac{1}{2}$$

$$x_d = \frac{p_y}{2[(1+t)ep_x^* + p_x]} \qquad (7\text{-}17)$$

$$u_y = \frac{kp_y}{4[(1+t)ep_x^* + p_x]} \qquad (7\text{-}18)$$

四、出口商—进口商模型的进一步探讨

（一）模型分析

1. 进口产品价格高于国内生产

当进口 y 产品的人民币交易价格高于我国生产的 y 产品的市场交易价格时，我国与外国之间不会展开 y 产品的贸易；当人民币升值时，进口 y 产品的人民币交易价格就会下降，当进口 y 产品的人民币交易价格低于我国生产的 y 产品的市场交易价格时，从外国进口 y 产品的贸易将变得有利可图，国与国之间的贸易就会发展起来，这是新兴古典经济学的典型特征。人民币升值减少了进口产品的国际交易费用，使原来对双方都不利的贸易与专业化分工模式变得有利可图。

根据式（7-6）：$(1+t)ep_y^* = p_y$，从发生的市场条件可以看到，货币的升值等同于对外国进口商品征收更低的关税或设置更宽松的贸易壁垒，这使我国进口产品的市场交易价格下降，我国进口 y 产品数量增加的同时也使我国产品的出口速度可能减缓增加。由经济学原理可知，在资源给定的条件下，当我国出口产品数量减少时，会引起原本出口的产品流向国内市场，可能会导致该产品的国内市场供大于求，该产品的国内价格必然下降。与此同时，当我国进口产品数量增加时，意味着我国 y 产品的市场供给量增加，其国内价格也必然下降，而国内产品的价格下降的结果必然会增加人们的真实收入，人们的消费者剩余就会增加。

2. x/yy^* 模式

在（x/yy^*）模式中，我们在式（7-13）、式（7-14）中对汇率求一阶导数可得：$\frac{\partial y_d}{\partial e}<0$，$\frac{\partial u_x}{\partial e}<0$。

由此得出结论：

（1）如果人民币升值使我国的进口产品数量 y_d 增加，我国居民的 x 产品总效用 u_x 上升，因而增加了我国居民的消费者剩余；

（2）如果人民币升值，我国的进口产品数量 y_d 增加，我国国内市场 y 产品的数量不断增加，则 y 产品的国内价格必然下降。假设我国的 y 产品行业是一个垄断行业，由于种种原因，我国的其他厂商不能自由进入该行业。再假设我国 x 产品行业是一个竞争性行业，这一行业准入的差别将导致国内 y 产品生产者与 x 产品生产者的真实收入差距逐渐缩小，这对于竞争性行业的生产者来说是公平的，有利于营造公平竞争的环境，这对于资源的合理配置是有好处的。

（3）控制产量、制造短缺是垄断厂商获取高额利润的惯用手段，只有在供给短缺的条件下，垄断厂商才能获得超额利润。在人民币升值而其他条件不变的情况下，进口产品的人民币到岸价格会下降，只要进口产品的到岸价格低于我国垄断性产品的国内价格，进口该产品就会压低我国垄断性产品的价格，使我国垄断性产品的价格趋于下降，这将有利于缩小我国垄断性行业与竞争性行业的收入差距，缓解我国 y 产品的供给短缺，有利于打破少数人操纵 y 产品价格的垄断行为，有利于优化我国的资源配置，使收入分配趋于均等，并加剧竞争，促使垄断厂商采用更先进的技术从事生产，以便保持垄断地位，从而促我国产业结构调整，有利于我国产业结构升级。

3. y/xx^* 模式

在（y/xx^*）模式中，我们在式（7-17）、式（7-18）中对汇率求一阶导数可得：$\frac{\partial x_d}{\partial e}<0$，$\frac{\partial u_y}{\partial e}<0$。

由此得出结论：

（1）如果人民币升值，在短期内，外国生产 y 产品产量是相对稳定的，在外国向我国出口 y 产品有利可图的情况下，使外国的出口产品数量 y_d 增加，外国居民的 y 产品总效用 u_y 下降，因而外国居民的消费者剩余会下降。

（2）随着人民币升值，我国的出口产品 x 在外国的市场交易价格会不断上升，当这种市场交易价格超过外国居民的心理承受压力时，外国居民会逐渐减少 x 产品的消费，我国的出口产品 x 数量会下降，我国一些生产 x 产品的厂商会慢慢地被淘汰，这体现了出口产品的 J—曲线效应。如果我国要维持出口产品 x 的贸易额和竞争力，我国的生产厂商会通过引进先进设备或技术革新来改进 x 产品的生产技术，通过降低 x 产品的生产成本来减少 x 产品原有的交易价格，这样一来有利于我国的技术创新，提升我国产业结构，进而我国出口商品的贸易结构将得到提升。

（二）结论

通过以上模型的分析，得出以下结论与启示：

第一，专业化的目的只是用多产出的产品去交换其他更多的商品，从而使个人的效用得以增加。而专业化所产生的交易必定存在一个交易费用。这个交易费用既包含外生交易费用，也包含内生交易费用。两国处于国际分工的状态时，由于某国关税的增加、贸易摩擦事件的增加以及配额问题将不可避免地带来交易费用的增加。当专业化的边际效益低于边际交易费用时，两国将不会发生贸易。只有当专业化的边际效益高于边际交易费用时，两国才会进入国际分工的状态，专业化和分工的发展，必会增加贸易产品的数量和种类，这样一来两国对外贸易依存度增加。多年来人民币汇率维持稳定，中国商品物美价廉，美、欧等一些西方国家享尽中国廉价商品实惠，这对于西方国家的居民来说是有好处的。但是一些西方国家以"贸易逆差""干扰市场"等种种理由为借口，要求人民币升值，给中国商品的出口设置了重重障碍。美、欧相继对我国纺织品设限就是典型的例子。从 2005 年以来，人民币升值减少了这些国家制裁中国的借口，从而使彼此之间的贸易摩擦得到一定的缓解。我国出口商可以从国际贸易中获得更多的收益。与此同时，在西方国家的我国产品价格上升会一定程度上减少西方国家居民的真实收入和消费者剩余。这是西方国家"搬起石头砸自己的脚"的做法。

第二，在短期内，中国对外贸易现状不会显著变化。一是我国许多出口产品在进口国市场上售价要比我国的出口价高出好几倍，因此，目前人民币相当幅度的升值引起出口价上升并不会影响进口国对我国产品的需求。二是中国加入WTO 后，获得"正常贸易关系"，可以改善中国对外贸易环境，使劳动密集型产品如纺织品的出口有较大幅度的增长。三是由于中国在许多领域让出国内市场及对工业品进口关税限制的减让，会使机械设备等先进技术的高档进口品价格下降，导致进口品大量增加（郭树清，2004）。自 2005 年 7 月以来，尽管人民币有相当幅度的升值，但并没有对中国进出口贸易产生影响，却改善了中国进出口贸易环境。2006 年中国进出口贸易总额比 2005 年增长 23.8%，2007 年中国进出口贸易总额比 2006 年增长 23.6%，这是中国对外贸易继续保持良好增长势头的铁证，也可能从另一方面说明了人民币升值引起的 J—曲线效应。Lee 和 Chinn（1998）、Boyd（2001）等从总量上估计进口和出口的汇率弹性，同时得出人民币汇率的 J—曲线效应，有扩大的趋势。这表明人民币升值可能是一个较长时期的过程。张五常指出，如果人民币升值上升到中国没有贸易顺差的时候中国经济很可能就会走上日本的路，因此人民币升值应有个合理幅度。王曦、才国伟（2007）采用 Liu 等（1998）、Wilson 等（2001）研究中的实际有效汇率指标，构造出人民币外向实际有效汇率指数，利用 NDF 远期人民币汇率数据，计算人民币合意升值幅度，这个问题是迫切需要研究的课题。

第三，人民币升值，会使中国处于临界状态的出口产品渐渐失去竞争优势，可以刺激中国的 A 专业化生产并出口 x 产品。同时，将降低进口产品（如先进设备）的成本，增加国内企业的投资效益，有利于我国技术创新和产品升级，增强自身竞争实力和持续发展能力。因此，从短期来看，人民币升值不会减少中国的商品出口。然而，近年来我国出口增长较快的商品多为一些附加值极低的商品，这些商品浪费了我国大量的宝贵资源。长期来说，人民币升值将会迫使生产此类商品的厂商退出或者提高生产工艺，增加产品附加值，可以实现节省资源和资源的优化配置，从而促进我国产业结构及贸易结构的提升。这与杜进朝（2004）的观点一致，即从长期来看，人民币汇率趋势性升值有利于贸易结构的优化。

第四，随着人民币升值，当我国进口产品的到岸价格低于我国同类垄断性产品的国内价格，进口该产品就会压低我国垄断性产品的价格，随着该产品在我国市场数量的增加，尤其是该产品的供给逐渐趋于或大于我国居民对产品的需求时，使我国垄断性产品的价格趋于下降，垄断厂商的利润会下降，这将有利于缩小我国垄断性行业与竞争性行业的收入差距，有利于改善我国垄断性行业与竞争性行业之间的实际收入差距的畸形状态，有助于营造公平竞争的市场环境。

第八章

垂直专业化、核心技术创新与自主品牌创建

在产业集群空间生态中，融入跨国公司主导的国际分工体系的本土企业，通过产品外观设计和实用、新型获取低成本优势和低价竞争的经济效益。这种从低端切入全球价值链的国际分工模式，使本土企业的核心技术创新和自主品牌创建被长期"低端锁定"。本书根据分工专业化理论及 Helpman、Dixit 和 Stigltz 的基本思想进行理论推演和博弈分析，揭示本土企业核心技术创新和自主品牌创建过程中的主要障碍，进而提出，在"政金产学研"协同创新模式下，产业集群中本土企业自主研发的突破路径。发现本土企业在代工过程中，与跨国公司技术差距越大，跨国公司越不打击本土企业研发，本土企业也越不愿意研发；虽然本土企业通过"干中学"不断提高技术水平以及扩大规模，提升竞争力，却存在不确定性，从短期来看，自主品牌创建可能性不大。考虑进入中间产品市场的本土企业生产所需的固定成本越小，最终产品市场的需求越大，在中间产品市场上讨价还价的能力越强、效率较高就越有可能通过自创品牌获得利润。在得出地方政府主导的"政金产学研"协同创新模式下，企业方和学研方获得协同创新收益相同时，双方的最佳策略是合作策略，是唯一的纳什均衡。因此，地方政府应引导和扶持产业集群中的本土企业，兼顾"产业品牌与企业品牌"创建，实现产业集群从"外向型"向"内生型"转变，这样可能更加有益于长三角中小企业集群的协同创新活动。

一、我国产业集群的基本现状

知名品牌咨询机构 Interbank 发布 2015 年全球最具价值品牌排行榜，苹果、

谷歌、微软及 IBM 名列前茅，而且至少是连续 5 年，凸显高科技在全球的影响力（见表 8-1）。作为世界第二大经济体且最大的发展中国家中国，只有两家公司上榜，即华为第 88 名，联想第 100 名。这也说明，我国许多企业倾向于代工贴牌的现状，忽视了自主品牌的创建，品牌属于无形资产，具有价值，有助于提高产品价格。在这个品牌现象的背后，我们可以发现，我国和其他发达国家，特别是美国，在科学技术上存在很大差距。我国本土企业缺乏自主品牌的创建，产品技术创新能力不强，核心技术自主研发能力有待进一步提升。

表 8-1　全球最具价值品牌排行榜前 10 名（2015 年）

排名	1	2	3	4	5	6	7	8	9	10
品牌	苹果	谷歌	可口可乐	微软	IBM	丰田汽车	三星	通用电气	麦当劳	亚马逊
国别	美国	美国	美国	美国	美国	日本	韩国	美国	美国	美国

改革开放以来，浙江省、江苏省和广东省等发达省份相继涌现的产业集群，促进了区域经济发展。突出的是温州的"鞋业、服装及低压电器"三大产业集群，拥有国内知名的产业品牌，在各自所在行业显示出强大的竞争优势。2014年，温州出口贸易额达 185.56 亿美元，其中三大产业集群出口合计占总额的 80% 以上。同时，江苏苏州纺织以"两头大、中间小"为特征的加工生产以及深圳华强北的山寨机以模仿品牌手机的外观和商标起家，均拥有低廉的价格成为我国产业集群的代表之一。李琳、韩宝龙、高攀（2013）实证研究结果显示：区间地理邻近对产业集群创新的影响呈现正的影响趋势，但随着区间邻近性的增加，这种正效应的边际报酬递减；区内地理邻近对产业集群创新影响的阶段性特征比较明显。

不过，在全球价值链分工中，我国从事的是低端生产环节，在核心环节缺乏竞争优势，和价值链上下游国家相比，国内创造的价值和从分工中的获益较少（胡昭玲、张咏华，2015）。全球价值链下的我国，像产业集群中本土企业，大多面临"低端锁定"，加之经济危机的冲击，对区域经济发展的带动作用正在弱化，产业集群中的中小企业（占我国企业总数 98% 以上）呈现"低、小、散"的特征，出现严重亏损甚至倒闭现象，中小企业产品技术含量低且附加值少，贴牌加工等，制约了产业集群的转型升级。付韬等（2014）认为，各集群中小企业的发展停滞缘于其无法获取具备一定技术成长空间的关键组件技术。许多学者对产业集群需要存在大量的创新已有一些共识。集群中企业间的知识共享，实现技术扩散及知识外溢，获取集群集聚优势，才有可能实现跨越式发展，实现由价值链上的低附加值环节向高附加值环节的攀升（张辉，2005）。这些目标的实现有赖于嵌入其中的国内知识型企业自主知识创新能力及竞争能力的提高（文娉、曾刚，2005）。有学者认为，企业的创新行为具有空间聚集性，且集群中的知识共享行为对企业的持续创新具有重要影响（Jaffe，1993；Audretsch，1998）。显然，技术创新在很大程度上是产业集群形成、发展的一个关键性因素及根本途径。不过，现有文献对我国产业集群中本土企业在与跨国公司进行利益博弈时，缺乏核心技术创新能力和自主品牌创建能力及其主要障碍的剖析不够透彻，产业集群中本土企业核心技术创新和自主品牌创建实现的路径还不够明确。本书根据分工专业化理论及 Helpman、Dixit 和 Stigltz 的基本思想进行博弈分析，揭示本土企业核心技术创新和自主品牌创建过程中的主要障碍，进而提出在"政金产学研"协同创新模式下，产业集群中本土企业自主研发的突破路径。

二、产业集群的文献回顾及述评

产业集群不仅能够降低交易成本，提高效率，更重要的是能够改善创新条件，加速生产率的提高（Porter，1998），还加强了集群中企业间信息的流动，增强了企业间的信任。产业集群的创新优势缘于知识互动共享，地域空间上的集聚和分工协作有助于企业间的知识共享，而且有助于产业集群内部成员之间的互动关系或产业网络，包括以产业价值链为主导的关联、企业间的竞争、合作互动的关联以及生产要素共享、互补等，产生集群的外部规模经济效应。不过，张杰和刘东（2007）发现，我国多数地方产业集群中存在低成本效应的"扎堆式""小而全"的价值链定位雷同等形态的过度竞争模式，其所造成的直接结果就是集群内企业规模普遍偏小，很少有单个企业能够建立起独立的专业化研发部门和创新管理能力体系。

对产业集群创新的研究资料一般归纳为两个方面：一是外生型创新能力，即技术能力的引入构成了外生的创新能力来源。二是通过技术创新的外部性、协同性、规模经济与范围经济等方面从内部引致创新，即内生型创新能力；内生型创新能力的生长取决于产业集群本身的创新性质或集群内领先大企业的存在。关于垂直专业化分工对参与的发展中国家企业的影响，学者的观点却不尽相同。一种普遍观点认为，发展中国家企业难以升级到设计、营销、品牌等附加值更高的环节，收益十分微薄，且研发能力会受到抑制（Kaplinsky and Readman，2000；Schmiz and Knorringa，2000；张二震等，2004）。改革开放以来，我国产业集群本土企业以劳动力比较优势为基础嵌入全球价值链国际分工体系（李延朋，2014）。产业集群中本土企业与跨国公司在生产链条间建立的相对稳定关系，为集群内的中小企业提供了模仿和学习的机会。这样很可能会限制中小企业的创新思维，从而形成"低发展"陷阱（杨小凯，1991），就容易形成"锁定"，抑制创新的产生。康志勇（2013）认为，大量的本土企业切入到发达国家跨国公司主导的全球价值链中的劳动密集型、低技术含量、低附加值的低端生产制造或组装环节。在国际垂直专业化分工体系下，我国本土企业陷入发达国家的"结构封锁型"陷阱中，我国出口企业的代工活动抑制了自主研发，造成对国外关键技术的"依赖"，产业升级被遏制（姚洋、张晔，2008；张杰等，2010；张明志、李敏，2011；王贺光，2012；刘磊，2014；李静，2015）。但也有学者持相反的观点，他们认为垂直专业化分工使技术水平较低的发展中国家有机会进入高新技术产业，为发展中国家的产业升级提供了便捷的路径（潘悦、杨镭，2002）。垂直专业化有利于资源的优化配置、提高生产效率（胡昭玲，2007）。

近些年来，学术界的一个研究热点是垂直专业化对我国本土企业的"低端锁定"如何摆脱？孙喜（2014）特别强调，引进技术在技术上的失败和经济上的破产成为中国技术自立和工业竞争力发展的必要条件。中国的技术自立是来自广泛存在于中国各工业部门学习外国技术的努力，进而摆脱技术依赖、夺回本土市场及产业发展主导权。陈超凡、王赟（2015）通过建立博弈模型和VAR模型对垂直专业化分工下中国装备制造业产业升级困境进行分析，表明中国本土制造企业应在充分吸收发达国家知识、技术外溢成果的基础上，以提升企业自主研发能力和培育开放式创新网络为突破，摆脱低端锁定状态，建立起覆盖全球的价值网络，实现产业升级。同时，许多学者还倾向于从不同角度、利用不同方法对产学研协同创新进行较为深入的研究，解决我国本土企业摆脱跨国公司技术依赖的问题。《2014~2015年全球竞争力报告》显示，我国的产学研合作整体水平滞后于我国全球竞争力排名的原因在于，科技资源主要集中在高校和科研院所，与处于市场环境中的企业联系不紧密。国内研究热点主要集中在产学研协同创新的模式、机制、机理及产学研联盟、绩效等领域（樊霞等，2013）。一些学者还分别从供应链（王永平、孟卫东，2004）、信任机制（杨伟娜、潘杰义、詹美求，2007）、演化博弈（王子龙、许箫迪，2013）、复杂系统（张煊、孙跃，2014）

第八章
垂直专业化、核心技术创新与自主品牌创建

等方面对产学研协同创新进行分析,但是他们忽略了政府的引导和支持作用。

埃茨科威兹(Henry Etzkowitz)曾指出,无论是大学、产业或政府均可以成为创新的主要驱动力,他们彼此之间的关系模式也非固定,最重要的目的还是在于通过三者之间相互作用以实现整体动态的平衡。蓝晓霞、刘宝存(2013)认为,政府主导的产学研合作机制,不仅能更有效地使用资金和资源,还能大力促进高校、科研机构和企业界的密切合作。政府应该鼓励集群中龙头企业不断拓展产品种类,同时将新产品的部分关键组件向中小企业剥离,为中小企业发展提供机遇。还有学者(王飞绒、吕海萍,2003;周笑,2008;许红梅,2011;张琳,2012;黄庆德、戴强、胡登峰,2013;谈毅,2015;张振刚、王渊桂、李云健,2015)在产学研合作研究中关注政府的影响;探讨政府的定位作用、核心作用;重视政府的导向促成、协调服务和监管维系作用;却没有考虑金融服务的作用。

另外,产业集群中本土企业可以通过品牌创建来提升本土企业品牌知名度,增强本土企业核心竞争能力,进而加快产业核心技术创新的进程。集群品牌是在产业集群内形成的,维持集群品牌是培育集群核心竞争力的重要支撑(刘芹、陈继祥,2004)。同时,产业集群有利于形成集群品牌并能够使之得到有效的维护,而集群品牌对于区域经济与产业快速发展具有重要的意义(涂山峰等,2005)。李国武(2005)认为,要从单纯重视集群品牌的创建向推进企业品牌的创建转变,并且要从低成本的产业集群道路向创新型产业集群道路攀升。企业品牌创建还有赖于企业的创新能力,只有创新才能保证产品在集群内的差异化,才有可能摆脱价值链低端的竞争。然而,对于单独的中小企业而言,创建品牌难度大、成本高;仅仅依靠集群中企业之间自发形成一个相互协调、适度竞争的价值链体系实属不易。针对该问题,王启万、王兴元(2013)提出,构建战略性新兴产业集群品牌生态系统有助于地方政府与企业创建和发展战略性新兴产业集群品牌。

姜江、胡振华(2013)基于 Logistic 模型的研究发现,产业集群创新系统存在演化周期现象;姜明辉、贾晓辉(2013)结合产业集群创新系统周期演化阶段特征提出,产业集群在形成期,依靠完善集群技术服务体系,促进集群创新主体合作;在成长期,注重对技术知识产权的保护;在成熟期,注重集群外部人才引进;在衰退期,加强集群与外界的信息联系,不断引入新技术,并借助要素和资源的充分流动,提升产业集群的创新能力。不过,赵延东、张文霞(2008)发现,我国只注重企业地理上的集中而忽视产业集群效应,地方政府缺乏建立集群的长期规划和考虑。2014 年 1 月 22 日,李克强总理在主持国务院常务会议时指出,要把政府引导支持和企业主体作用有效结合,鼓励企业联合高校和科研院

所，促进科学与技术、科技与产业融合，推动成果产业化和市场化。洪银兴（2014）也认为，我国现阶段的产学研协同创新离不开政府的引导和集成，政府的引导和集成毫无疑问是靠投入和政策支持。

综观上述文献可以发现，当前，全球价值链的国际分工格局正在演进，核心技术创新和自主品牌创建对于我国产业集群中本土企业来说至关重要。我国本土企业因技术创新能力弱、创新效率低而缺乏核心技术和自主品牌，进而被锁定于全球价值链的低端。要想提高本土企业核心技术创新能力以及增强其自主品牌创建能力，本书试图剖析其中存在的障碍及其突破的路径。这是本书研究的主要内容及创新之处。

三、本土企业参与国际代工的障碍分析

产业集群本土企业参与国际代工时总是从低端切入全球价值链（GVC），这个特点决定了我国现时的本土企业在核心技术创新和创建自主品牌时存在着巨大障碍。正如刘志彪教授所言，在现有的全球化格局下，跨国公司特定的贸易规模和结构决定了品牌空间已经基本上被发达国家的跨国公司占满，发展中国家产业升级的空间十分狭小。因此，对产业集群本土企业来说，强化核心技术创新和自主品牌创建存在障碍。

（一）领导型治理模式下垂直专业化

Gereffi、Humphrey 和 Sturgon（2005）根据全球价值链中行为主体之间协调能力的高低，归纳了五种全球价值链治理模式，分别是科层制（Hierarchy）、领导型（Captive）、关系型（Relational）、模块化（Modular）和市场（Market）。其中，领导型、关系型、模块化均属网络型（Network）范畴。领导型治理模式在我国最为典型，本土企业特别是中小企业主要依附于跨国公司，由于改变这种依附关系要付出很高的变更成本，因而本土企业在这种模式中被跨国公司所领导，该种模式中跨国公司一般会对本土企业具有很强的监督和控制力。领导型治理模式的跨国公司供应能力较低，企业协作配套能力不足，大量依靠跨国公司的技术、加工工艺等诸多方面的指导和监督。在与跨国公司的互动过程中，本土企业

第八章
垂直专业化、核心技术创新与自主品牌创建

基本上处于一种被动接受地位。跨国公司按照价值链把增值部分最大、最核心的环节保留下来，为本土企业提供价格远低于同行的产品。而把外观设计等环节外包给本土企业生产，这样既能使企业生产成本最小化和经济效益最大化，又能控制本土企业，通过获取群聚效益形成竞争优势；本土企业为跨国公司协作配套，专注于某一生产环节的生产，能使某项生产技艺专门化，实现企业内部规模经济，并分享集群外部群聚效益，强化其竞争优势。跨国公司与本土企业之间形成了从研发、生产到销售渠道的产业链，其分工模式从产品设计、原材料供应到各个环节的生产，均有专业化分工。产业集群是以跨国公司为主导，以众多本土企业为基础，组成的分工协作的企业组织网络（见图8-1）。

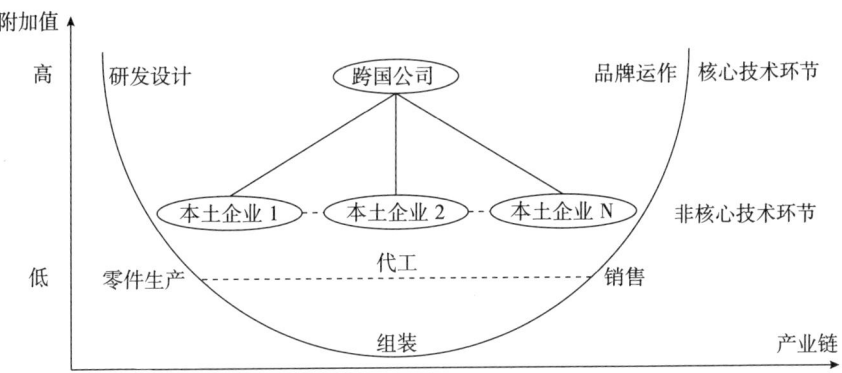

图8-1 跨国公司与本土企业的分工网络

领导型治理模式由于跨国公司和与其本土配套企业市场适应能力、空间转移能力严重不均衡，使跨国公司在全球配置其资源时，大多数本土配套企业处于一种十分尴尬的境地。

这里，本书将通过基于技术差距的跨国公司与本土企业的博弈模型进行阐释。

1. 模型假设与得益矩阵

（1）在领导型治理模式下，跨国公司与本土企业之间技术差距为 δ。假设一个本土企业通过代工给跨国公司，其有两种战略动机：研发和代工。跨国公司对本土企业的代工行为进行监管，以防止本土企业的研发行为对跨国公司造成负面影响。打击效果取决于执行打击工作的跨国公司，跨国公司有两种战略：打击和不打击。

(2) 本土企业代工可以获得正常收益 r_1，如果研发将获得一部分研发的收益 r_2 和付出成本 c_1，研发收益 $r=r_1+(r_2-c_1)$，(r_2-c_1) 为研发的超额收益。设 r_2、c_1 是 δ 的函数，即 $r_2=r_2(\delta)$，$c_1=c_1(\delta)$，并假定 $r_2'(\delta)<0$，$r_2''(\delta)<0$，即 δ 越大，则 r_2 越小；$c_1'(\delta)>0$，$c_1''(\delta)>0$，即 δ 越大，则 c_1 越大。当本土企业研发，且跨国公司打击时，假设跨国公司确实能查出本土企业研发行为的概率为 u，其大小取决于跨国公司打击技术的好坏，跨国公司打击技术越好，概率 u 就越大；反之就越小。并进一步假定，本土企业因为研发行为被打击而遭受处罚的损失为 F，则其期望损失为 uF。

(3) 无论跨国公司打击还是不打击，其均可获得正常收益 S；当跨国公司打击时，其打击成本为 c_2；假定它是 δ 的函数，即 $c_2=c_2(\delta)$，并假定 $c_2'(\delta)<0$，即 δ 越大，则 c_2 越小。若跨国公司坚持打击，使本土企业的研发行为得到抑制，其将获得一定的潜在收益 θ，设 $\theta=\theta(\delta)$，并假设 $\theta(\delta)>0$，即 δ 越大，则跨国公司获得的 θ 越多（或本土企业损失的利益越大）。并假定当 $\delta>0$ 时，$\theta-c_2>0$，即跨国公司打击行为能够获取收益。跨国公司延长了约束本土企业代工原有技术产品获取利润的时间价值；当本土企业研发，且跨国公司不打击时，跨国公司会由于渎职而遭受一定的损失 M，比如跨国公司在华代工产品要提早提升技术，时间损失，即缩短了跨国公司基于一定技术掌控本土企业时间等。

(4) 当博弈不存在纯战略纳什均衡，但存在混合战略纳什均衡时，假设本土企业与跨国公司以各自的概率选择自己的行动，构成混合战略。假定本土企业的混合战略为 $(p, 1-p)$，即本土企业在以 p 的概率选择研发，$(1-p)$ 的概率选择代工；假定跨国公司的混合战略为 $(q, 1-q)$，即以 q 的概率选择打击，$(1-q)$ 的概率选择不打击。由上面的假设得出本土企业与跨国公司博弈的得益矩阵（见表 8-2）。

表 8-2 本土企业与跨国公司博弈的得益矩阵

跨国公司

本土企业		打击（q）	不打击（$1-q$）
	研发（p）	$r_1+(r_2-c_1)-uF$; $S+\theta-c_2$	$r_1+(r_2-c_1)$; $S-M$
	代工（$1-p$）	r_1; $S+\theta-c_2$	r_1; S

2. 均衡分析

从本土企业与跨国公司博弈的得益矩阵（见表 8-2）中可看出，当本土企业

第八章
垂直专业化、核心技术创新与自主品牌创建

在代工时，跨国公司的决策取决于打击成本（c_2）与打击的收益（θ）的比较：若 $\theta<c_2$，其最优选择为不打击；若 $\theta>c_2$，其最优选择为打击。当本土企业选择研发时，跨国公司的决策取决于不打击的损失（M）、打击成本和打击收益之差（$c_2-\theta$）两者的比较：若 $M>c_2-\theta$，跨国公司选择打击；若 $M<c_2-\theta$，跨国公司选择不打击。

当跨国公司选择不打击时，本土企业的研发收益大于代工的收益（$r_1+r_2-c_1>r_1$），其最优选择为研发；当跨国公司选择打击时，本土企业的最优选择取决于研发的超额收益（r_2-c_1）与被打击的期望损失 uF 的比较：若（r_2-c_1）> uF，其最优选择为研发，若（r_2-c_1）<uF，其最优选择为代工。

通过比较跨国公司不打击遭受的损失（M）和打击成本与打击收益之差（$c_2-\theta$），本土企业研发的超额收益（r_2-c_1）和被打击的期望损失（uF），跨国公司打击的收益（θ）和打击成本（c_2），可以求得下列各情况下的博弈均衡：

（1）当本土企业研发的超额收益（r_2-c_1）大于被打击的期望损失 $uF(r_2-c_1>uF)$，且跨国公司不打击遭受的损失 M 大于打击成本 c_2 与打击收益 θ 之差（$M>c_2-\theta$）时，无论跨国公司打击的收益 θ 小于打击成本 $c_2(\theta<c_2)$ 还是打击的收益 θ 大于打击成本 $c_2(\theta>c_2)$，本土企业都选择研发，跨国公司选择打击，存在纯战略纳什均衡（研发，打击）。

（2）当跨国公司不打击遭受的损失 M 小于打击成本 c_2 与打击收益 θ 之差 $M<c_2-\theta$ 时，由于跨国公司不打击遭受的损失大于零（小于或等于零的情况不符合现实），所以这里只需讨论打击的收益 θ 小于打击成本 c_2 的情况（因为 $M<c_2-(r_2-c_1)$，$M>0$ 与 $\theta>c_2$ 是矛盾的），在这种情况下，跨国公司选择不打击，本土企业选择研发，存在纯战略纳什均衡（研发，不打击）。

（3）若跨国公司打击的收益 θ 大于打击成本 c_2，且本土企业研发的收益（r_2-c_1）小于被打击的期望损失 $uF(r_2-c_1<uF)$，有（$c_2-\theta$）<0，由于 $M>0$，则必有 $M>c_2-\theta$，此时跨国公司选择打击，本土企业选择仅仅代工，存在纯战略纳什均衡（代工，打击）。

（4）当跨国公司不打击遭受的损失 M 大于打击成本 c_2 与打击收益 θ 之差（$M<c_2-\theta$），打击的收益 θ 小于打击成本 c_2，且本土企业研发的超额收益（r_2-c_1）小于被打击的期望损失 $uF(r_2-c_1<uF)$ 时，如跨国公司选择打击，本土企业则选择代工；当本土企业代工时，跨国公司选择不打击；当跨国公司不打击时，本土企业选择研发，不存在纯战略纳什均衡，但存在混合战略纳什均衡。

求解该混合战略纳什均衡，令本土企业和跨国公司的期望收益分别为 $U_本$ 和

$U_{跨}$,则本土企业的期望收益函数为:

$$U_{本}=p[q(r_1+r_2-c_1-uF)+(1-q)(r_1+r_2-c_1)]+(1-p)[qr_1+(1-q)r_1]$$

其最优化的一阶条件为:

$$\frac{\partial U_{本}}{\partial p}=q(r_1+r_2-c_1-uF)+(1-q)(r_1+r_2-c_1)-[qr_1+(1-q)r_1]=0$$

则跨国公司最优的打击概率为: $q^*=\dfrac{r_2-c_1}{uF}$

如果跨国公司打击概率小于 $(r_2-c_1)/uF$,本土企业的最优选择为研发;如果跨国公司打击概率大于 $(r_2-c_1)/uF$,本土企业的最优选择为研发;如果跨国公司打击概率等于 $(r_2-c_1)/uF$,本土企业随机地选择研发或代工。

跨国公司的期望收益函数为:

$$U_{跨}=q[p(S+\theta-c_2)+(1-p)(S+\theta-c_2)]+(1-q)[p(S-M)+(1-p)S]$$

其最优化的一阶条件为:

$$\frac{\partial U_{跨}}{\partial q}=p(S+\theta-c_2)+(1-p)(S+\theta-c_2)+p(S-M)+(1-p)S=0$$

则本土企业最优的研发概率为: $p^*=\dfrac{c_2-\theta}{M}$

如果本土企业的研发概率小于 $(c_2-\theta)/M$,跨国公司的最优选择为不打击;如果本土企业的研发概率大于 $(c_2-\theta)/M$,跨国公司的最优选择为打击;如果本土企业的研发概率等于 $(c_2-\theta)/M$,跨国公司随机地选择打击或不打击。

因此,混合战略纳什均衡是,$p^*=(c_2-\theta)/M$,$q^*=(r_2-c_1)/uF$,即本土企业以 $(c_2-\theta)/M$ 的概率选择研发,跨国公司以 $(r_2-c_1)/uF$ 的概率选择打击。这个均衡另一种较为现实的解释是:一些本土企业在代工时,其中有 $(c_2-\theta)/M$ 比例的本土企业选择研发,$1-[(c_2-\theta)/M]$ 比例的本土企业选择代工,跨国公司随机打击 $(r_2-c_1)/uF$ 比例的本土企业的研发行为。本土企业研发的超额收益 (r_2-c_1) 越小,本土企业研发被跨国公司确认的概率 u 越大(也就是跨国公司打击技术越好)以及对本土企业研发的惩罚越重,跨国公司均衡打击概率 q^* 就越小;反之则越大。跨国公司的打击成本越小,打击的额外收益越大以及不打击遭受的损失越大,本土企业研发的概率就越小;反之则越大。

显然,跨国公司不打击遭受的损失 (M)、跨国公司的打击成本 (c_2) 与打击的收益 (θ)、本土企业研发的超额收益 (r_2-c_1),本土企业研发被跨国公司确认的概率 (u) 以及对本土企业研发的惩罚 (F) 是决定博弈均衡的关键因素。

第八章
垂直专业化、核心技术创新与自主品牌创建

研发超额收益的大小决定促使本土企业研发的诱惑力大小，本土企业研发后被打击的期望损失大小决定跨国公司打击力度大小；对跨国公司不打击渎职行为的惩罚以及跨国公司打击本土企业研发获得的差额收益决定跨国公司对本土企业研发行为打击动力的大小。

本土企业是否研发，取决于研发获利的诱惑力与跨国公司的打击力度。当诱惑力大于打击力度，即 $(r_2-c_1)>uF$ 时，无论跨国公司打击还是不打击，本土企业都将选择研发；或者当跨国公司的激励机制不完善，即 $M<c_2-\theta$，且 $\theta<c_2$ 时，对跨国公司打击研发行为的激励不足，此时跨国公司选择不打击，则本土企业将肯定选择研发。只有当打击力大于诱惑力，即 $(r_2-c_1)<uF$ 时，本土企业才可能选择代工，打击力越大于诱惑力，即处罚力度 F 越大，跨国公司打击技术越好，研发的超额收益越小，则本土企业研发的可能性越小；对跨国公司打击研发行为的激励越大，即打击的收益 θ 越大于打击成本 c_2，不打击遭受的损失 M 越大，则跨国公司的打击力度会越大，本土企业研发的可能性也就越小。

结论 1 在全球价值链中，垂直专业化在使各国融入跨国公司主导的国际分工体系，发展中国家的本土企业为跨国公司代工生产，享受国际分工带来的经济效益。当跨国公司与本土企业技术差距很大时，跨国公司不需要打击本土企业研发，同时，本土企业也不愿意研发。

该结论与我国的实情相符，本土企业融入跨国公司主导的国际分工体系，通过产品外观设计和实用新型获取低成本优势和低价竞争的经济效益。这个结论也佐证了孟祺（2010）等的研究观点，即发现整体上内资企业并没有明显获得垂直专业分工的技术溢出效应。在过去的二十多年里，长三角区域形成承接"亚洲四小龙"以低效益劳动密集型制造业为主的产业结构。产业集群传承"国际代工"为特点的经济成长模式，但其企业具有产业低技术部分的加工能力，自身缺乏产品设计和研发优势，缺乏技术创新能力，缺乏自主知识产权的品牌。

（二）利益博弈下的两难选择

本土企业尽管在细节上仿造国外品牌产品的外表和功能，且在外观设计和实用新型方面有所创新，较大程度地满足了消费者追求差异化的需求，但在发明创造方面能力不强（见图 8-2），缺乏核心技术和自主品牌国际化（见图 8-3）却是不争的事实（我们通常用专利作为技术创新的代理变量）。根据李嘉图比较优势理论及赫克歇尔—俄林的资源禀赋原理，一国通过现有资

源的有效配置,生产具有相对优势的产品,可以参与专业化分工和对外贸易,并从中获得比较利益。由于在国际分工难以提高层次,这是本土企业发展的瓶颈,因此本土企业将长期低层化。本土企业没有技术积累、知识资本及高端科技人才,从而不具备核心技术的创新能力和创建自主品牌能力,难以跃升到以创新和创新人才为主要特征的创新型企业。

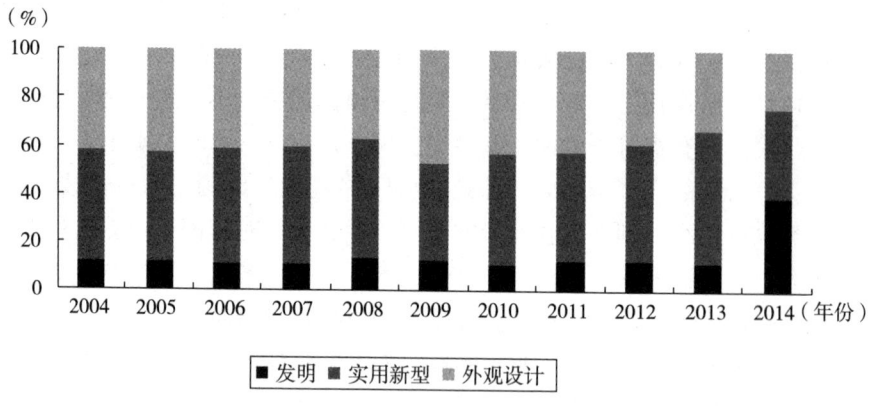

图8-2 2004~2014年我国三项专利占专利总数的比较(授权数)

资料来源:2005~2015年《中国统计年鉴》,经计算求得。

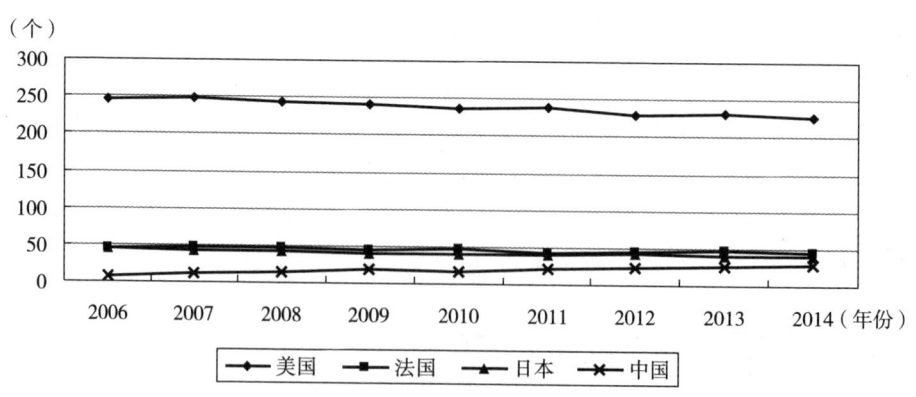

图8-3 2006~2014年世界品牌500强入围(前三甲与中国的比较)

注:2014年英国以42个品牌入选超越日本(39个)。对于14亿人口的中国,还处于"品牌第三世界"。

资料来源:世界品牌实验室(World Brand Lab)。

第八章
垂直专业化、核心技术创新与自主品牌创建

本土企业在参与国际代工当中创建自主品牌的道路上存在多方面的障碍。首先，由于本土企业在参与国际代工时，一般都是从价值链的低端切入的，而且只有那些效率超过一定水平的企业才能通过代工获得利润。即便这样，在一定的效率区间内，大多企业宁愿选择代工的生产方式也不愿意自创品牌。也就是说，本土企业的国际代工是内生性制度选择的结果。根据 Helpman（2006）以及 Dixit 和 Stigltz（1977）的基本思想，当本土上游企业通过代工生产中间投入品时，效率较高的企业能够获得一定的利润，但是如果要自创品牌则需要支付一定的前期成本以克服进入壁垒，而本土企业进入下游环节的效率比在位下游企业低，并且要耗费较少的边际成本。两种方式所能带来利润的比较，决定了本土企业不愿进入下游环节自创品牌。先看最终产品市场的需求方面。假设最终产品市场为垄断竞争市场，消费者面对众多品牌的同类产品时具有 CES 效用函数，其形式为 $U_t = \int_0^\infty e^{-\rho(\tau-t)} \log D(\tau) d\tau$，其中 $D = (\sum_j q_j^\alpha)^{1/\alpha} (0 < \alpha < 1)$ 为消费者的消费指数，CES 为效用函数的方便之处，在于每两种商品之间的替代弹性为 $\varepsilon = \frac{1}{1-\alpha} > 1$，并且可以推导出不变价格弹性的需求函数。假设 ρ 为主观贴现率，q_j 为对品牌 j 的消费。消费者在该类产品上的支出为 I，对每种商品的需求为 $q_j = A p_j^{-\varepsilon}$，其中 $A = \frac{1}{\sum_i p_i^{1-\varepsilon}}$，$A$ 为反映市场需求状况的指数，其本身为市场内生变量。再看企业生产方面，假设生产一单位最终产品需要一单位中间产品，中间产品在国内生产销售给外国的下游跨国公司。生产过程中只有劳动投入，假设劳动的价格为 w，本土企业生产中间产品的效率水平用劳动的边际产量 θ_j 表示，则中间产品的边际成本为 w/θ_j，另外固定成本为 F_0。为了分析问题方便，这里不考虑下游企业组织选择的问题，并假设在位的下游企业由于成本方面的考虑从市场上购买中间投入品。下游企业购买中间产品后经过加工再面向最终产品市场销售，假设固定成本已经沉淀，并且边际成本为 0。

为使问题简化，假设上下游企业通过纳什讨价还价决定利润的分配，双方分配利润的份额取决于讨价还价能力的相对大小。下游企业一旦选择与本土企业进行谈判，就不能再通过 FDI 垂直一体化方式组织生产。当本土企业接受国外订单进行生产时，下游企业根据市场需求制定利润最大化的价格：$max_{p_j}(p_j - w/\theta) q_j$，将需求函数代入可得：$p_j = \frac{w}{\alpha \theta_j}$。假设双方讨价还价力量为对等，即本土企业获得

一半利润，将价格代入整理可得：$\pi_j = \frac{1}{2}(\theta_j^{\varepsilon-1})B - F_0$，其中 $B = (1-\alpha)A\left(\frac{w}{\alpha}\right)^{1-\varepsilon}$。

令 $\Theta = \theta^{\varepsilon-1}$ 作为衡量企业效率水平的指标，则利润函数表示为 $\pi = \frac{1}{2}\Theta B - F_0$。如图 8-4 所示，效率水平超过 Θ_0 的企业可以通过代工获得正的利润，效率低于 Θ_0 不进入中间产品的生产。

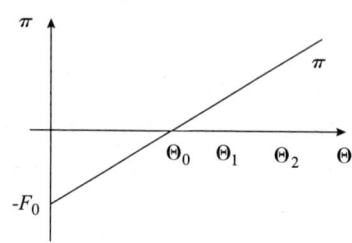

图 8-4 本土企业参与国际代工的决策区域

结论 2 当本土上游企业通过代工生产中间投入品时，进入中间产品市场生产所需的固定成本越小，最终产品市场的需求越大，中间产品市场本土企业讨价还价的能力越强，效率较高的本土企业越能获得较多利润。

该结论是非常直观的，固定成本越小，临界值越小；最终产品市场需求越大，即 A 越大，从而曲线的斜率越小，临界值越小；本土企业讨价还价能力越强（将讨价还价能力设定为 1/2 只是一种假设），曲线斜率越大，从而临界值越小。

再看本土企业在代工与自创品牌之间的选择问题。在考虑本土企业面临自主创新的行为选择时，分析的重点在于考察是否可能存在一定的效率区间，处于该区间内的企业即使预期到将来自主创新行为能够带来正的利润，仍然选择代工的生产方式。与上一部分不同，现在假设本土企业可以选择是否通过自创品牌进入最终产品市场。假设本土企业代工时一方面需要花费 $F'>F$ 的固定成本，另外还需要比在位下游企业花费更多可变成本才能够销售其产品。为克服在位者优势，假设本土企业下游产品的销售引起平均可变成本的变化，由原来的 w/θ_j 增加到 $\lambda w/\theta_j$。将 λ 设定为大于 1，原因可能来自于需要做更多的销售努力，或者需要开拓新的产品销售渠道，或者需要花费更多的费用以克服消费者的转换成本等。这样利润最大化问题就转化为 $max(p_j - \lambda w/\theta_j)q_j$，解之，得 $p_j = \lambda w/\alpha\theta_j$，其利润函数可表示为 $\pi' = \lambda^{1-\varepsilon}\Theta B - F'$，其中 $\Theta = \theta^{\varepsilon-1}$，$B = (1-\alpha)A\left(\frac{w}{\alpha}\right)^{1-\varepsilon}$。在这里，当考虑

第八章
垂直专业化、核心技术创新与自主品牌创建

本土企业自创品牌时,可能会出现两种后果:一种是下游跨国公司或发包企业终止本土企业的订单,此时本土企业如果选择自创品牌将面临失去所有潜在代工订单的风险;另一种是本土企业通过额外支出一定的固定成本从而重新搜寻到新的下游发包订单,同时也进行自主创新。随着 λ 取值不同,有不同的情况发生。

根据 Helpman(2006)研究的基本结论,当 $\lambda^{1-\varepsilon} \leq 1/2$,即当本土企业进入下游环节相对原有在位企业劣势较大时,本土企业销售自创品牌时耗费的边际成本较多。此时有两种可能:

一种是下游发包企业终止代工订单。因为本土企业进入下游环节的效率较低($\Theta_0 < \Theta < \Theta_1$)且固定成本较高,使代工相对于任何本土企业来说都比自创品牌带来的利润更多,这样企业宁愿选择代工方式而不愿意冒失去订单的风险去自创品牌。

另一种是本土企业转向其他下游发包企业。此处的分析,省略了最终产品市场由于进入的发生而导致的竞争加剧问题。竞争加剧导致 A 变小,从而利润曲线的斜率变小,下游竞争同样导致对中间产品需求的减少,从而两条利润曲线都应当向右稍微发生转动,由于假设垄断企业数目较多,可以忽略这种效应。在这种情况下,本土企业只要克服了转换所需的固定成本,就能够转向其他下游企业接受订单,本土企业可以从代工生产和自创品牌两方面获取利润。但此时只有效率达到一定水平的本土企业($\Theta > \Theta_2$)仍然会选择代工方式。

当 $\lambda^{1-\varepsilon} > 1/2$,即当本土企业在下游环节效率相对较高时,其相对于在位下游企业的成本劣势较小。此时仍需分为两种情况分析:即要么下游终止订单,要么转向其他下游企业。先看下游终止订单情形。同前面的分析方法相同,本土企业需要权衡自创品牌可能带来的收益以及放弃订单的利润损失。由于本土企业在下游环节相对多耗费的成本较少,对于超过一定效率水平的企业自创品牌能获得较多的利润。因此,效率水平在较低范围内的本土企业($\Theta_0 < \Theta < \Theta_1$)仍然选择代工,而在较高范围内的企业($\Theta > \Theta_2$)自创品牌。对于效率中等的企业 $\Theta_1 < \Theta < \Theta_2$ 来说,虽然自创品牌有正的预期收益,但由于能获得的利润较低,本土企业仍然不愿放弃选择代工方式。

再看转向其他下游企业情形。由于转换固定成本的存在,只有效率高的,即 $\Theta \geq \Theta_2$ 的本土企业,在足以弥补这部分支出后,才能在预期带来正的利润时选择自创品牌,而对于大多数($\Theta_0 < \Theta < \Theta_1$)范围内的企业仍然选择代工。从上面的分析中可以得到:

结论3 对于本土企业来说,生产效率是决定其利润规模的核心要素。效率

水平在较低范围内的本土企业仍然选择代工，而效率越高的企业，越有可能通过自创品牌获得利润。

此处的效率，包含了代工生产中间产品的效率 θ 和经营下游品牌的效率 λ。以上简化的模型采用的是静态分析方法，如果采用比较静态分析，通过考察各主要变量的变动对均衡结果产生的影响，更能说明本土企业在代工和自创品牌之间的选择问题。由利润表达式 $\pi' = \lambda^{1-\varepsilon}\Theta B - F'$ 可知，临界值 $\Theta^* = \dfrac{F'}{\lambda^{1-\varepsilon}B}$ 随着参数的调整而改变。而这些参数的调整，可以通过学习效应、市场规模和固定成本等参数的变动来反映。

首先，看学习效应。前面假设本土企业在从事下游环节的经营活动时耗费的成本较高，即 $\lambda > 1$，如果企业预期从事下游的生产能够逐渐通过学习效应降低其成本，则在一定程度上会对其决策产生影响。总的来说，由于 λ 的逐渐减低，利润函数 π' 的斜率逐渐增大，一些本土企业可从自创品牌中获得越来越多的利润。如果预期将来的利润增加能够抵消初始投入，使临界值降低，本土企业将有可能选择自创品牌。再看市场规模的变动。市场规模的变化来自两个方面，一方面消费者对该类产品的支出和该类产品中品牌的数量。两者都通过影响市场规模指数 A 从而影响 B，消费者支出 I 的增加使 A 变大，品牌数量的增加使 A 减小。市场规模增大时 B 变大，使利润函数 π' 的斜率增大，从而使临界值变小。也就是说，当市场规模较大时，效率较高的企业通过自创品牌能够获得更多利润，并且市场规模的增大，使最终产品市场容纳更多的品牌，从而使自创品牌变得更有吸引力。另一方面考察固定成本的变动。固定成本变动产生的影响是非常直观的，如果进入下游所需的固定成本非常高，即下游产业有很高的进入壁垒，使企业在进入后所能获得的利润较少，从而使自创品牌不具有吸引力，并提高进入的临界值。尤其对于某些产品差异化主要依靠品牌战略培养起来的产品，这一效果更加明显。

其次，本土企业的核心技术创新乃至品牌创建，可能要遭到跨国公司的报复和封锁。也就是说，当本土企业打算以自主品牌参与到产业竞争时，面临的可能是来自跨国公司强有力的竞争。在此方面，大量现有文献支持了这一基本论断，即进入者进入下游经营品牌时将面临在位企业的掠夺性行为。如 Bain（1956）最早提出的限制性定价模型所揭示的，某种情况下，在位企业可以维持一个低价以阻碍进入。还有 Spence（1977）、Dixit（1979，1980）等提出的将序贯数量竞争的斯塔科尔伯格模型看作是对生产能力的选择也证明了这一点。由于在位企业有先行行动的优势，可以通过投资大量的生产能力以做出可置信的承诺，从而使

第八章
垂直专业化、核心技术创新与自主品牌创建

进入者只能投资生产较小的份额，如果新进入者需要的固定成本要求达到一定的规模，则可阻止进入者的进入。再如，Milgrom 和 Robert（1982）的限制性定价模型，在不完全信息博弈理论的基础上，将当前市场的价格和进入者对将来市场营利性的预期联系了起来。在位者制定一个低价并非由于他具有大批量的生产能力，而是由于他想传递关于市场需求较低或者在位企业边际成本较低的信息，在位企业的低价向进入者传递了将来营利性低的信号，从而阻碍了进入者的进入。因而，在跨国公司制造业垂直分离的国际背景下，对外进行分包的企业一般都是具有一定垄断势力的企业，尽管在生产中间商品环节上由于劳动力成本较高而边际成本较高，但由于其历史积累，市场占有率高，从而对进入者来说剩余的市场需求较少。在展开正面竞争时，一方面，起步时技术上可能难以有足够竞争力；另一方面，为长期占有市场而投入的研究开发支出数目巨大，进入者往往难以承担。即使进入者成功进入市场后，也可能面临来自在位企业的"消耗战"。由于在位企业拥有充足的资源，包括现有资源和融资能力等，如 Deep Pocket 理论预言的，新进入者往往难以在消耗战中取得胜利。因此，本土企业以代工方式切入产业链的某个生产环节，虽然短期看其盈利能力不强，但获得的是稳定性的收益，一方面避免了与在位企业的竞争，另一方面获得了长期利润。总之，本土企业在代工过程中，虽然能够通过学习效应不断积累经验、技术、能力和资源，通过扩大规模提高竞争力，并且创建自主品牌也是有可能的，但从短期来看这种可能很小。

本土企业在通过代工方式创建自主品牌时，还面临着不确定性与企业承受风险能力的制约。因为本土企业在新进入某产业时，一般规模都比较小，所有权集中度高，这就产生了对预期收益的高贴现和对未来风险承担的问题。这些问题一般来说，或者来自市场需求或供给的高度不确定性，或者来自竞争对手强大的竞争压力。更为重要的是，在企业生命周期的早期阶段，或处于创业初期阶段的企业家或经理大多数是风险规避的。加上我国资本市场欠发达，风险投资尚未形成气候，决定了本土企业宁愿选择代工，而不愿自行创建品牌。

另外，随着我国本土企业积极参与国际代工方式融入全球价值链的过程中，在我国人民币逐渐升值、对外开放度的提高、人力成本不断攀升等因素影响下，跨国公司如日本西铁城、美国微软开始撤离中国，回迁本国或向低成本的越南、印度等国家转移，可能会使我国本土企业陷入困境。2012 年阿迪达斯撤离中国，造成围绕其周围的大量代工厂沦陷的事实，表明跨国公司随时可能在全球空间重新配置资源，而与之配套的本土企业体系又无法在空间上跟进，使配套厂商之间

的供应链体系处于高度的不稳定状态，随时都有崩溃的可能。

四、本土企业参与国际代工的突破路径

地方政府应大力支持本土企业提高自我创新能力和自主品牌创建能力，减少对跨国公司的技术依赖。本土企业要真正实现核心技术创新和品牌突破，就必须实施应对性的研发和技术创新战略，才能在技术能力和市场能力上有所突破。本书认为突破的路径，即"政金产学研"协同创新模式，更加注重自主研发。本土企业要拥有核心技术创新能力，并向产业链高端领域进行品牌经营，实行差异化竞争，需要依靠自身力量，进行协同创新。

产学研的有机结合与产业集群内部的专业化分工并存，使产业集群中企业之间产生"1+1>2"的协同效应，有利于推进技术创新。在产业集群内存在大量竞争对手，充分的竞争压力形成强大的创新动力，使集群每个企业都加快技术创新步伐，有利于形成创新的网络组织。由于每个企业只负责某一个零部件甚至是一道工序的生产，企业可以通过有限的投资，迅速实现技术创新目标，从而提高创新效率。同时，集群内企业业务联系紧密，信息交流快，某一企业通过技术创新研发了新产品、引进了先进设备、提高了管理能力，其他企业很容易通过模仿而使创新迅速得以扩散，从而提高整个集群的技术创新能力和市场竞争能力。

以亚当·斯密为代表的古典经济学的基本逻辑是，分工的深化会促进人力资本的积累，进而促进技术创新，是产生报酬递增的根源。专业化分工有利于生产要素的合理流动和优化配置，有利于规模经济效益的充分发挥，有利于降低交易成本和企业风险，有利于技术创新和提升区域内产业的竞争力。没有专业化分工，就没有核心技术创新，缺乏自主核心技术也不能进行品牌创建。因此，专业化分工有利于增强本土企业核心技术创新和品牌创建的能力。在政府的引导下，本土企业应坚持技术创新与品牌创建相结合的发展模式。品牌创建是核心技术创新的目标和归宿；核心技术创新是品牌创建的基础和保证。核心技术创新和品牌创建是相辅相成的，两者既可以提高产品的附加值和使用率，也可以增强企业的竞争力，进而实现产业升级。

第八章
垂直专业化、核心技术创新与自主品牌创建

（一）产学研协同创新路径下，企业方与学研方的博弈分析

集群企业方与学研方两类主体进行合作的策略博弈，双方均具有有限理性，双方的策略为（合作，不合作）。在博弈过程中，信息共享，频繁交流，可以发挥协同创新效应，并根据对方的策略，选择自己的策略。

假设企业方与学研方双方不采取合作策略，协同创新收益为零，如果双方采取协同创新策略，即合作策略，企业方与学研方均能获得协同创新收益分别为 m 和 n，这里注意 $m>0$，$n>0$。在产学研协同创新合作过程中，双方本着自身利益会采取"试错法"，也有可能根据自身利益最大化放弃合作策略。那么违约一方要支付违约金为 f，给对方补偿，另一方因付出努力的成本为 c，得到收益为 $f-c$；

假设企业方选择合作的可能性为 x_1，选择不合作的可能性为 $1-x_1$，学研方选择合作的可能性为 y_1，选择不合作的可能性为 $1-y_1$。那么，

（1）企业方选择合作策略时协同创新的期望收益为：
$$U_1 = y_1 n + (1-y_1)(-f) = y_1(n+f) - f \tag{8-1}$$

（2）企业方选择不合作策略时的期望收益为：
$$U_2 = y_1(f-c) \tag{8-2}$$

（3）企业方平均的协同创新期望收益为：
$$U_{12} = x_1 U_1 + (1-x_1) U_2 = x_1[y_1(n+f)-f] + (1-x_1) y_1(f-c) \tag{8-3}$$
$$= x_1 y_1(n+f) - x_1 f + f - c$$

（4）可以得到企业方的复制动态方程：
$$dx_1/dt = x_1(U_1 - U_{12}) = x_1\{y_1(n+f) - f - [x_1 y_1(n+f) - x_1 f + f - c]\} \tag{8-4}$$
$$= x_1 y_1 (1-x_1)(n+f) + x_1(x_1-1)f - x_1(f-c)$$

同理可以得到：

（5）学研方选择合作策略时协同创新的期望收益为：
$$U_3 = x_1 m + (1-x_1)(-f) = x_1(m+f) - f \tag{8-5}$$

（6）学研方选择不合作策略时的期望收益为：
$$U_4 = x_1(f-c) \tag{8-6}$$

（7）学研方平均的协同创新期望收益为：
$$U_{34} = y_1 U_3 + (1-y_1) U_4 = y_1[x_1(m+f)-f] + (1-y_1) x_1(f-c) \tag{8-7}$$
$$= x_1 y_1(m+f) - y_1 f + f - c$$

（8）可以得到学研方的复制动态方程：

$$dy_1/dt = y_1(U_3 - U_{34}) = y_1\{x_1(n+f) - f[x_1y_1(m+f) - y_1f+f-c]\} \quad (8-8)$$
$$= x_1y_1(1-y_1)(m+f) + y_1(y_1-1)f - y_1(f-c)$$

令企业方和学研方的复制动态方程 $dx_1/dt = dy_1/dt = 0$，实践中，所有参数都大于零，由 $dx_1/dt = dy_1/dt = 0$ 可以得到方程组：

$$\begin{cases} y_1(1-x_1)(n+f) + x_1f = 2f-c \\ x_1(1-y_1)(m+f) + y_1f = 2f-c \end{cases} \quad (8-9)$$

为了不失一般性、便利性以及实践性的考量，这里假设 $f-c=0$，即违约方的补偿 f 正好等于对方的付出 c，但是 f 或者 c 均小于 m 或 n，考察 x_1、y_1，是否满足 $0<x_1$，$y_1<1$。从式（8-9）可以发现，只有当 $m=n$ 时，且求解得 $x_1=y_1=1/2$，这时实现双方的平等性。由此可见，企业方和学研方只有当获得利益相同时，才有可能合作产生协同创新收益。按照严格下策反复消去法，我们不难看出双方的最佳策略是，一致选择合作策略，即 (m, n)，也是该博弈中唯一的纳什均衡。

（二）政金产学研协同创新路径下，产业集群企业方与学研方的博弈分析

在地方政府的引导和支持下，产业集群中本土企业和高校、科研机构，是否愿意参与政金产学研协同创新，结成联盟。同时政府引导金融机构，通过建立金融服务平台，以资金直接投放的方式增强金融支撑的引导能力，推导产学研合作（见图8-5）。

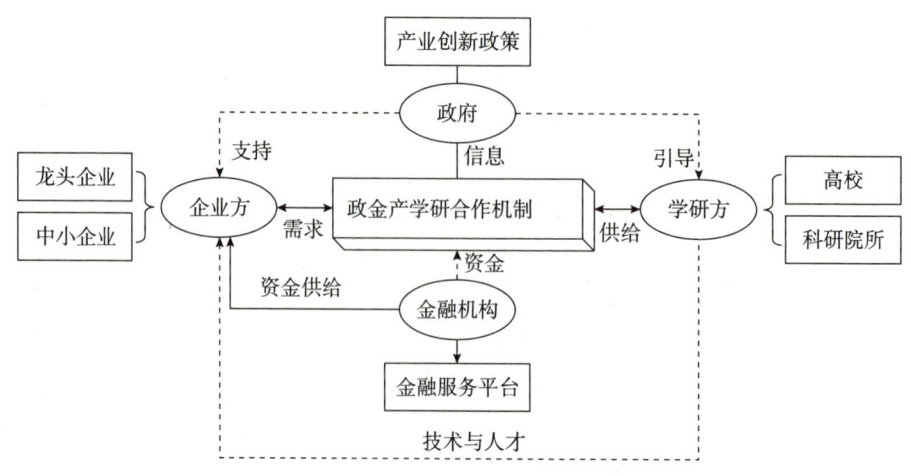

图8-5 政金产学研协同创新模式

第八章
垂直专业化、核心技术创新与自主品牌创建

1. 政金产学研协同模式下博弈的假设条件

在博弈过程中，企业与学研方的合作有两种选择：一种是政府没有支持下，企业自主收集信息，自主与学研方进行信息的沟通；另一种是政府支持企业，与学研方进行信息沟通。假设企业自主沟通所需投入的成本为 C_e，企业在借助政府力量寻找合适合作伙伴时所需的成本为 C_g，政府没有支持的金融服务成本为 C_f，政府支持的金融服务成本为 C_F，且 $C_f > C_F$（包括政府不支持的普通贷款利率大于政府支持的优惠贷款利率）。一般来说，由于政府掌握的信息比企业自主沟通掌握的信息更充分，且政府部门目前大多投入大量财政支持产学研合作，因此可以推测，$C_g < C_e$。同时，假设 C_i 为企业在进行产学研合作中投入的研发费用，C_u 是学研方在产学研合作中投入的成本。企业自主沟通后的创新能力为 θ_1，借助政府提供信息后的创新能力为 θ_2，科研成果转化新产品后获得的总利润为 P，P 是 θ 的增函数，企业与学研方进行产学研合作时，对预期利润的分配比例为 β，即企业获得的利润为 βP，而学研方获得的利润为 $(1-\beta)P$。若企业进行自主与学研方沟通产学研合作成功的概率为 x_1，则失败的概率为 $1-x_1$，见表8-3；企业方借助政府合作成功的概率为 y_1，则相应失败的概率为 $1-y_1$，见表8-4。

表8-3 企业方自主与学研方博弈的得益矩阵

协同创新		企业方	
	策略	合作	不合作
学研方	合作	$((1-\beta)P(\theta_1)-C_u, \beta P(\theta_1)-C_e-C_i-C_f)$	$(-C_u, 0)$
	不合作	$(0, -C_e-C_i-C_f)$	$(0, 0)$

表8-4 政府支持下企业方与学研方博弈的得益矩阵

协同创新		企业方	
	策略	合作	不合作
学研方	合作	$((1-\beta)P(\theta_2)-C_u, \beta P(\theta_2)-C_g-C_i-C_F)$	$(-C_u, 0)$
	不合作	$(0, -C_g-C_i-C_F)$	$(0, 0)$

2. 博弈的过程

企业通过自主沟通进行产学研合作的期望收益为：

$$W_1 = x_1[\beta P(\theta_1)-C_e-C_i-C_f]+(1-x_1)(-C_e-C_i-C_f) \tag{8-10}$$

企业借助政府的帮助进行产学研合作的期望收益为：

$$W_2 = y_1[\beta P(\theta_2) - C_g - C_i - C_F] + (1-y_1)(-C_g - C_i - C_F) \quad (8-11)$$

W_2 还包括政府的财政、税收等优惠政策及金融机构提供的优惠贷款利率的收益。

当 $W_1 = W_2$ 时，

$$x_1[\beta P(\theta_1) - C_e - C_i - C_f] + (1-x_1)(-C_e - C_i - C_f)$$
$$= y_1[\beta P(\theta_2) - C_g - C_i - C_F] + (1-y_1)(-C_g - C_i - C_F) \quad (8-12)$$

式（8-12）整理得：

$$x_1[\beta P(\theta_1) + C_f] - C_e = y_1[\beta P(\theta_2) + C_F] - C_g \quad (8-13)$$

如果 $x_1[\beta P(\theta_1) + C_f] - C_e = y_1[\beta P(\theta_2) + C_F] - C_g$，即 $W_1 = W_2$，则企业选择自主与学研方合作和借助政府力量寻找合作伙伴的期望收益是相同的。此时，政金产学研协同创新路径实现的可能性很大。

如果 $x_1[\beta P(\theta_1) + C_f] - C_e < y_1[\beta P(\theta_2) + C_F] - C_g$，即 $W_1 < W_2$，表示企业选择借助政府的帮助获得学研方的各方面充分信息来降低风险。在这种情形下，C_g 可能大于 C_e，或者企业自主进行产学研合作的创新能力和成功率低于政府支持下产学研合作的创新能力和成功率。C_g 可能小于 C_e，主要是因为政府的职能所在，政府较为重视产学研的协同创新，政府投入资源推动产学研的合作，企业得到政府支持的成本很小甚至可以忽略不计。政府应该充分地了解企业的技术需求与高校和科研院所的科研能力，因此，政府牵头促使产学研各方合作往往是最合适的配对，这也是在政府的支持下进行产学研合作会比企业自主寻找学研方的合作创新能力和成功率更高的原因。

如果 $x_1[\beta P(\theta_1) + C_f] - C_e > y_1[\beta P(\theta_2) + C_F] - C_g$，即 $W_1 > W_2$，则企业选择自主与学研方合作的期望收益大于借助政府力量寻找合作伙伴的期望收益。此时，企业不需要政府支持产学研合作，企业要么不需要金融服务的支持，依靠自身原始积累自主研发、要么自己寻找金融机构的支持进行自主研发、要么企业选择自主与学研方合作，其自主的成功率要大于在政府支持下进行的"政金产学研"模式创新能力和成功率，这就需要地方政府积极引导与大力支持，增强企业与学研方之间的信任度及彼此之间的约束，进而提高企业与学研方之间的协同创新稳定性。

五、全球价值链下本土企业拥有竞争优势的研究结论

在"工业4.0"的背景下,随着国际垂直专业化分工体系日益精细化,我国应在进一步提升吸引外资的质量和水平的基础上,抓住"一带一路"及企业改革等机遇,通过"政金产学研"协同创新模式增强自主核心技术研发能力和品牌创建能力,进而提升本土企业在全球价值链中的竞争优势。在全球价值链中,垂直专业化在使各国享受国际分工各种好处的同时,也增加了各国受到外部冲击的影响(代谦、何祎宇,2015)。产业集群只有拥有某项核心技术或一系列关键技术,才有可能具有国际竞争优势。鉴于以上理论推演,本书得出以下结论:

第一,本土企业在代工过程中,与跨国公司技术差距越大,跨国公司越不需要抑制本土企业研发,与此同时,本土企业也不愿意研发。本土企业虽然能够通过"干中学"方式不断积累经验、技术和资源,通过扩大规模提高竞争力,但面临着不确定性与企业承受风险能力的制约。本土企业通过代工方式创建自主品牌,从短期来看可能性不大。这说明长三角大多数本土企业,尤其是中小企业缺乏自己的核心技术创新能力和创建自主品牌的理念,也不具备创建自主品牌的实力。

第二,在地方政府引导的"政金产学研"协同创新模式下,企业方和学研方只有获得协同创新收益相同时,双方的最佳策略是一致合作策略,也是唯一的纳什均衡,政金产学研协同创新模式实现的可能性才会很大。因此,地方政府要从产业集群的内在要求出发,为本土企业的"干中学"和创新营造良好的环境,发挥市场机制的功能,促进产业集聚。

形成"龙头企业为先发优势,中小企业为后发优势"的技术创新格局。产业集群中龙头企业是技术研发的主角,肩负开拓市场、技术创新的重任,是产业集群发展的"领头羊"。地方政府要扶植产业集群内的龙头企业,利用产业集群内企业的邻近和密切,促进各企业的知识共享,尤其是加强企业与高校、研究机构间的产学研合作,金融机构的资金服务力度。更要鼓励产业内中小企业之间专业化分工协作,加大共同研发投入,进行技术创新。地方政府通过改善产业集群内中小企业发展的环境,提高中小企业技术改造和技术创新能力。这样有利于在

产业集群中,形成"龙头企业为先发优势,中小企业为后发优势"的技术创新格局。

注重国内外高端科技人才,促进核心技术的研发。产品设计是本土企业抓住核心技术的重要一环,其至少应该包括工业层面的外观设计和核心技术层面的平台设计。因此,政府应加大科技研发投入力度,培养和引进积极引进高端科技人才,加快技术资本和货币资本的积累,逐步实现产品外观设计、渐进式的工艺改进向核心技术创新扩展,进而实现"中国智造"。

发挥金融机构的服务功能,实现资金融通。目前,我国金融市场还不发达,金融机构通过构建金融服务平台,给我国本土企业提供资金支持。产学研的协同创新、科技成果的转化离不开金融部门的大力支持。政府应该重视民营金融和互联网金融的迅速发展,加强P2P平台的建设与监管。

第三,进入中间产品市场生产所需的固定成本越小,最终产品市场的需求越大,中间产品市场本土企业讨价还价的能力越强,效率较高的本土企业越能获得较多利润,越有可能通过自创品牌获得利润。品牌既可以提高产品的附加值和使用率,也可以增强企业的竞争力。我国产业集群内众多中小企业以高仿名牌形式存在,集群内龙头企业与领头品牌还没有真正形成。政府要积极鼓励和扶持产业集群内龙头企业的品牌创建,推进产业品牌和企业品牌的共同创建,实现"产业品牌和企业品牌"并驾齐驱。在当今的国际市场上,竞争愈演愈烈,国际资本和著名品牌的进入,迫使本土企业产品品牌化。因此,我国产业集群逐渐发展可以在国际市场上形成良好的集群品牌形象,增强消费者的购买欲望,从而创造需求。同时,产业集群中本土企业还应从自身品牌上狠下功夫,以贴牌和订单为主要生产经营模式的本土企业,应减少贴牌生产的业务量,加大对自主品牌产品的研发,增加自主品牌产品的业务量,有计划、分时段、渐进式地自创品牌国际化。

第四,打造"内生型"产业集群。发达国家产业集群中集中了所需的供应商、大学和研究机构甚至客户等也常在集群的边界之内,是以集群内的成员为主体展开的,是一种"内生型"的技术学习模式,比如硅谷这样全球化程度很高的高科技集群,最初起源是仙童公司,硅谷的大部分企业从这个公司衍生出来,而当地的斯坦福大学则是它们共同的重要技术支柱,这些企业之间的竞争与合作创造了硅谷奇迹。在地方政府的引导下,政金产学研协同创新模式的实现,需要兼顾企业方与学研方的利益均等化问题,偏废任何一方都将难以发挥协同创新的功效。一方面,我国产业集群从国际市场上寻找创新资源,从产业集群

第八章
垂直专业化、核心技术创新与自主品牌创建

外部获取所需的技术在产业集群内部扩散；另一方面，跨国公司生产工艺的技术含量较高、不利于集群中企业的进行研发，产业集群中的本土企业可以考虑加大对核心环节产品的联合研发，将会大大提高集群的整体运行效率，增强集群的整体竞争力。

第九章
装备制造业影响我国经济发展的结构分解研究

首先，本章对我国近些年装备制造业和国民经济的相关数据进行分析，结果表明，近些年来我国装备制造业对国家经济的发展起到巨大的推动作用。其次，在上述分析的基础上，进一步对装备制造业进行结构分解分析，实验证明：装备制造业的技术进步对我国总产出起到反向作用，对总产出的发展做正向贡献的主要是装备制造业需求规模的扩大，而装备制造业需求结构变化并未对国民经济总产出带来积极作用。

一、我国装备制造业基本现状

近年来，随着我国经济的发展，技术的进步，需求的扩大，生产结构的转型以及外资的介入，我国装备制造业发展呈现上升趋势。而装备制造业以其强烈的带动和关联作用，对国民经济各部门的进步和创新做出了巨大的贡献，装备制造业对经济的影响与日俱增。表9-1分析了2005~2011年装备制造业和国民经济的相关数据，从中可以看出，装备制造业年度生产总值在国内生产总值中占据越来越重要的地位，2006年这一数值已经突破50%，并且整体上处于上升趋势；分析装备制造业增加值对国民经济增加值的贡献发现，2006年，装备制造业对国民经济的贡献一度达到顶峰，装备制造业增加值超越当年GDP的增加值，之后年份这一数据有所下降和波动，但装备制造业在国民经济的发展中仍然占据很大比重。Scherer（1965）曾强调，市场需求和技术进步分别是创新的拉力和推力。装备制造业的发展与市场需求以及其内部技术等的发展是密不可分的，在装备制造业整体发展势态良好的情况下应该多多关注其内部发展模式，以期通过对

第九章
装备制造业影响我国经济发展的结构分解研究

内部因素发展的研究来阐述整体状态改变的原因,故本书在以往学者研究的基础上,进一步细化装备制造业行业内部技术因素和需求因素对经济产出的影响,根据分析结果探寻中国装备制造业后续发展和改革的方向。

表9-1 装备制造业生产总值和国民生产总值分析

年份 指标	2005	2006	2007	2008	2009	2010	2011
装备制造业总产值	76414	108336	139221	172176	191272	244965	286413
GDP	183085	210871	249530	300670	340507	401202	472882
装备制造业总产值/GDP	0.4174	0.5138	0.5579	0.5726	0.5617	0.6106	0.6057
装备制造业增加值/GDP增加值	—	1.1489	0.7989	0.6444	0.4794	0.8846	0.5782

资料来源:根据2005~2012年《中国统计年鉴》整理所得。

二、装备制造业的文献回顾及述评

(一)装备制造业

1998年,中央经济工作会议第一次提出"我国要大力发展装备制造业","装备制造业"一词由此问世。原国家发展计划委员会产业发展司(2002)指出,装备制造业主要是指资本品制造业及相关的零部件制造业。至装备制造业诞生以来,关于装备制造业的行业界定经历了数次变动,本文综合以往研究成果,将装备制造业分为七大类:金属制品业、通用和专用设备制造业、交通运输设备制造业、电气机械及器材制造业、通信设备和计算机以及其他电子设备制造业、仪器仪表及办公用机械制造业、工艺品及其他制造业(含废品材料)。

20世纪70年代以前,我国执行进口代替政策,对内自主发展民族制造业,对外进口国内急需的机械和设备,试图通过这种方式来建立我国独立完整的工体体系。然而计划经济因其自身的劣势,未能扭转我国装备制造业发展落后的局势,从而制约了其他关联行业的发展。

1994年国务院颁布《90年代国家产业政策纲要》，把机械、电子和汽车制造等作为国民经济支柱产业。2006年，《国务院关于加快振兴装备制造业的若干意见》系统地提出了我国全面发展装备制造业的思路。2009年，中国政府为缓解2008年金融危机带来的创伤，确保经济增长目标的实现，提出了包括装备制造业在内的"十大产业振兴计划"。

在"十二五"以后，高端装备制造业的发展成为大众瞩目的对象。作为战略性新兴产业，高端装备制造业有着国内装备制造业已有的技术基础和人才储备的优势，发展潜力巨大。装备制造业作为国家战略性产业，是各行业能够顺利运转的保障，对国民经济起到支撑作用。经过过去的发展，我国装备制造业取得了很大的发展，产业规模快速增加，一些主要产品（如造船业、太阳能光伏电池等）的总量已位居全球前茅，自主创新能力明显提高，集聚和集群效应初步显现。装备制造业对国家宏微观经济数据产生很大影响，故而近些年来，装备制造业经济成为国内外学者研究的热点。

吴雷、曾卫民（2012）通过索洛余值法分析我国装备制造业的科技进步贡献率，得出必须要不断提高创新能力，尤其是原始创新能力才能实现我国装备制造业可持续发展的结果。杜修立等（2007）指出，我国在装备制造类产品的生产中还处于全球价值链低技术含量的生产环节。张威（2002）通过研究发现，区位优势和经济发展水平是我国装备制造业得以大力发展的基础之一。侯祥鹏（2013）指出，长三角地区应该充分在其优势基础上，瞄准高端装备制造业，抢占行业制高点。赵爽（2013）利用社会网络分析技术研究表明，我国装备制造业产学规模远高于产研规模；产学研联合申请专利按活跃度划分成三个梯队，京和沪是装备制造业产学研联合申请专利最活跃的地区，是产学研联合专利申请的第一梯队；苏、浙和粤发展较快，属于第二梯队；鲁、辽和鄂产学研联合专利申请的规模中等，增幅也比较稳定，属于第三梯队；而津和闽地区的专利申请发展缓慢。李辉、李思衡（2015）分析了税务部门采集的最新装备制造业数据，发现在辽宁省四大支柱产业中，装备制造业对经济的贡献程度明显高于石化、冶金和农产品加工业。林桂军、何武（2015）对我国装备制造业在全球装备制造业价值链中的地位及其升级趋势进行了 Kaplinsky 升级指数和中间品相对出口单价分析，结果显示，在装备制造业出口产品中，50%左右金额的产品处于升级状态，其中电信以及船舶方面所取得的进步较为明显，处于降级状态的产品数量不多，所占比重不足装备制造业总出口金额的7%，我国装备制造业总体表现已经远远超越美国、日本和德国而成为世界装备制造业强国。姜明军等（2012）采用 C^2R 模型分析

第九章
装备制造业影响我国经济发展的结构分解研究

了我国 1997~2009 年装备制造业的科技资源投入产出状况,研究结果显示,我国装备制造业科技资源的投入与产出没有很好地呈现出正比例关系。刘靖宇、张宪平(2007)利用 SFA 方法对我国装备制造业的技术效率进行了分析,并且比较了我国及三大区域各年份的变异系数。张明亲和张腾月(2013)基于资源环境视角采用 EDA 测算了陕西省 7 个行业的工业技术效率,研究结果显示,陕西省发展最快的专用设备制造业和交通运输设备制造业在其资源与环境的协调性方面却表现欠缺。逄红梅(2014)采用 DEA 对 2011 年我国 27 个省市专用设备制造业进行研究分析,结果显示,我国专用设备制造业的发展与整体装备制造业的发展存在不平衡性,东部地区装备制造业发展较好,但东部地区的专用设备制造业发展水平却处于"双低型"的第三象限内;中部地区的装备制造业整体发展水平处于一般地位,但专用设备制造业发展水平却处于"双高型"的第一象限内;西部地区两者的发展差异不大,大多集中在第三象限内。

(二)投入产出模型结构分解分析

投入产出分析法是从数量上系统地研究一个复杂经济实体各个不同部门之间相互关系的方法,其特点和优点是能够用来研究实际经济问题,最早由美国经济学家 Leontief 在其著作《美国经济结构》中系统提出。之后 1953 年 Leontief 在《美国经济结构研究》中将结构分解分析(SDA)模型与其创立的投入产出模型相结合作为新的分析问题的工具。结构分解分析作用原理是将经济系统中因变量的变动分解为若干个相互独立的自变量变动总和,用来衡量各个自变量对因变量变动的贡献。

20 世纪 80 年代以来,随着计算机计算精度和速度的迅速发展,解决了投入产出分析法及其结构分解分析法的计算障碍,该方法作为分析实际社会问题的有力工具,在国内外各个领域得到了快速发展。Dietzenbacher E.、Los B.(1998)也在结构分解方法上做了进一步研究。Chen X. K.、Guo J. E.(2000)采用结构分解分析法研究了中国的经济结构。De Haan M.(2001)利用结构分解分析方法研究了新西兰相关污染问题。Fujikawa K.、Milana C.(2002)对日本和中国的进出口产品部门价格差异作了相关结构分解分析。李景华(2004)提出了 SDA 模型加权平均分解法,并用该方法定量分析了影响我国经济结构中第三产业变动的要素,发现第三产业经济增长主要是由于国内消费的拉动作用。王岳平和葛岳静(2007)通过投入产出分析方法分析了国民经济中各个产业结构的关联特征,并以此阐述了产业结构变动的内在原因。陈全润和丁岚（2014）运用结构分解分析法分析了中国 2001~2011 年产业结构的变化，揭示了中国产业结构变化的主要驱动因素。

近年来，随着各国对污染问题的关注度加高，投入产出分析法及其结构分解分析方法在工业、贸易排放等方面的运用逐渐成为各国学者们研究的重点。Xu Y.、Dietzenbacher E.（2014）在其研究贸易排放物的文章中运用了结构分解分析法。庞军等（2014）通过构建投入产出表，分别测算出了中国与美国、欧盟和日本的分行业的贸易隐含碳变化量，得出了中国与三个国家（地区）出口隐含碳的变化趋势，并对相关变化量实施 LMDI 法结构分解分析从而找到了影响出口隐含碳变化的主要因素。

综上所述，学者的研究多集中在研究装备制造业与经济之间宏观上的相互关系，而对于装备制造业这一行业内部发展的研究较少，运用基于投入产出模型的 SDA 方法研究装备制造业的几乎没有。鉴于此，本书在以往学者研究的基础上，进一步深化研究装备制造业技术效应和需求效应对经济产出的影响，由此与我国实际情况相关联起来分析我国未来装备制造业的发展反方向，从而为政策制定提供理论基础。

三、投入产出模型的结构分解分析

（一）投入产出模型构建

经典投入产出模型如下：

$$X = AX + N \tag{9-1}$$

$$N = F + G + E - I + M \tag{9-2}$$

在以上两式中，X 为各产业部门总产出组成的列向量；A 为直接消耗系数矩阵；N 为各部门国内最终总需求组成的列向量；F 为各部门消费总支出组成的列向量，包括居民消费和政府消费；G 为资本形成总额组成的列向量，包括固定资本形成总额和存货增加额；E 为各个部门出口组成的列向量；I 为进口列向量；M 为其他影响总需求的变量总体组成的列向量。

由式（9-1）可得：

$$X = (I-A)^{-1}N \qquad (9-3)$$

其中，I 为单位矩阵；列昂惕夫逆系数矩阵 $(I-A)^{-1}$ 记作矩阵 B，则 $B=C+I$，其中 C 为完全消耗系数矩阵，则有：

$$X = BN \qquad (9-4)$$

对投入产出模型进行结构分解分析。

在式（9-4）中，B 关系于一个部门生产需消耗其他各个部门产品的量，故 B 的变动可以视为技术效应影响。N 的变动则表示需求效应影响。经验表明，模型中独立变量的数量 C 越多，等价分解公式的数量会以 $C!$ 的形式迅速增加，而两级分解结果的平均值与 $C!$ 种分解结果的平均值最为接近，因此本书采用两级分解法对投入产出模型进行结构分解。对于式（9-4）的分解结果如下：

$$\Delta X = X_t - X_0 = B_t N_t - B_0 N_0 \qquad (9-5)$$

式（9-5）中下标 t 表示目标期，0 表示基期。因为 $\Delta B = B_t - B_0$，$\Delta N = N_t - N_0$，则有：

$$\begin{aligned}
\Delta X &= \frac{1}{2}B_t N_t + \frac{1}{2}B_t N_t - \frac{1}{2}B_0 N_0 - \frac{1}{2}B_0 N_0 \\
&= \frac{1}{2}(\Delta B + B_0)N_t + \frac{1}{2}B_t(\Delta N + N_0) - \frac{1}{2}B_0(N_t - \Delta N) - \frac{1}{2}(B_t - \Delta B)N_0 \\
&= \frac{1}{2}\Delta B N_t + \frac{1}{2}\Delta B N_0 + \frac{1}{2}\Delta B_t \Delta N + \frac{1}{2}B_0 \Delta N \\
&= \frac{1}{2}\Delta B(N_t + N_0) + \frac{1}{2}(B_t + B_0)\Delta N \qquad (9-6)
\end{aligned}$$

令 $N_i = \beta_i n$，其中 n 为各部门总需求之和，β_i 表示 i 部门总需求 N_i 占总需求 n 的比例组成的向量，则：

$$\Delta N = \beta_t n_t - \beta_0 n_0 \qquad (9-7)$$

又因为 $\Delta \beta = \beta_t - \beta_0$，$\Delta n = n_t - n_0$，可以将式（9-7）二级结构分解如式（9-8）所示：

$$\Delta N = \frac{1}{2}\Delta\beta(n_t + n_0) + \frac{1}{2}(\beta_t + \beta_0)\Delta n \qquad (9-8)$$

将式（9-8）代入式（9-6）得：

$$\Delta X = \frac{1}{2}\Delta B(N_t+N_0) + \tag{9-9}$$

$$\frac{1}{4}(B_t+B_0)\Delta\beta(n_t+n_0) + \tag{9-10}$$

$$\frac{1}{4}(B_t+B_0)(\beta_t+\beta_0)\Delta n \tag{9-11}$$

上述等式中，式（9-9）表示装备制造业技术变动效应，式（9-10）表示需求结构变动效应，式（9-11）则表示需求规模变动效应。

（二）数据及模型分析结果

本部分采用的数据来自 2005 年、2007 年、2010 年我国投入产出协会发布的投入产出表，数据单位为"万元"，其中由于 2010 年投入产出表中将工艺品与其他制造业和废品废料合并为一个部门，所以投入产出表中记录的数据为 41 个部门的，而 2005 年和 2007 年的投入产出表记录的都是 42 个部门。为求统一，本书将 2002 年和 2007 年表中上述两部门的数据合二为一。

表 9-2 是以 2005 年为基期，2007 年为目标期分析的结果，表 9-3 是以 2007 年为基期，2010 年为目标期分析的结果。从分析结果可以看出，2005~2007 年，我国装备制造业对第一产业的技术效应为 -0.064；2007~2010 年由技术进步导致的第一产业总产出下降了 9832882.3724，因为我国第一产业属于资源密集型产业，投入的越多，产出越大，而技术进步使中间投入系数降低，从而导致第一产业产出下降，由于 2007~2010 年这段时间装备制造业的技术较之前进步得更快，故而中间投入系数更低，这也是这段时间对第一产业产出影响更大的原因。在表 9-2 中，装备制造业对第二产业的技术效应为 0.117，这是因为我国第二产业属于技术密集型产业，故而技术进步导致产出的增加；而表 9-3 中，装备制造业对第二产业的技术效应为 -0.241，产生这样的结果是，一方面，因为受 2008 年全球金融危机的影响，国际市场萧条，导致产出降低；另一方面，2006 年装备制造业技术增长率达到一阶段顶峰，而此时处于波动的下降阶段，所以这段时间，装备制造业技术变动对第二产业产出呈现负效应。表 9-2 显示，装备制造业对第三产业的技术效应为 -0.561，因为第三产业属于劳动力密集型的服务性行业，技术的进步使中间投入下降，从而降低了产出。而表 9-3 中现实的这一数值为 0.030，表明在这个阶段，劳动力成本增加，行业对设备的需求加大，故技术的进步能带来产出的增加。

第九章
装备制造业影响我国经济发展的结构分解研究

表 9-2　2005~2007 年结构分解分析结果

指标 产业	产出 总变动	技术 变动	技术 效应	需求结构 变动	需求结构 效应	需求规模 变动	需求规模 效应
第一产业	13742370	-882428	-0.064	-9179125	-0.668	23803923	1.732
第二产业	887791992	103914068	0.117	163098615	0.184	620779309	0.699
第三产业	34292010	-19229659	-0.561	-8267978	-0.241	61789647	1.802
合计	935826372	83801982	-0.508	145651511	-0.725	706372879	4.233

表 9-3　2007~2010 年结构分解分析结果

指标 产业	产出 总变动	技术 变动	技术 效应	需求结构 变动	需求结构 效应	需求规模 变动	需求规模 效应
第一产业	-5107272	-9832882	1.925	-30472313	5.967	35197923	-6.892
第二产业	657685517	-158785865	-0.241	102615351	0.156	713856030	1.085
第三产业	63737624	1940178	0.030	-34382028	-0.539	96179474	1.509
合计	716315869	-166678570	1.714	37761011	5.583	845233428	4.297

在表 9-2 和表 9-3 中，装备制造业需求变动对第一产业和第三产业都带来了负的效应，这是因为这两个行业都不是技术密集型行业，所以装备制造业生产结构的转型并没有给这两个产业产出带来正向作用，反而因为生产结构的不适应而阻碍了第一产业和第二产业的产出增加。两个表格中装备制造业对第二产业的产出都带来了正的效应，我国第二产业主要是技术密集型产业，生产结构的转型一般都会带来产出的增长。但是我们可以看出，装备制造业生产结构的转型幅度较小，并未能大幅度带动产出的增长。

在表 9-2 和表 9-3 需求规模变动这一栏中明确显示，装备制造业需求规模的变动对三大产业皆带来正向改变，且与技术变动和需求结构变动对比来看，需求规模带来的效应明显大于其他效应，这表明近年来，随着经济的发展，我国各大产业对装备制造业的市场需求规模都比较大，装备制造业规模的迅速发展为整个国民经济总产出带来了巨大的收益，大部分情况下，需求规模带来的总产出增多能够抵消技术变动和需求结构变动带来的总产出负增长。

综上所述，给我们的启示如下：装备制造业作为近年来影响国民经济的主力军，其技术变动和需求变动对三大产出的影响不容忽视。从上述分析结果可以看出，在装备制造业对三大产出的影响中，起主要积极作用的是最终需求的变动，而技术变动对产出的影响远小于最终需求的变动,根据不同产业所属的生产类型的不同,两者的影响力分布也不同。需求因素对三大产业产出都带来了正向作用;而技术变动对第一产业带来的负面效应却有所见长,并且由于全球经济受到重创,技术变动更是在2007~2010年带来了第二产业产出的负增长,相反第三产业由于生产结构转型,技术变动对其产生了正向的影响。在最终需求的变动中,我们发现需求规模效应比需求结构效应产生的正向影响要大得多。由此说明,我国现阶段装备制造业对经济的影响主要体现在装备制造业需求规模的扩大拉动了经济的大幅增长,而装备制造业技术和生产结构的改变对我国经济并没有带来多大效益。技术效应低说明我国当前各大产业的技术密集性还比较低,导致装备制造业技术的进步不能大幅度辐射到其他部门;需求结构效应低代表装备制造业本身的发展虽然比较快,却对其他行业的影响不够大,未能发挥其关联性强的特性,揭示了我国各行业部门生产结构还处于不成熟阶段,对装备制造业的需求结构不够全面。

上述研究揭示了我国现阶段各行业发展的现状,由此可以看出,要实现经济的全面发展,必须要在以下方面做重要部署:①逐步转变第一、第二产业的生产类型,增加技术投入和先进生产设备投入,以求将有限资源最大化利用、最大化产出。②促进第二产业技术往高、精、尖方向发展,增进第二产业其他部门与装备制造业的关联性,以装备制造业的快速发展带动其他部门的迅速进步。③鼓励三大产业各部门对装备制造业需求规模的扩大,以此拉动装备制造业的发展,同时也促进各部门自己的发展。与此同时,装备制造业在国民经济生产中发挥着巨大的贡献,其本身的发展也同样具有重要意义。陈爱贞、刘志彪(2011)通过投入产出分析法指出,我国装备制造业各细分行业中间投入结构不合理,中间接消耗能源和资源较多,同时指出,我国装备制造业在全球价值链中存在低端锁定效应。我国装备制造业虽然发展迅速,但一直伴随着诸多问题的存在,我国装备制造业的发展需要在以下几个方面多做努力:

第一,提高科技创新能力。装备制造业要实现可持续发展,必须提升整个行业的创新能力,结合当今世界资源、能源紧张的局面,发展资源节约型装备制造业是未来必行之路。

第二,注重基础发展的同时,放眼高端装备制造业。

第三,政策大力支持。政府在全面促进产学研合作过程中起到重要纽带作用,同时为各种科研创新提供政策和资金的支持。另外,中小型企业是我国装备制造业发展的主力军,但其受自身限制,往往发展缓慢,技术落后,科研创新能力更是捉襟见肘,解决这种现象需要政策的大力扶持。

第四,政府采购。政府作为社会消费的一个重要组成部分,扩大对装备制造业的需求能力,对于增加装备制造业需求规模非常重要。

第五,促进产业集群发展。产业集群是我国装备制造业形成和保持竞争力的一种重要的产业组织方式。

第六,注重品牌效益,提高服务质量,突破区域限制,以全球化视角发展装备制造业。

第十章

产业科技竞争力的形成机理、指标构建及实证检验

金融危机后,美国重提大力发展高新技术战略。就目前而言,一个国家或地区经济发展速度的快慢和发展效果的好坏,在很大程度上决定于高新技术产业科技竞争力的强弱。本书首先分析我国提升高新技术产业科技竞争力的形成机理,接着从投入—产出的分析视角构建了我国高新技术产业科技竞争力的评价指标体系,最后综合考察构建的指标体系,选取影响我国高新技术产业科技竞争力的决定指标进行实证检验。结果表明,国内研发经费投入对我国高新技术产业科技竞争力提升效果最为显著,国外研发经费投入贡献较小;有效发明专利对我国高新技术产业科技竞争力作用较为明显,但人力资本和新增固定资产对我国高新技术产业科技竞争力提升可以忽略不计甚至是负面的,这可能是我国科技成果转化率低的原因。

1988年9月,邓小平根据当时科学技术的发展趋势,提出了"科学技术是第一生产力"的著名论断。这一论断,体现了马克思主义的生产力理论和科学观。自20世纪90年代以来,我国高新技术产业与时俱进,不断创新,已形成相当大的规模。特别是以1999年全国技术创新大会为契机,我国高新技术产业进入了一个全面发展的新阶段;如今我国高新技术产业已成为国际市场上具有发展潜力的重要力量,产业规模持续扩大,拥有强大的竞争力,尤其是科技竞争力。但是我国高新技术产业与其他国家尤其是欧美发达国家相比,存在缺乏创新意识、高端研发人才严重不足、科技成果转化率低等弊端,导致我国高新技术产业的创新能力不强和创新效率不高,与欧美发达国家还存在很大差距,如表10-1和表10-2所示。

第十章
产业科技竞争力的形成机理、指标构建及实证检验

表 10-1　中国与其他国家 R&D 经费占 GDP 比重的比较

年份\国别	中国	美国	日本	法国	德国	韩国
2006	1.07	2.66	3.17	2.23	2.48	2.53
2007	1.13	2.66	3.20	2.17	2.52	2.63
2008	1.23	2.59	3.17	2.15	2.49	2.85
2009	1.32	2.62	3.32	2.10	2.48	2.98
2010	1.39	2.64	3.41	2.11	2.54	3.01
2011	1.4	2.7	3.46	2.08	2.53	3.21
2012	1.47	2.84	3.47	2.12	2.69	3.36
2013	1.70	2.90	3.36	2.26	2.82	3.56
2014	1.76	2.83	3.26	2.25	2.88	3.74
2015	1.84	2.77	3.39	2.25	2.88	4.03

资料来源：历年《中国科技统计年鉴》。

表 10-2　中国与其他国家发明专利占专利授权数的国际比较（授权数）

年份\国别	中国	美国	日本	法国	德国	韩国	意大利
2008	0.121	0.811	0.754	0.793	0.78	0.775	0.562
2009	0.112	0.758	0.769	0.708	0.75	0.71	0.454
2010	0.106	0.71	0.766	0.629	0.717	0.726	0.466
2011	0.132	0.774	0.834	0.751	0.761	0.834	0.51
2012	0.13	0.796	0.825	0.732	0.76	0.815	0.617
2013	0.108	0.735	0.81	0.716	0.714	0.726	0.552
2014	0.127	0.779	0.827	0.794	0.767	0.736	0.59
2015	0.124	0.832	0.815	0.787	0.811	0.767	0.582

资料来源：《中国统计年鉴》（2009~2016）。

《2013年全球制造业竞争力指数》指出，中国在每百万人口中的研究人员数目、创新指数等方面，均低于全球的平均值。江成山等（2013）利用 25 国 1996~2009 年的面板数据，运用超效率 DEA 和 DEA-Tobit 两步法对各国的国家创新效率进行了分析时发现，中国的国家创新效率处于较低水平，在样本考察期内总体呈现下降趋势，且存在较为严重的技术退步现象。中国的科技成果转化率仅为 10% 左右，远低于发达国家 40% 的水平（张晓强，2014）。

然而，高新技术产业是一个国家的科技水平和综合实力的重要标志。因此，研究高新技术产业科技竞争力具有理论价值和现实意义。那么，如何进一步提升我国高新技术产业科技竞争力呢？哪些指标可以影响我国高新技术产业科技竞争力的提升呢？这些问题正是本书的研究所在。

一、科技竞争力的文献回顾及述评

要探讨科技竞争力，不得不提 Porter 建立的竞争力指标体系，即钻石模型，该模型设计了产业竞争力决定指标的分析框架。但是钻石模型以"本国基地"（home base）为核心，仅仅分析一个国家产业国际竞争力，而忽视其他国家及其跨国公司的影响。Rugman（1992）弥补了这一缺陷，将美国和加拿大的相关产业、要素及企业结构、竞争状态紧密相连，从而形成双钻石体系（double diamond model），1993 年，Dunning 在该模型中加入了跨国公司商业活动外部因素，形成较为完善的 Porter-Dunning 模型，这也是对 Porter 本国基地核心的理论扩展。Moon、Rugman 和 Verbeke（1995）分析比较新加坡和韩国产业时，建立了一般化的双钻石模型（A generalized double diamond model），并把 Dunning 提出的跨国公司活动纳入该体系中。后来 Dunning 将这一竞争力分析框架的分析触角延伸，从企业、产业和国家三个层次分别对竞争力进行了理论研究和实证分析。推动 Porter 理论应用发展研究的组织主要是世界经济论坛（WEF）和瑞士洛桑国际管理发展学院（IMD），从全球竞争关系的整体出发，对国家或地区为竞争对象的国际竞争力评价体系做出统计设计。产业竞争力指标体系的研究是从粗放的少指标发展到错综复杂的多指标，又回到集约的少指标的研究脉络。

Porter 理论及其完善为后来的学者研究产业竞争力衡量指标体系提供了研究范式。关于制造业竞争力的研究文献较多。较早的有国外如 Karnani（1982）采用均衡市场份额、Enoch（1978）用单位劳动成本（unit labor cost）、Menzler-Hokkanen（1989）用单位产出所消耗的所有劳动成本来研究一国的制造业竞争力。Marion 和 Kim（1991）、Moreno Lourdes（1997）分别建立数学模型研究了美国食品制造业和西班牙制造业的国际竞争力；Bessant 和 Francis（1999）通过比较过去和现在的制造业竞争力衡量体系发现，现在影响制造业竞争力的主要因素则是一些非价格因素，如质量、创新、设计等，这种比较为其他学者建立适合现

第十章
产业科技竞争力的形成机理、指标构建及实证检验

代制造业特点的竞争力衡量指标体系提供了理论支持。国内对制造业竞争力的研究，值得一提的是，邓海涛、任若恩（2004）比较了中国和德国的制造业国际竞争力；利用 Geary-Khamis 方法和拓展的 Theil-Tornquist 方法以中国为核心的劳动生产率进行多国比较认为，维持我国产品成本国际竞争力的方法是提高劳动生产率。赵彦云（2005）利用 1999~2003 年我国工业企业数据对我国制造业产业进行动态基本面分析和区域制造业产业竞争力评价，其评价框架也是根据其研究国际竞争力的三位一体模式构建。然而，究其各层次指标之间存在不可比性，无法综合这些指标而求得产业国际竞争力指数，也无法进行综合分析和综合比较，也缺乏科学的赋权方法，而只能进行单项竞争力分析。

无论是国外学者还是国内专家对制造业竞争力的研究为高新技术产业竞争力的研究提供了扎实的理论方法和丰富的经验判断。首先是 Gustavsson 等建立的较为全面的由技术、资源、要素价格和规模经济四类指标组成的指标体系弥补了不足；并对 1989~1991 年 12 个 OECD 国家的国际科技竞争力进行了实证研究。黄敬前、杨广青（2002）根据当代世界经济发展的新态势和波特产业国际竞争的阶段说，提出了产业科技竞争力研究的意义，初步探讨了产业科技竞争力的内涵以及相应的评价指标体系。朱有为等（2006）用 SFA 方法测度了中国高技术产业的研发效率，得出中国高技术企业研发效率较低，但稳步上升的态势。这与叶文锦（2012）研究得出的观点相悖，其采用随机前沿（SFA）方法研究认为，从发达国家 2000~2009 年高技术产业的平均创新效率来看，创新效率呈现逐年增长的趋势，而创新效率年增长率逐年下降。王勇（2012）基于社会资本的视角认为，知识资源在知识创新网络中顺畅沟通、交流、扩散，提升知识创造的效率和能力，最终提升高新技术企业核心竞争能力。姚文韵（2012）认为，我国高新技术企业应充分把握互联网模式的新机遇，应通过国际智慧军团的渠道来增强企业自主创新能力。

张曦、赵国浩（2013）运用灰色关联投影模型，对我国 35 个工业行业的科技竞争力进行了实证研究。结果表明，各工业行业之间的科技竞争力存在显著差异，高技术行业具有明显优势。陈文娟、任泽中、金丽馥（2014）以江苏省高技术产业为研究对象，构建高技术产业科技竞争力评价指标体系，运用因子分析方法对全国内地各省市高技术产业科技竞争力进行综合评价，提出了提升高技术产业科技竞争力，需要营造良好的高技术产业发展环境、提高 R&D 资源利用率、优化 R&D 人员结构、加强产学研合作和加快自主知识产权技术产业化进程等观点。周艳菊等（2014）基于 126 家沪市 A 股上市高新技术企业研究了技术创新

能力与高新技术企业资本结构间的关系,并考察盈利能力对"关系"的影响。认为"激励动机"对高新技术产业具有提升作用。这一成果丰富了现有研究,为高新技术产业的融资决策提供了有价值的素材。从国内外大量资料来看,侧重于制造业国际竞争力的研究,相关高新技术产业科技竞争力的研究文献尚不多,更谈不上较为系统的研究。

二、科技竞争力的形成机理分析

按照历年《我国高新技术产业统计年鉴》,一般我国高新技术产业可以分为:医药制造业;航空航天器制造业;电子及通信设备制造业;电子计算机及办公设备制造业;医疗设备及仪器仪表制造业。无疑,技术创新能力是高新技术产业科技竞争力的形成要件。知识经济时代的技术创新活动是产业内部生产厂商企业之间和产业外部与其他部门之间交流显性知识和隐性知识的互动过程中不断向前推动的。从内外部环境来看,制造业技术创新是通过企业内外知识的识别、获取、积累、流动转化形成的。总而言之,是在具备很多经济、政治、政策条件下,营造一个有利于科技创新的环境下,制造业充分创造、利用和扩散组织内外隐性与显性知识的一系列活动的综合。

因此,这里着重从高新技术产业外部环境提供的条件分析,一国高新技术产业不可能拥有技术创新所必要的全部能力,高新技术产业科技竞争力不是一个国家所能解决的,需要通过国与国之间、产业与产业之间、企业与企业之间等的通力合作,实现共赢局面。作为高新技术产业而言,从其自身知识技术储备来看,有时会滞后认知其外部环境的变化和发展。而与此同时,外部环境的其他企业和社会相关部门可能恰好具备与其互补的知识集合或领先的知识空间,因此,一旦高新技术产业技术创新的复杂性超过了高新技术产业自身知识积累和转化的上限,高新技术产业必须向外部环境寻求资源。高新技术产业与高等院校、科研机构、政府部门、信息机构、培训机构甚至国外能够提供技术的部门之间的紧密联系,通过经费投入和技术合作推动制造业技术创新完成,从而提高高新技术产业技术创新效率、技术创新能力,盈利能力,抵御制造业在国内外市场上的技术落后的风险(见图10-1)。

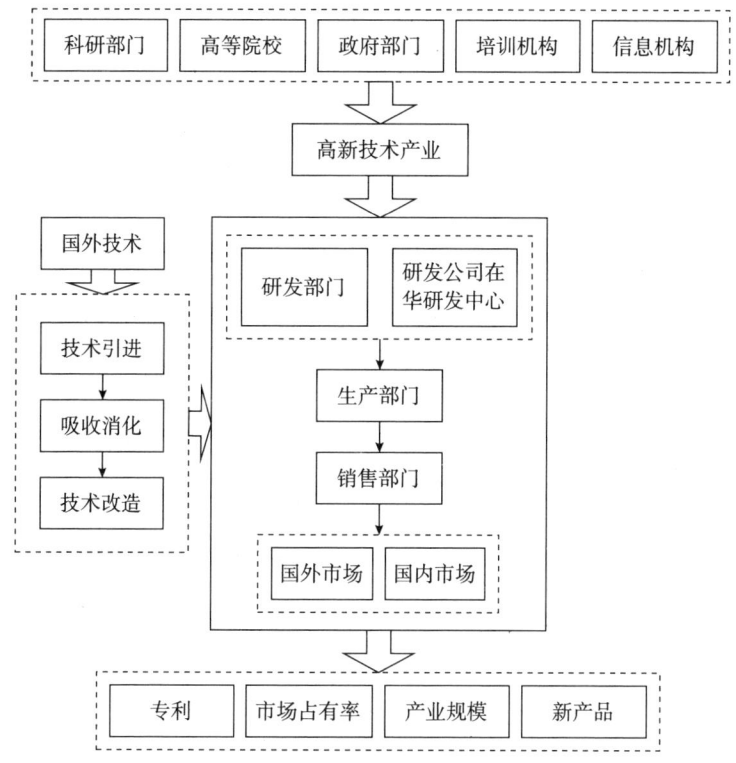

图 10-1　高新技术产业科技竞争力的形成机理框架

高新技术产业一方面要把新技术申请专利；另一方面要把新技术转化为现实生产力，形成企业的技术创新效率、技术创新能力，进而带来较强的盈利能力，高新技术产业的研发机构通过从外部环境，即国内和国外获得的新技术（国外先进技术需要引进、吸收消化、技术改造三道程序）变为制造业的新产品，由生产部门生产交给销售部门销售到国际市场（国内外市场），通过产能扩大，逐渐占领市场。

三、科技竞争力的评价指标体系构建

本书以瑞士洛桑国际管理开发研究院（IMD）在《世界竞争力年鉴》中的科

技竞争力指标体系为基础，并结合国内学者的相关研究成果，选取反映评价我国高新技术产业科技竞争力的评价指标。

（一）我国高新技术产业科技竞争力评价指标选取的原则

1. 目的性与主要性原则

竞争力的评价要有其具体的目的。因此，评价指标的选取应有研究的目的性。对于不同产业，因素有主次之分。既然科技竞争力只是作为高新技术产业竞争力的一个反应，不可能罗列所有的指标因素，选取主要因素即可。

2. 科学性与必要性原则

选取的指标应讲究充分、准确无误反映科技竞争力的内涵科学性，应从理论上合理性和实际上可行性两个角度进行商榷。同时，指标的选择应该是反映科技竞争力不可或缺的条件。

3. 全面性与独立性原则

指标的选取要力求全面，把体现高新技术产业与竞争力有关的各个重要方面都罗列出来，不要遗漏，但在全面的基础上又要求独立，指标之间不能重复。

4. 可量化与可操作原则

如果指标选取非常准确，但指标所需要的数据无法取得，那么所选取指标本身的意义性就要大打折扣，因为解释竞争力缺乏精确性。但也要从另一个角度考虑可操作的层面来重新描述该指标所反映的科技竞争力。

总之，指标的选取和指标体系的构建是一个衡平的过程，在定性指标与定量指标之间，绝对指标与相对指标之间、过程指标和状态指标之间兼顾。

（二）高新技术产业科技竞争力评价指标体系

在日新月异的国内外科技发展环境处于动态稳定状态的前提下，本书借助于产业投入—产出分析法，表10-3中给出的高新技术产业科技竞争力评价指标体系（见表10-3），采用以下三类指标基本上反映了制造业的竞争力。通过与现有的一般产业竞争力评价指标体系比较分析，同时，结合高新技术产业的基本特征，上述指标是较为翔实的。

第十章
产业科技竞争力的形成机理、指标构建及实证检验

表 10-3 高新技术产业科技竞争力指标体系

指标类型			所属指标		指标具体化或指标说明
总指标	投入指标	人力资本	科技人员投入		研发人员
					技术人员
					从业人员成本
		研发资金投入	国外资金投入		FDI
			新产品开发费用		新产品开发费用
					新产品开发费用项目
			自主研发资金		研发支出费用
					研发支出资本化
			国内技术获取投入		技术改造
			固定资产投资投入		投资额
					施工项目
			国外技术获取经费投入		技术引进
					技术消化吸收
					技术改造
	产出指标		科技成果	专利	发明专利
					实用新型
					外观设计
				新产品	实用新型
					外观设计
			产业规模		主营业务收入
					利润
					新增从业人员
					全员劳动生产率
					产业总产值
					进出口贸易额
					新增固定资产
			市场份额		国内市场占有率
					国外市场占有率
	控制指标		汇率		实际有效汇率
			政策		《国家中长期科学和技术发展规划纲要（2006~2020年）》、优惠税收政策等

注：高新技术产业的生产经营情况的数据口径为规模以上工业企业，科技活动及相关活动的数据口径为大中型工业企业。

四、我国高新技术产业科技竞争力的实证检验

（一）科技竞争力模型构建

本书沿着 Porter 钻石模型的研究思路，根据上述部分构建的评价指标体系，综合考察我国高新技术产业科技竞争力的现状，将我国高新技术产业科技竞争力的决定指标分为投入指标和产出指标。本书参照 Gustavsson 对 1989~1991 年 12 个 OECD 国家的国际科技竞争力设计的数量模型、Marion B.、D. Kim（1991）以及魏博通（2003）采用的模型。

高新技术产业科技竞争力决定模型基于柯布—道格拉斯（Cobb-Douglas）生产函数的一般形式改写为如式（10-1）所示：

$$Q(K, L) = A^\gamma K^\alpha L^\beta, \ 0<\alpha, \beta<1 \qquad (10\text{-}1)$$

基于前人的研究得出，决定高新技术产业竞争力主要表现在盈利能力和科技创新能力两个方面，其中 Q 为产业新产品销售收入，表现为盈利能力，A 为产业科技状况，表现为由产业特点所决定的全员劳动生产率，用 OLP，即全员劳动生产率表示，用 Q/OLP 反映产业科技竞争力，为因变量，本书这里简写为 TC。K 为货币资本投入，即研发资本投入；L 为人力资本投入，即研发人员投入；α 为研发资本产出弹性系数；β 为研发人员劳动产出弹性系数；γ 是技术产出弹性系数，因为本书研究我国高新技术产业科技竞争力，产业技术进步是动态变化的，故 α、β、γ 是不确定的。

将式（10-1）转换得出科技竞争力表达式如式（10-2）所示：

$$Q/A^\gamma = K^\alpha L^\beta, \ 0<\alpha, \beta<1 \qquad (10\text{-}2)$$

科技竞争力的资本来自国内和国外两个部分，国内部分是国内总投入，国外主要是对华直接投资部分，如式（10-3）所示：

$$K = FDIgHR\&D \qquad (10\text{-}3)$$

因此，式（10-2）可以写为如式（10-4）所示：

$$Q/A^\gamma = (FDIgHR\&D)^\alpha L^\beta, 0<\alpha, \beta<1 \qquad (10\text{-}4)$$

产业科技竞争力涉及国外部门（国外资金和技术），因此汇率是必不可少的

第十章
产业科技竞争力的形成机理、指标构建及实证检验

因素，通过产业固定资产投资来扩大产业规模以及专利作为推动科技竞争力的软件，两者也需要考虑在内以及实际有效汇率对 FDI 的影响能力，即 $REERgFDI$，同时新增固定资本和发明对科技竞争力也发挥重要作用，因此式（10-4）可以转化为如式（10-5）所示：

$$Q/OLP = (REERgFDI)^{a_1} HR\&D^{a_2} HRR^{a_3} GZ^{a_4} IVR^{a_5} \quad (10\text{-}5)$$

从式（10-5）可以转化为产业科技竞争力的数学模型，如下：

$$\ln Q/OLP = a_0 + a_1 \ln REERgFDI + a_2 \ln HR\&D + a_3 \ln HRR + a_4 \ln NGZ + a_5 \ln IVR + \xi$$
$$(10\text{-}6)$$

再者，这里还要考虑高新技术产业的研发经费投入与研发人员的交互项，表示研发人员对研发经费投入的影响能力，即 $HR\&DgHRR$。

可以将式（10-6）转化为如式（10-7）所示：

$$\ln Q/OLP = a_0 + a_1 \ln REERgFDI + a_2 \ln HR\&D + a_3 \ln HR\&DgHRR + \quad (10\text{-}7)$$
$$a_4 \ln NGZ + a_5 \ln IVR + \xi$$

科技竞争力是一个动态发展过程，因此，可以将式（10-7）转化为如式（10-8）所示，显示动态化。

$$\ln TC = a_0 + a_1 \ln(REERgFDI) + a_2 \ln HR\&D + a_3 \ln(HR\&DgHRR) + \quad (10\text{-}8)$$
$$a_4 \ln NGZ + a_5 \ln IVR + \xi$$

（二）指标的选择与说明

选取的数据主要来自历年《中国统计年鉴》和历年《中国科技统计年鉴》和《中国高新技术产业统计年鉴》以及 BIS（国际清算银行网站）数据（见表10-4）。

其一，Q/OLP 为高新技术产业的科技竞争力，用 TC 来表示，是衡量产业科技竞争实力和科技转化为现实生产力的综合性指标，体现新产品对产业研发活动的贡献；Q 表示高新技术产业新产品销售收入，表明该产业的创新能力和创新效率；OLP 表示全员劳动生产率，全员劳动生产率（OLP）＝高新技术产业增加值/全部从业人员平均人数，全员劳动生产率指根据产品的价值量指标计算的平均每个从业人员在单位时间内的产品生产量，是衡量产业生产技术水平、经营管理水平、从业人员科技活动能力及积极性的综合表现。

其二，REER 表示货币汇率，用本国的实际有效汇率，反映了剔除了通货膨胀因素以外一国货币对外的真实价值。

其三，FDI 为中国实际使用外资额，表明中国真实利用外资的数额；是外商直接投资规模有助于增强高新技术产业科技竞争力的一种重要手段。

其四，HR&D 为国内研发支出；包括用国内自主研发支出和国内技术购买以及新产品开发费用和国外技术购买（技术引进、吸收消化、技术改造）。

其五，HRR 为中国高新技术产业研发人员投入/从业人员总数的比重。

其六，NGZ 表示新增固定资产，表明通过研发活动形成的新的固定资产的价值，即研发活动形成的新的固定资产价值。

其七，IVR 是专利，表示有效发明专利占专利申请总数的比重，在发明、实用新型和外观设计三类专利中，真正体现创新能力的是发明专利，用有效发明专利授权数比较真实。

表 10-4 科技竞争力的各指标

年份	TC	REER	FDI	HR&D	HRR	NGZ	IVR
2003	390	92.82	593.6	391	0.023462	421	0.642762
2004	398	98.45	468.78	491.96	0.028015	500.9	0.459603
2005	424	98.26	527.43	613.19	0.027925	620.22	0.331306
2006	477	92.01	535.05	692.56	0.026834	939.43	0.405804
2007	587	87.66	606.30	871.68	0.020579	1196.76	0.411301
2008	663.3	87.24	603.25	1059.08	0.026082	1464	0.395768
2009	744.5	89.24	630.21	1238.13	0.025373	1898.3	0.335007
2010	843	90.36	747.68	1564.04	0.029442	2071.3	0.388608
2011	944.8	96.37	923.95	1784.3	0.030165	2574.2	0.603061
2012	957.5	102.01	900.33	1824.35	0.03342	3160.5	0.617902
2013	1092.2	99.99	1057.35	2105.47	0.036532	4450.4	0.840541
2014	1146.9	100.08	1160.11	3177.44	0.037231	6355.2	0.697639
2015	1242.9	105.67	1117.20	3803.95	0.04232	8377.1	0.687963

注：部分数据经整理得到；FDI 原始数据源自历年《中国统计年鉴》；REER 数据源自 BIS（国际清算银行）每年平均指数（http：//www.bis.org/statistics/eer/index.htm）；其他数据均源自历年《中国科技统计年鉴》、历年《中国高新技术产业统计年鉴》。

本部分利用我国 2004~2016 年的统计数据，为了消除初始水平对计算结果的影响，均以 2000 年的数据值为基期（即 2000 年＝100）对以后年份统计值进行处理（见表 10-5）。

表 10-5　科技竞争力的各指标处理结果

年份	TC	REER×FDI	HR&D	HR&D×HRR	NGZ	IVR
2003	100	100	100	100	100	100
2004	102	84	126	150	119	72
2005	109	94	157	187	147	52
2006	122	89	177	203	223	63
2007	151	96	223	195	284	64
2008	170	95	271	301	348	62
2009	191	102	317	342	451	52
2010	216	123	400	502	492	60
2011	242	162	456	587	611	94
2012	246	167	466	665	751	96
2013	280	192	538	838	1057	131
2014	294	211	813	1289	1509	109
2015	319	214	973	1755	1990	107

通过实证研究我国高新技术产业科技竞争力的决定指标，并借助 Eviews 6.0 软件进行多元一次回归分析。

（三）单位根检验

由于大多数的经济时间序列都是非平稳序列，因此，在协整检验前必须对其进行单位根检验，因为只有当变量序列均为同阶单整序列时才可以进行协整回归。在使用该方法前，首先要对被分析的各时序变量进行单整检验。一个序列在成为平稳序列之前经过 d 次差分，则该序列被称为 d 阶单整，记为 I（d）。检验单整时首先检验是否为 I（0），再检验是否为 I（1），依次类推。检验方法是单位根检验的 ADF（Augmented Dickey-Fuller）检验。本书采用 ADF 法检验变量的稳定性，所有变量的水平序列均为非平稳，而它们的一阶差分均为平稳，即均为 I（1）序列，从而可以对六个变量之间的关系进行协整检验。

本部分采用上述模型和数据，对我国高新技术产业科技竞争力的决定指标进行实证检验，使用统计软件进行处理。总体回归模型及其中包含的各个解释变量均具有统计显著性，模型的拟合度很高。经简化可以得到回归方程：

$$\ln TC = 0.945477 + 0.045369\ln(REERgFDI) + \\ 0.959775\ln HR\&D - 0.368179\ln(HR\&DgHRR) + \\ 0.018717\ln NGZ + 0.1339608\ln IVR$$

(10-9)

将系数保留三位小数，式（10-9）变为式（10-10）：

$$\ln TC = 0.945 + 0.045\ln(REERgFDI) + \\ 0.960\ln HR\&D - 0.368\ln(HR\&DgHRR) + \\ 0.019\ln NGZ + 0.134\ln IVR$$

(10-10)

1. 研究结论

（1）基于实际有效汇率的外资每增加1%，对我国高新技术产业科技竞争力的提升为0.045%，表明改革开放以来，我国实施技术引进的政策是正确的决策，随着我国实际使用外资的规模越来越大，对我国技术进步是有利的。

（2）国内研发费用（包括国内自主研发支出和国内技术购买以及新产品开发费用和国外技术的引进、吸收消化和改造）每增加1%，我国高新技术产业科技竞争力将提升0.960%，表明国内研发费用支出对我国高新技术产业科技竞争力的提升是个很重要的指标。

（3）基于人力资本的研发资金的投入每增加1%，对我国高新技术产业科技竞争力的影响是负面的，表明我国科技人员水平低，对我国高新技术产业的作用不大。或者说，我国科技人员的研发科技成果转化率很低，所以，科技活动人员，尤其是研发人员要逐渐提高科技素质。可见，我国货币资本投入对技术进步的作用大于人力资本的投入。

（4）我国高新技术产业固定资产的价值每增加1%，我国高新技术产业科技竞争力提升0.019%，反映了固定资产投资对我国科技进步作用不明显。

（5）我国有效发明专利每增加1%，我国高新技术产业科技竞争力提升0.134%，发明专利的授权数增加对我国科技进步的正面影响是显著的。

2. 研究启示

本部分研究了我国高新技术产业科技竞争力的形成机理，从投入产出分析法的视角构建了科技竞争力的评价指标体系，具有一定的客观依据和准确性，并在此基础上，归纳我国高新技术产业科技竞争力提升的决定指标，进行实证检验，结果表明，相对人力资本投入而言，研发经费投入对我国高新技术产业科技竞争力的作用更为显著。可见，我国要加大研发经费的投入力度，创造出更多的科技成果，尤其要重视有效发明专利，注重科技成果转化为现实生产力，实现专利申请从追求数量向追求质量的转变。同时，切实加强我国科技活动人员的技术素养培养力度，提高我国科技人员的创新能力，也不能忽视国外资金在华的投入对我国高新技术产业的贡献。

第十一章

新兴古典贸易分工理论发展述评

国际贸易分工理论的发展已有 200 多年历史,期间经过古典阶段、新古典阶段、新贸易理论阶段和新兴古典阶段,反映了不同阶段国际贸易发展的特点。古典、新古典国际贸易理论的贡献主要揭示了互利性的产业间贸易问题;新贸易理论的主要贡献在于解释了产业内贸易现象,将贸易分工理论推进到新阶段;新兴古典贸易分工理论又将贸易分工理论推进到更高的发展阶段。新兴古典经济学的主要贡献在于回归了斯密的分工专业化思想,是对传统理论的继承和发展。

一、分工专业化思想梳理

(一)斯密定理

著名的斯密定理指出,分工取决于市场范围的大小,分工的发展取决于市场范围的不断扩大,而市场范围的大小又取决于运输的条件。分工会带来专业化和专业的多样化,而这必然要求人们互相交易,互通有无。斯密定理直接地表述为市场范围扩大是分工深化的必要条件,市场范围扩大的关键因素是交易费用(盛洪,1994)。在斯密的理论体系中,市场需求被默认为外生的,市场范围的扩张只能停留在交易费用外生的水平上。斯密定理仅从市场需求方面静态地分析了分工演进机制,却没有将市场供给与市场需求两方结合起来研究分工演进机制。而在市场供给方面,降低交易费用可以刺激供给,有利于增加物质资本与人力资本。因而,斯密定理的根本缺陷在于不能揭示分工演进的机制。

第十一章
新兴古典贸易分工理论发展述评

(二) 杨格定理

杨格定理在斯密定理的基础上,增加了市场需求层面上的分工演进机制的分析,将斯密定理动态化,从而形成了浑然一体的动态化分工演进机制。杨格定理认为,递增报酬的实现有赖于劳动分工的演进,不但市场大小决定分工的程度,而且市场大小由分工程度所制约,需求和供给是分工的两个侧面(杨格,1928),杨格补充了由交易费用外生分工,由分工内生市场规模的机制。可见,杨格定理动态地发展了斯密定理,提出了由分工到分工累积循环的机制。斯密定理与杨格定理对分工及其演进机制作了开创性的研究。分工是基于人们交换能力的专业化分工,交换能力是市场交换范围的制约因素,而交换范围又是分工深化的限制因素。斯密定理与杨格定理形成了一个分工自演进组织体系,分工与专业化产生于交易效率的提高,并反过来提高经济体系的总效用,但同时分工的出现是以交易费用的相伴而生为代价。前者是由静态市场规模推动的分工,后者则是由组织创新推动的分工;前者从市场需求角度出发,而后者从市场供给角度出发。综合两者可以较为合理地解释由分工到分工的自我演进机制,而这一机制中的契合点是交易费用。分工的自演进将市场规模动态化。分工和专业化能够大幅度地提高生产效率,这种提高是一种生产质量上的提升,能有效地扩大生产的可能性边界。交易费用是分工和专业化的关键因素,分工的细化会导致交易及其费用几何级数的增加(Becker and Murphy,1992)。

(三) 杨小凯的新兴古典经济学

分工和专业化的发展(杨小凯,1984,1991,1997),使人们能够生产的剩余产品日益增加,这是人们选择分工专业化带来的收益。交易费用的存在,使人们在交易中必然付出代价,人们必须在分工专业化和交易费用两者之间作出选择,寻找一个理想的均衡点。当分工与专业化所带来的收益超过支付交易费用所产生的损失时,人们会选择分工专业化经济,并通过市场进行交易,以满足人们多样化的消费需求。反之,当分工专业化所带来的收益低于支付交易费用所产生的损失时,人们会选择自给自足经济,即自己生产多种自己所需的产品并满足自己的消费,这时将没有商品交易。显而易见,分工专业化是推动国内贸易的基本原因,而要促进商品经济的发展,繁荣市场,则必须通过必要的法律和规章制度，保障人们合法财产与收入的安全性，努力提高交易效率，有效降低交易费用。只有分工的效率超过交易费用时，自给自足经济才会演变为分工经济。

随着交易费用的下降，分工会在更高层次和更大规模上进行。如果我们从对个体与个体之间的交易效率与交易费用的关注中，站到更高的层面观察分工网络的交易费用问题，则有两点需要说明。一是经济系统的分工网络存在单位交易效率提高，即交易费用下降与网络整体的总交易费用上升同时存在。这是因为，交易效率的提高体现为专业化生产的个体与个体之间单位交易费用的下降，单位交易费用的下降会促使更多交易行为的发生，同时使一些原本不能实现专业化的新的分工领域出现，这些新专业的出现，同样会带来交易量的增大。也就是说，在分工网络上，由于单位交易费用的下降，网络中原有点与点之间的连线变得更粗，因为交易量扩大。二是又会有新的节点出现，这些节点的出现使分工网络规模得以扩大，因此在单位交易费用下降的同时，总的交易次数可能会迅速上升，导致交易费用的总量也不断上升。另外，网络的扩展和复杂化又可能使其中的内生交易费用迅速上升。这些反映了劳动分工发展和交易制度日益复杂的趋势。

事实上，经济学是解决两难冲突（trade off）的科学（杨小凯、黄有光，1993；杨小凯，1998；Yang，2001），因为任何经济决策都是在约束条件下寻求最优，最优的决策事实上都是折中的结果。现实生活中的最优状态（选择）一般总是中间状态，而不像传统经济学理论所主张的如"完全竞争"那种极端的理想状态。杨小凯和威尔斯（Yang and Wills，1990）的模型却表明，竞争程度的增加与分工经济不可两全。分工程度很高时，每个专业化生产领域的竞争程度就会受到影响，不可能一方面要求每个专业生产领域从事生产的人都很多，达到完全竞争状态；另一方面整个社会又具有同样很多的专业领域数量。因此，现实经济中，如果对交易费用进行深入的研究，是一个既有一定程度的竞争又有一定程度垄断存在的中间状态。现实中的经济问题均可以放入两难冲突的分析框架，并从中内生出最终的均衡状态。

二、新兴古典解释贸易产生的新思路

新古典经济学在解释国内贸易产生的原因时，是假定在纯消费者和厂商绝对分离的前提下，而国际贸易之所以产生是因为国与国之间存在外生的比较利益。

第十一章
新兴古典贸易分工理论发展述评

这种传统新古典贸易理论把国内贸易与国际贸易分割开来，却难以阐明国内贸易何以发展到国际贸易，以及发达国家之间贸易量远远高于发达国家同发展中国家间贸易量的原因。D—S模型可以解释为什么国际贸易主要发生在先天条件相近的发达国家之间，却不能内生地解释国内贸易向国际贸易的演变，因为按照这些理论，人们一开始应该选择的是国际贸易，而不是实际作为开始的国内贸易。以杨小凯等为代表的学者提出与传统国际贸易理论、新古典贸易理论既相承又具有开创性的新兴古典贸易理论。将贸易的起因归结为分工带来的专业化经济与交易费用两难冲突相互作用的结果，从而对贸易产生的原因给出了新的解释思路，为国际贸易和国内贸易提供了一个统一的理论分析框架是贸易理论的新发展。

新兴古典经济学是20世纪80年代以来新兴的经济学流派。新兴古典贸易理论依托新兴古典经济学的新框架，将贸易的起因归结为分工带来的专业化经济与交易费用两难冲突相互作用的结果，从而对贸易的原因给出新的解释思路，使贸易理论的核心重新回到分工引起的规模报酬递增，是一种内生动态优势模型，是贸易理论和贸易政策统一的模型，是国内贸易和国际贸易统一的模型，能够整合各种贸易理论，是贸易理论的新发展，重新归纳贸易理论的发展线路。新兴古典经济学弥补新古典经济学框架的重要缺陷，从每个个体既是消费者又是生产者的现实出发分析个体的决策过程及其结果。基于个体是消费—生产者的新框架适合国家层次上对单个国家的分析，新兴古典经济学把对个体之间分工和贸易的分析用于分析国际分工和国际贸易，用分工经济和交易费用的两难冲突及其折中解决的个体专业化决策思路重新考察国际贸易理论，用分工演进模型对贸易理论的基本问题给出新的解释，构成新兴古典贸易理论的主要内容。新兴古典经济学派从消费者与生产者的统一出发，构建了贸易产生的内生化新体系。

基于库恩—塔克定理，经济学家杨小凯教授独创了超边际分析方法，并运用这种方法对传统的国际贸易理论进行了全新的诠释；提出了新兴古典经济学，以分工与专业化为分析任何经济现象的出发点，面对现实生活中的各种具体经济问题构建贸易模型。这些模型在不同程度上解决了一国国内贸易如何发展到国际贸易的问题，把国内贸易和国际贸易统一到一个理论框架里，对国际贸易新兴理论的形成与发展做出了很大的贡献（梁小民，2003）。新兴古典经济学为贸易理论、增长理论、企业理论、交易费用经济学、产权经济学及宏观经济学提供了一个统一的核心理论。杨小凯的研究成果涉及基本经济理论和研究方法，构建了新兴古典经济学的完整体系，从而大大提高了经济学的解释力（张永生，2002）。在新兴古典经济学中，交易费用对经济组织的拓扑性质具有决定性的意义。

按照新兴古典贸易的理论,交易效率的提高会扩大市场容量,促进市场一体化,相互分割的局部市场将逐渐发展成一体化的市场,这时候,一个大的市场在折中分工好处与交易费用之间的两难冲突提供了更大的空间,所以,国际贸易是国内贸易发展的结果,其市场容量取决于交易效率的高低。国际贸易之所以在国内贸易之后发展起来,是因为同国内贸易相比,国际贸易存在额外的交易费用。新兴古典经济学复活了古典经济学的精华分工理论,并将之加以数学分析工具,为经济学的学习提供了一种新的学习思路和分析工具。从而将传统贸易理论的基本思想纳入新兴古典贸易理论的框架之下,这在一定程度上将现有的贸易理论整合到统一框架下。杨小凯和黄有光的新兴古典经济学说重新为经济学确定了方向,将经济学从资源分配问题引向组织问题,为贸易理论、增长理论、企业理论、交易费用经济学、产权经济学及宏观经济学提供了一个统一的理论体系,该理论体系还存在较大的发展空间。

三、新兴古典分析框架的演变

新兴古典经济学是以分工与专业化为分析经济现象的出发点,所构建的一系列模型分析现实生活中的各种经济问题,如交易费用模型可以解释贸易的出现等现象。这里用图1-1、图1-2、图1-3来说明新兴古典经济学的分析框架。假定一个经济系统中有4个消费者—生产者,每个人必须消费4种产品,而且可以选择生产1种、2种、3种或4种产品,没有市场存在,整个经济分成四个互不往来的部分,经济没有一体化,没有商业化,生产集中程度低,每个人的专业化水平低。若假定专业化可以通过加速熟能生巧边干边学的过程提高生产力,则在图1-1的自给自足,即国内贸易中每个人的生产力都很低,但是它却完全没有交易及其产生的交易费用。由于所有人的生产消费结构相同,经济结构的多样化程度很低,在图1-2的局部国际贸易状态中,每个人生产的产品种类数从4种减至3种,即专业水平上升,因此生产力上升,市场也从无到有,每个人的交易次数从0次增至2次,交易费用也从无到有。经济分为两个互不往来的部分,与自给自足相比,市场一体化程度上升。产品1或产品2的生产者人数也从自给自足时的4个减至2个,所以生产集中度上升,同时也出现两类生产贸易结构不同的专业,因而比自给自足时结构多样化程度上升。人与人之间的依赖性、每个人的贸易依存度、社会的商业化程度及市场个数都增加。图1-3则是一种完全国际贸易状态，每个人的贸易依存度、社会的商业化程度及市场个数都增加。每个人的专业化程度、社会结构的多样化程度、每个人的贸易依存度、社会的商品化程度、市场个数、经济一体化程度、生产集中程度、交易次数及总交易费用、每个人的生产率都比局部国际贸易时增加。

经济体系之所以能从自给自足状态演进到局部国际贸易状态乃至完全国际贸易状态，是由于在这类框架中有分工好处与分工产生的交易费用的两难冲突，故分工水平取决于交易效率的高低。交易效率越高，折中这种两难冲突的空间就越大，分工水平也就越高。在一个静态模型里，当交易效率外生改进时，经济体系就会从自给自足向完全国际贸易演进。在一个动态均衡模型里，即使交易条件没有外生地得到改进，分工的演进也会自发地产生。上述两种现象，会作为分工演进的不同侧面同时产生。在这个过程中，市场是由于个人选择专业模式和水平的自利决策而内生出现的，需求和供给是分工的两个侧面。随着分工的演进，社会的商业化和市场化程度也会随之发生演进。经济体系从自给自足演进到局部国际贸易乃至完全国际贸易演进的方式。

四、新兴古典贸易理论的缺陷

值得探讨的是，新兴古典贸易理论存在一些缺陷：①出于数学的严谨性和理论的完美性，新兴古典框架通常作一些严格的假定条件，其中有些是不合理的，会得出与现实相差甚远的结论，一定程度上限制了新兴古典贸易模型的理论研究价值和实际应用能力；②现存的统计资料无法满足分工专业化演进的许多数据口径，因此难以采用历史数据来验证新兴古典贸易理论；③在新兴古典贸易理论中，交易费用的大小不能决定分工是如何进行，以及某国生产产品的分工方式，交易效率的高低无法确定某国进出口贸易的结构；④无论是国内贸易还是国际贸易均处于动态之中，新兴古典贸易理论是采用静态分析或比较静态分析，其分工贸易模型是静态经济模型，从而忽略了时间因素，对现实贸易现象的解释力就有了折扣。但是新兴古典贸易理论毕竟是传统贸易理论的更深层次扩展，这种扩展是建立在新兴古典经济学关于分工、专业化与经济增长理论的基础上，新兴古典贸易理论的理论意义要大于实践意义，其至少开辟了一条新的研究贸易理论的蹊径。

参考文献

[1] 亚当·斯密. 国民财富的性质和原因的研究 [M]. 郭大力等译. 北京：商务印书馆，1974：12-15.

[2] 亚当·斯密. 国民财富的性质和原因的研究（上卷）[M]. 北京：商务印书馆，2004：5.

[3] 亚当·斯密. 国民财富的性质和原因的研究（上卷）[M]. 北京：商务印书馆，1972：8.

[4] 马克思，恩格斯. 德意志意识形态 [M]. 北京：人民出版社，1982：728.

[5] 刘佑成. 社会分工论 [M]. 杭州：浙江人民出版社，1986：191.

[6] 马克思. 1844年经济学哲学手稿 [M]. 北京：人民出版社，2000：134.

[7] 马克思，恩格斯. 马克思恩格斯选集（第3卷）[M]. 北京：人民出版社，1995：640.

[8] 马克思，恩格斯. 德意志意识形态 [M]. 北京：人民出版社，2003：13.

[9] 阿林·杨格. 报酬递增和经济进步 [J]. 经济社会体制比较，1996（2）：52-57.

[10] Young, Allyn. Increasing Returns and Economic Progress [J]. The Economic Journal, 1928, 3 (8): 527-542.

[11] Becker, G. and Murphy, K. The Division of Labor, Coordination Costs, and Knowledge [J]. Quarterly Journal of Economics, 1992 (107): 1137-1160.

[12] 杨小凯. 当代经济学与中国经济 [M]. 北京：中国社会科学出版社，1997：74.

[13] Yang, X. and Wills. I. A Model Formalizing the Theory of Property Rights [J]. Journal of Comparative Economics, 1990 (14): 177-198.

[14] 杨小凯，黄有光. 专业化与经济组织———一种新兴古典微观经济学框

架[M].北京:经济科学出版社,1999:7-9.

[15] Xiao Kai, Yang, J. and Borland. A Microeconomic Mechanism for Economic Growth[J]. Journal of Political Economy, 1991, 99(3): 460-482.

[16] Becker Gary and Murphy Kevin. The Division of Labor, Coordination Costs, and Knowledge[J]. The Quarterly Journal of Economics, November, 1992(7): 1137-1159.

[17] 朱勇. 分工与经济增长[J]. 经济科学, 1998(6): 98-103.

[18] 陈铭. 作为专业化与分工结果的国际贸易理论[J]. 南开经济研究, 2007(1): 67-69.

[19] Jeff Borland, Xiao Kai Yang. Specialization and a New Approach to Economic Organization and Growth[J]. American Economic Review, 1992(82): 386-391.

[20] 杨小凯. 经济学:新兴古典与新古典框架[M]. 张定胜等译. 北京:社会科学文献出版社, 2003: 14-16, 221-226.

[21] 鞠建东、林毅夫、王勇. 要素禀赋、专业化分工、贸易的理论与实证——与杨小凯、张永生商榷[J]. 经济学(季刊), 2004, 4(1): 28.

[22] Adam Smith. An inquiry into the nature and causes of the wealth of nations[M]. Oxford: Clarendon Press, 1980: 1-10.

[23] Ricardo, D. The Principle of Political Economy and Taxation[M]. London: Gaernsey Press, 1973: 469-479.

[24] Been-lon Chen, Kazuo Nishimura, Koji Shimomura. Time Preference and Two-country Trade International[J]. Journal of Economic Theory, 2008, 4(1): 29-52.

[25] 杨小凯, 张永生. 发展经济学——超边际与边际分析[M]. 北京:社会科学文献出版社, 2003.

[26] S. M. Miller. 经济学:新兴古典与新古典框架[J]. 经济学(季刊), 2004(3): 510-516.

[27] 方晋. 交易效率、市场规模与贸易发展——新兴古典贸易理论的一个实证检验[J]. 数量经济技术经济研究, 2004, 9(2): 46-51.

[28] 国彦兵. 论杨小凯教授对国际贸易理论的贡献[J]. 国际贸易问题, 2005(1): 126-129.

[28] 张定胜, 杨小凯. 具有内生比较优势的李嘉图模型和贸易政策分析[J]. 世界经济文汇, 2003(1): 1-13.

[30] Yang, Xiaokai. Economic Development and the Division of Labor [M]. Blackwell: Malden, Massachussetts, 2003: 233-242.

[31] 曹家和, 葛和平. 杨小凯消费者—生产者模型的扩展分析 [J]. 山西财经大学学报, 2008 (6): 1-8.

[32] Romalis and John. Factor Proportions and the Structure of Commodity Track [J]. American Economic Review, 2004, 94 (1): 38-57.

[33] 盛洪. 分工和交易 [M]. 上海: 三联书店, 1994: 23-67.

[34] Becker, G. and Murphy, K. The Division of Labor, Coordination Costs, and Knowledge [J]. Quarterly Journal of Economics, 1992, 107: 1137-1160.

[35] Yang, X. and Wills, I. A Model Formalizing the Theory of Property Rights [J]. Journal of Comparative Economics, 1990 (14): 177-198.

[36] Smythe, D. Book Review: Specialization and Economic Organization: A New Classical Microeconomic Framework [J]. Journal of Literature, 1994 (32): 691-692.

[37] 张二震. 国际贸易分工理论演变与发展述评 [J]. 南京大学学报, 2003 (1): 65-73.

[38] 纪昀. 从新古典到新兴古典: 国际贸易理论的最新发展 [J]. 世界经济研究, 2000 (1).

[39] Jeff Borland and Xiaokai Yang. Specialization and a New Approach to Economic Organization and Growth [J]. American Economic Review, 1992, 82: 386-391.

[40] 杨小凯, 张永生. 新兴古典经济学与超边际分析 (修订版) [M]. 北京: 中国社会科学出版社, 2003: 59-63.

[41] Yang Xiaokai. Economics: New Classical vs. Neoclassical Frameworks [M]. Blackwell: Malden, Massachussetts, 2001.

[42] 杨小凯, 张永生. 新兴古典经济学和超边际分析 [M]. 北京: 中国人民大学出版社, 2000: 41-81.

[43] Yang, Xiaokai and Yew-Kew Ng. Specialization and Economic Organization: A New Economic Frameworks [M]. North-Holland: Amsterdam, 1993.

[44] 杨小凯. 经济学原理 [M]. 北京: 中国社会科学出版社, 1998: 64-74.

[45] Buckley, P. and Casson, M. The Future of Multinational Enterprises [M]. New York: Holmes & Meier, 1976: 66-84.

[46] Yang, X. and Borland, J. A Microeconomic Mechanism for Economic Growth [J]. Journal of Political Economy, 1991 (99): 460-482.

［47］Cheung S. The Contractual Nature of the Firm［J］. Journal of Law and Economics, 1983 (26): 1-21.

［48］Ng, Y-K. Inframarginal Versus Marginal Analysis of Networking Decisions and E-Commerce, International Symposium of Economics of E-Commerce and Networking Decisions Monash Univerlity, Australia, 2001 (7): 7-8.

［49］X. Yang and H. Shi. Specialization and Product Diversity［J］. American Economic Review, 1992 (82).

［50］Feenstra, R. Integration of Trade and Disintegration of Production in the Global Economy［J］. Journal of Economic Perspectives, 1998, 12 (4): 31-50.

［51］Arndt, S. Globalization and the Gains from Trade［M］// K. J. Koch and K. Jaeger, K., Koch, K. J. Trade, growth, and economic policies in open economies［M］. New York: Springer-Verlag, 1997.

［52］Hanson, G., Mataloni, R. and Slaughter, M. Vertical Production Networks in Multinational Firms［J］. Review of Economics and Statistics, 2005, 87 (4).

［53］Desai, M. The Decentering of the Global Firm［J］. World Economy, 2009, 32 (9).

［54］张纪. 产品内国际分工中的收益分配——基于笔记本电脑商品链的分析［J］. 中国工业经济, 2006 (7): 36-44.

［55］胡昭玲. 产品内国际分工对中国工业生产率的影响分析［J］. 中国工业经济, 2007 (6): 31-37.

［56］刘戒骄. 生产分割与制造业国际分工——以苹果、波音和英特尔为案例的分析［J］. 中国工业经济, 2011 (4): 148-157.

［57］Apple Inc. Annual Report Index to the Form 10-K for the Fiscal Year［R］. United States Securities and Exchange Commission Washington, D. C. 20549. 2010.

［58］吴福象, 刘志彪. 中国贸易量增长之谜的微观经济分析: 1978~2007［J］. 中国社会科学, 2009 (1): 70-83.

［59］Lawrence and Venkatraman. An Empirical Study of Information Technology Outsourcing: Benefits, Risks and Performance Implications［J］. ICIS Proceedings Paper, 1995 (9): 25.

［60］Diromualdo and Gurbaxani. Strategic intent for IT Outsourcing［J］. Sloan Management Review, 1998 (11): 23.

［61］Christina Costa. Information Technology Outsourcing in Australia: A

Literature Review [J]. Information Management and Computer Security, 2001 (10): 35-42.

[62] 陈菲. 服务外包动因机制分析及发展趋势预测——美国服务外包的验证 [J]. 中国工业经济, 2005 (6): 67-73.

[63] 卢锋. 当代服务外包的经济学观察: 产品内分工的分析视角 [J]. 世界经济, 2007 (8): 22-46.

[64] 薛求知, 宋丽丽. 信息技术服务离岸外包区位选择研究——基于41个东道国的实证研究 [J]. 亚太经济, 2008 (1): 54-58.

[65] Nir Kshetri. Institutional Factors Affecting Offshore Business Process and Information Technology Outsourcing [J]. Journal of International Management, 2007 (13): 42.

[66] Earl M. J. The Risks of Outsourcing IT [J]. Sloan Management Review, 1996 (3): 37-52.

[67] Christian Berggen and Lars Bengtson. Rethinking Outsourcing in Manufacturing [J]. European Management Journal, 2004 (22): 54-70.

[68] 申庆涛. 服务外包产业规避风险的经济学阐释 [J]. 管理世界, 2009 (9): 166-167.

[69] 姚战琪. 工业和服务外包对中国工业生产率的影响 [J]. 经济研究, 2010 (7): 91-102.

[70] 原毅军, 刘浩. 中国制造业服务外包与服务业劳动生产率的提升 [J]. 中国工业经济, 2009 (5): 68-76.

[71] 唐海燕, 张会清. 中国在新型国际分工体系中的地位——基于价值链视角的分析 [J]. 国际贸易问题, 2009 (2): 18-26.

[72] 芮明杰.《跨国公司制造和服务外包发展趋势与中国相关政策研究》评介 [J]. 中国工业经济, 2009 (9): 157-158.

[73] Shailey Dash. Services Outsourcing: Evaluating Changes in Revealed Comparative Advantage—The Case of the US and India [J]. Fourth International Conference on Globalization and Sectoral Development, 2006 (2): 53.

[74] Jones, R. W. and Kierzkowski, H. A Framework for Fragmentation [M] // S. Arndt and H. Kierzkowski (eds.). Fragmentation and international trade [M]. Oxford University Press, 2001: 17-34.

[75] Bonham, C., Gangnes, B. and Van Assche, A. Fragmentation and East A-

sia's Information Technology Trade [J]. Applied Economics, 2007 (39).

[76] Dornbush, R., Fischer, S. and Samuelson, P. A. Comparative Advantage, Trade, and Payments in a Ricardian Model with a Continuum of Goods [J]. American Economic Review, 1977, 67 (5): 823-839.

[77] Yamashita, N. The Impact of Production Fragmentation on Industry Skill Upgrading: New Evidence from Japanese Manufacturing, Hitotsubashi University Discussion Paper, No. 202, 2007.

[78] Ngo Van Long, Raymond Riezman and Antoine Soubeyran. Fragmentation and Services [J]. North American Journal of Economics and Finance, 2005 (16): 137-152.

[79] Dornbusch R., Fischer S. and Samuelson P. Comparative Advantage, Trade, and Payments in a Ricardian Model with a Continuum of Cbods [J]. American Economic Review, 1977, 67 (5): 823-839.

[80] Dornbusch R., Fischer S. and Samuelson P. Heckscher Ohlin Trade Theory with a Continuum of Goods [J]. Quarterly Journal of Economics, 1980, 95 (2): 203-224.

[81] T. M. Rybczynski. Factor Endowment and Relative Commodity Prices [J]. Economica (New Series), 1955 (88): 336-338.

[82] Kindleberger, Charles P. American Business abroad [M]. Yale University Press, 1969: 1-36.

[83] 孔淑红, 梁明. 国际投资学 [M]. 北京: 对外经济贸易大学出版社, 2001: 82-87.

[84] Buckley, P. and Casson, M. The Future of Multinational Enterprises [M]. New York: Holmes & Meier, 1976: 66-84.

[85] 余海丰, 冯忠栓. 二战后国际直接投资理论的发展演变 [J]. 国际经贸探索, 2001 (2): 12-15.

[86] Nelson, R. Phelps Investment in Humans, Technological Diffusion, and Economic Growth [J]. American Economic Review, 1966 (2).

[87] Abramovitz. Thinking about Growth [M]. New York: Cambridge University Press, 1989.

[88] 孙文杰, 沈坤荣. 技术引进与中国企业的自主创新: 基于分位数回归模型的经验研究 [J]. 世界经济, 2007 (11): 32-43.

[89] 余泳泽. 我国技术进步路径及方式选择的研究述评 [J]. 经济评论, 2012 (6): 128-133.

[90] 金碚. 中国工业的技术创新 [J]. 中国工业经济, 2004 (5): 5-14.

[91] 郭庆宾, 傅东平. 国外 R&D 溢出路径及其效果研究综述 [J]. 科技进步与对策, 2011 (5).

[92] 多淑杰. 国际产业转移对我国技术进步影响的实证分析 [J]. 统计与决策, 2012, 5: 71-72.

[93] Solow, R. M. Technical Change and the Aggregate Production Function [J]. Review of Economics and Statistics, 1957 (39).

[94] 刘凯敏, 朱钟棣. 我国对外直接投资与技术进步关系的实证研究 [J]. 亚太经济, 2007 (1): 98-101.

[95] 荔吉元. 跨国公司研发投资对我国技术进步影响的实证研究 [J]. 临沂师范学院学报, 2005 (6).

[96] 郑毅, 李庆. 经济与管理科学中的计算机建模与模拟研究 [J]. 信息管理, 2013 (6).

[97] 胡定核. 货币国际化与经济开放的相互关系及其系统动力学模型 [J]. 数量经济技术经济研究, 1995 (4).

[98] 陈畴镛, 蔡小哩. 区域经济与第三方物流互动发展的系统动力学模型 [J]. 数量经济技术经济研究, 2005 (7).

[99] 贺彩霞, 冉茂盛, 廖成林. 基于系统动力学的区域社会经济系统模型 [J]. 管理世界, 2009 (3).

[100] 贺晟晨, 王远, 高倩, 石磊, 陆根法. 城市经济环境协调发展系统动力学模拟 [J]. 长江流域资源与环境, 2009 (8).

[101] Kwan, A. C. C. and Kwok, B. Exogeneity and the Export-led Growth Hypothesis: He Case of China [J]. Southern Economic Journal, 1995 (6).

[102] John Thornton. Co-integration, Causality and Export Led Growth in Mexico (1895-1992) [J]. Economics Letters, 1996: 413-416.

[103] Jordan Shan and Fiona Sun. On the Export-led Growth Hypothesis: The Econometric Evidence from China [J]. Applied Economics, 1998 (30).

[104] U. Dhawan and B. Biswal. Re-examining Export-led Growth Hypothesis: A Multivariate Co-integration Analysis for India [J]. Applied Economics, 1999 (31).

[105] Jim Love and Ramesh Chandra. Testing Export Led Growth in Bangladesh in a Multivariate VAR Framework [J]. Journal of Asian Economics, 2005: 1155-1168.

[106] 刘晓鹏. 协整分析与误差修正模型——我国对外贸易与经济增长的实证研究 [J]. 南开经济研究, 2001 (5).

[107] 赵陵, 宋少华, 宋泓明. 中国出口导向型经济增长的经验分析 [J]. 世界经济, 2001 (8).

[108] 许启发, 蒋翠侠. 对外贸易与经济增长的相关分析 [J]. 预测, 2002 (2).

[109] 吴振宇, 沈利生. 中国对外贸易对 GDP 贡献的经验分析 [J]. 世界经济, 2004 (2).

[110] 曲洋, 唐亮. 吉林省对外贸易与经济增长关系的实证研究 [J]. 经济纵横, 2010 (5).

[111] 黄涛珍, 陈昕. 对外贸易的经济增长效应研究——区域经济视角下的面板数据检验 [J]. 经济问题, 2011 (10).

[112] 王贞茹. 对外贸易与经济增长的整协检验 [J]. 求索, 2012 (9).

[113] 谷贵兰, 李颖慧. 河南省外贸与经济增长的实证分析 [J]. 时代金融, 2013 (12).

[114] 易行健, 袁申国, 戴艳娟. 外贸对广东经济增长与 GDP 形成的贡献测算: 2001-2012 [J]. 华南师范大学学报, 2014 (4).

[115] 黄寰, 龙琴, 李琼. 基于 Eviews 软件实证定量分析对外贸易对区域经济增长的影响——以重庆为例 [J]. 探索, 2013 (3).

[116] 李宪铎, 马月, 戴伦. 金融危机背景下对外贸易发展的路径选择——基于京津冀地区对外贸易与经济增长的实证分析 [J]. 中央财经大学学报, 2014 (9).

[117] 魏微. 关于处理我国外汇储备的对策分析 [J]. 消费导刊, 2007, 3: 23-28.

[118] 姜波克. 国际金融新编 [M]. 上海: 复旦大学出版社, 2001: 165-173.

[119] Eichengreen and Barry. Is a Change in the Renminbi Exchange Rate in China's Interest? Mimeo [M]. University of California, Berkeley (March), 2005.

[120] Cushman, D. Exchange Rate Uncertainty and Foreign Direct Investment in the United States [J]. Harvard Institute of Economic Research, Discussion Paper, Overnors of the Federal Reserve System, 1988.

[121] 罗伯特·蒙代尔. 国际货币体制: 关于人民币汇率的有关问题 [J]. 上海财经大学学报, 2003 (5): 36-41.

[122] Shi, J. Adjustment of Global Imbalances and Its Impact on China's Economy [J]. China and World Economy, 2006, 14 (3): 71-85.

[123] Voon, Jan P., Li, Ran and Jimmy. Does China Really Lose from RMB Revaluation? Evidence from Some Export Industries [J]. Applied Economics, 2006, 38 (9): 1715-1723.

[124] Gao, Haihong. Real Exchange Rate in China: A Long-run Perspective [J]. China & World Economy, 2006, 14 (17): 21-37.

[125] Pan, Yingli. Complexity of RMB Evaluation and Its Structural and Institutional Causes International Journal of Public Administration, 2007, 30 (23): 185-207.

[126] 郭树清. 人民币汇率与贸易和经济 [J]. 中国外汇管理, 2004 (9): 12-18.

[127] Boyd D., et al., Real Exchange Rate Effects on the Balance of Trade [J]. International Journal of Finance and Econoics, 2001, 6: 201-216.

[128] 张五常. 人民币的困境 [J]. 贵州财经学院学报, 2008, 132 (1): 1-7.

[129] 王曦, 才国伟. 人民币合意升值幅度的一种算法 [J]. 经济研究, 2007, 5: 27-41.

[130] Liu, L., et al., Asian Competitive Devaluations, Paper for Ihe conference: China's Integration into the World Economy [J]. Harvard University: Institute for International Economics, 1998.

[131] Wilson, Peter. Exchange Rates and the Trade Balance for Dynamic Asian Economics Does the J-Curve Exist for Singapore, Malaysia and Kurea? [J]. Open Economics Review, 2001, 12: 389-413.

[132] 李琳, 韩宝龙, 高攀. 地理邻近对产业集群创新影响效应的实证研究 [J]. 中国软科学, 2013 (1): 167-175.

[133] 胡昭玲, 张咏华. 中国制造业国际分工地位研究——基于增加值贸易的视角 [J]. 南开学报 (哲学社会科学版), 2015 (3): 149-160.

[134] 付韬, 冷永杰, 杨志慧. 我国焦点企业核型集群共性问题研究——基于该类三大典型产业集群的对比分析 [J]. 经济体制改革, 2014 (4): 100-104.

[135] 张辉. 全球价值链下地方产业集群升级模式研究 [J]. 中国工业经济, 2005 (9): 11-18.

[136] 文婷, 曾刚. 全球价值链治理与地方网络产业升级研究 [J]. 中国工业经济, 2005 (7): 20-27.

[137] Jaffe A., Trajtenberg M. and Henderson R. Geographic Localization of Knowledge Spillovers as Evidenced by Patent Citations [J]. The Quarterly Journal of Economics, 1993 (63): 577-598.

[138] Audretsch D. B. Agglomeration and the Location of Innovation Activity [J]. Oxford Review of Economic Policy, 1998 (14): 18-29.

[139] Elhaman Helpman. Trade, FDI, and the Organization of Firms [R]. NBER Working Papers 12091, National Bureau of Economic Research, Inc., 2006.

[140] Dixit, A. K. and J. R. Stigiltz. Monopoly Competition and Optimum Product Diversity [J]. American Economic Review, 1977 (67): 297-308.

[141] Porter, M E. Location, Competition, and Economic Development: Local Clusters in a Global Economy [J]. Economical Development Quarterly, 2000 (14): 15-20.

[142] 张杰, 刘东. 我国地方产业集群内创新行为模式与创新动力的获得路径探析 [J]. 经济管理, 2007 (14): 13-18.

[143] 李延朋. 垂直专业化、企业签约与知识型技术创新体系构建 [J]. 中国工业经济, 2014 (9): 122-134.

[144] 康志勇. 中国本土企业研发对企业出口行为的影响: "集约边际"抑或"扩展边际" [J]. 世界经济研究, 2013 (10): 29-48.

[145] 孙喜. 技术自立: 一个探索性讨论 [J]. 科学学与科学技术管理, 2014 (1): 48-55.

[146] 樊霞, 吴进, 任畅翔. 基于共词分析的我国产学研研究的发展态势 [J]. 科研管理, 2013 (9): 12-18.

[147] 蓝晓霞, 刘宝存. 美国政府推动产学研协同创新的路径探析 [J]. 中国高教研究, 2013 (6): 64-68.

[148] 姜江, 胡振华. 区域产业集群创新系统发展路径与机制研究 [J]. 经济地理, 2013 (8): 86-90.

[149] 姜明辉, 贾晓辉. 基于C-D生产函数的产业集群对区域创新能力影响机制及实证研究 [J]. 中国软科学, 2013 (6): 154-161.

[150] 洪银兴. 产学研协同创新的经济学分析 [J]. 经济科学, 2014 (1): 56-64.

[151] Gereffi G., Humphrey J. and Sturgeon T. The Governance of Global Value Chains [J]. Review of International Political Economy, 2005, 12 (1): 78-104.

[152] 孟祺. 垂直专业化对内资企业有技术溢出效应吗？[J]. 科研管理, 2010 (4): 91-97.

[153] Bain, J. S. Barriers to New Competition [M]. Harvard University Press, 1956.

[154] Spence, A. Michael, Entry, Capacity, Investment Oligopolyistic [J]. Bell Journal of Economics, 1977, 8 (2): 534-544.

[155] Dixit and Avinash. A Model of Duopoly Suggesting a Theory of Entry Barriers [J]. Bell Journal of Economics, 1979: 10 (1).

[156] Milgrom, P. and Roberts, J. Predation, Reputation and Entry Deterrence [J]. Journal of Economic Theory, 1982 (27): 280.

[157] 代谦, 何祚宇. 国际分工的代价：垂直专业化的再分解与国际风险传导 [J]. 经济研究, 2015 (5): 20-34.

[158] Scherer F. M. Firm Size, Market Structure, Opportunity, and the Output of Patented Inventions [J]. The American Economic Review, 1965 (55).

[159] 中央经济工作会议. 要大力发展装备制造业 [N]. 经济日报, 1998 (12).

[160] 国家发展计划委员会产业发展司. 中国装备制造业发展研究报告（上册）[M]. 北京：国家发展计划委员会产业发展司, 2002.

[161] 吴雷, 曾卫民. 基于索洛余值法的装备制造业原始创新能力对经济增长的贡献率测度 [J]. 科技进步与对策, 2012 (2).

[162] 杜修立, 王维国. 中国出口贸易的技术结构及其变迁：1980~2003 [J]. 经济研究, 2007 (7).

[163] 张威. 中国装备制造业的产业集聚 [J]. 中国工业经济, 2002, 3: 55-63.

[164] 侯祥鹏. 长三角地区装备制造业比较优势及其影响因素研究 [J]. 现代经济探讨, 2013, 3: 49-53.

[165] 赵爽. 产学研合作网络时空演化研究——以中国装备制造业为例 [J]. 现代科学管理, 2013 (11).

[166] 李辉, 李思衡. 辽宁省装备制造业经济贡献分析 [J]. 沈阳大学学报, 2015, 1: 1-4.

[167] 林桂军, 何武. 中国装备制造业在全球价值链的地位及升级趋势

[J]. 国际贸易问题, 2015 (4): 3-15.

[168] 姜明军, 綦良群. 我国装备制造业科技资源配置评价研究 [J]. 科学管理研究, 2012 (1): 42-46.

[169] 刘靖宇, 张宪平. 中国装备制造业技术效率的测度与空间差异分析 [J]. 统计与决策, 2007 (21): 110-112.

[170] 张明亲, 张腾月. 资源环境约束下的陕西装备制造业技术效率研究 [J]. 科技管理研究, 2013 (9): 104-121.

[171] 逄红梅. 我国装备制造业技术效率测算与空间分布研究 [J]. 财经问题研究, 2014 (1): 34-41.

[172] Leontief W. Structure of the American Economy [M]. New York: Oxford University Press, 1941.

[173] Leontief W., et al. Studies in the Structure of the American Economy [M]. New York: Oxford University Press, 1953.

[174] Dietzenbacher E., Los B. Structural Decomposition Techniques: Sense and Sensitivity [J]. Economic Systems Research, 1998 (10).

[175] Chen X. K. and Guo J. E. China Economic Structure and SDA Model [J]. Journal of Systems Science and Systems Engineering, 2000 (9).

[176] De Haan M. A Structural Decomposition Analysis of Pollution in the Netherlands [J]. Economic Systems Research, 2001 (13).

[177] Fujikawa K., Milana C. Input-output Decomposition Analysis of Sectoral Price Gaps Between Japan and China [J]. Economic Systems Research, 2002 (14).

[178] 李景华. SDA 模型的加权平均分解法及在中国第三产业经济发展分析中的应用 [J]. 系统工程, 2004 (9): 69-73.

[179] 王岳平, 葛岳静. 我国产业结构的投入产出关联特征分析 [J]. 管理世界, 2007 (2): 61-68.

[180] 陈全润, 丁岚. 中国产业结构变化的结构分解分析: 2001-2011 [J]. 经济统计学, 2014 (1).

[181] Xu Y. and Dietzenbacher E. A Structural Decomposition Analysis of the Emissions Embodied in Trade [J]. Ecological Economics, 2014 (101).

[182] 庞军, 徐梦艺, 张浚哲, 闫玉楠. 中美、中欧及中日间贸易隐含碳变化的结构分解分析 [C]. 中国环境科学学会学术年会论文集, 2014.

[183] 江成山, 孟卫东, 熊维勤. 协同创新效率的国际比较及其影响因素分

析［J］. 重庆大学学报（社会科学版），2013（5）：56-61.

［184］Porter M. E. The Competitive Advantage of Nations［M］. New York：The Free Press，1990.

［185］Rugman A. M. Porter Takes the Wrong Turn［J］. Business Quarterly，1992，56（3）：59-64.

［186］Moon H. C., Rugman A. M. and Verbeke A. The Generalized Double Diamond Approach to International Competitiveness［J］. Research in Global Strategic Management，1995（5）：97-114.

［187］Karnani A. Equilibrium Market Share. A Measure of Competitive Strength［J］. Strategic Management Journal，1982，3：43-51.

［188］Enoch C. A. Measures of International Trade［J］. Bank of England Quarterly Bulletin，1978，18（2）.

［189］Menzler-Hokkanen I. Can International Competitiveness Bemeasured by the Relative Unit Labour Cost Approach? A Comment on Professor Artto［J］. Management International Review，1989，29（1）：72-77.

［190］Moreno Lourdes. The Determinants of Spanish Industrial Exports to the European Union［J］. Appiled Economics，1997（29）：723-732.

［191］Bessant John and Francis David. Using Learning Networks to Help Improve Manufacturing Competitiveness［J］. Technovation，1999，19（6-7）：373-381.

［192］邓海涛，任若恩. 中国制造业国际竞争力的比较研究：基于中国和德国的比较［J］. 中国软科学，2004（10）：59-64.

［193］赵彦云. 中国制造业产业竞争力评价分析［J］. 经济理论与经济管理，2005（5）：23-30.

［194］Gustavsson, P., Hansson, P., and Lundberg, L. Technovation, Resource Endowments and International Competitiveness［J］. European Economic Review，1999（43）.

［195］黄敬前，杨广青. 产业科技竞争力内涵及其评价指标体系研究［J］. 科学学与科学技术管理，2002（11）：21-23.

［196］叶文锦. 高技术产业技术创新效率的国际比较［J］. 北方经济，2012（9）：85-86.

［197］王勇. 我国高新技术企业核心竞争力形成机理研究——基于社会资本的视角［J］. 华东经济管理，2012（2）：113-114.

[198] 姚文韵. 全球经济再平衡: 中国高新技术企业竞争力研究 [J]. 南京社会科学, 2012 (9): 43-48.

[199] 张曦, 赵国浩. 我国 35 个工业行业的科技竞争力比较研究 [J]. 工业技术经济, 2013 (5): 51-58.

[200] 陈文娟, 任泽中, 金丽馥. 基于面板数据的江苏省高技术产业科技竞争力实证分析 [J]. 科技进步与对策, 2014 (9): 56-59.

[201] 周艳菊, 邹飞, 王宗润. 盈利能力、技术创新能力与资本结构——基于高新技术企业的实证分析 [J]. 科研管理, 2014 (1): 48-57.

[202] 魏博通. 湖北制造业主要产业竞争力分析及对策研究 [D]. 华中师范大学硕士学位论文, 2003.

[203] Cassar L. Convergence, Inequality and Education in the Galor and Zeira Model [J]. Rivista di Politica Economica, 2007, 97 (6): 229-254.

后 记

2018年6月26日，美国《洛杉矶时报》刊载了美利坚大学经济学荣休教授布拉德·席勒题为《实际上，贸易赤字意味着美国正在获利》的文章，指出特朗普总统要发动贸易战。2018年中秋节，美国开始向中国2000亿美元出口商品加征10%关税。为什么会发生贸易战？特朗普认为，任何国家只要有贸易赤字就是全球经济体系的"失败者"，就会引发失业、资本外逃和经济衰退。

改革开放以来，中美经贸关系经历了破冰、合作、遏制三个阶段。中美经贸关系发生了从贸易自由化到贸易保护主义的历史巨变：1979年1月1日，中美两国正式建交。1979年7月7日，两国政府签署了为期三年的《中美贸易关系协定》，使中美贸易实现了正常化。2000年，美国给予中国永久性正常贸易关系的地位。2001年12月11日，中国正式加入WTO，并融入全球化。2010年美国贸易逆差不断扩大，美对华贸易逆差占全部货物贸易逆差的40%。2017年12月，班农在日本演讲《中国摘走了自由市场的花朵，却让美国走向了衰败》。莱特希泽在《对过去十年中国在世界贸易组织中作用的评估》中强调，中国加入WTO后，美国对华贸易赤字不断增加；中国对知识产权法律法规执行力不强，违背WTO承诺；中国重商主义对美国经济产生了致命影响。特朗普上台以来，对华启动了"301调查""232调查"等，毫不客气地提出对500亿美元中国出口商品加征关税，剑指《中国制造2025》，试图遏制中国崛起。

长期以来，主流经济学持有一个基本假设：国际间的自由贸易对双方均有利。中国在受益于国际贸易分工时，会逐渐退出国内的各种保护，从而拥抱广阔的自由市场。自由贸易能够给世界各国带来利益，这是一个基本常识，然而，众人皆知，世界上很少有国家一直采取完全自由的贸易政策。